本书是"民营企业进入城市公用事业的壁垒、行为与管制政策研究：基于企业家能力视角及浙江实证"（2012JDGZO1YB）研究成果

浙江省哲学社会科学重点研究基地
——浙江财经大学政府管制与公共政策研究中心研究成果

民营企业家能力对进入城市公用事业的影响机制研究

龚军姣 著

MINYING QIYEJIA NENGLI

DUI JINRU CHENGSHI GONGYONGSHIYE DE YINGXIANG JIZHI YANJIU

中国社会科学出版社

图书在版编目（CIP）数据

民营企业家能力对进入城市公用事业的影响机制研究/
龚军姣著.—北京：中国社会科学出版社，2016.2
ISBN 978-7-5161-8321-2

Ⅰ.①民…　Ⅱ.①龚…　Ⅲ.①民营企业—企业家—
影响—城市—公用事业—研究—中国　Ⅳ.①F279.245
②F299.24

中国版本图书馆 CIP 数据核字 (2016) 第 124011 号

出 版 人	赵剑英
责任编辑	卢小生
特约编辑	林　木
责任校对	周晓东
责任印制	王　超

出　　版	中国社会科学出版社
社　　址	北京鼓楼西大街甲 158 号
邮　　编	100720
网　　址	http://www.csspw.cn
发 行 部	010 - 84083685
门 市 部	010 - 84029450
经　　销	新华书店及其他书店

印　　刷	北京明恒达印务有限公司
装　　订	廊坊市广阳区广增装订厂
版　　次	2016 年 2 月第 1 版
印　　次	2016 年 2 月第 1 次印刷

开　　本	710 × 1000　1/16
印　　张	14.5
插　　页	2
字　　数	223 千字
定　　价	56.00 元

前　言

　　城市公用事业为城市居民的日常生活和企业的生产经营活动提供必不可少的产品和服务，其经营好坏，直接制约我国国民经济建设和城市化发展进程。城市公用事业主要包括城市供水排水和污水处理、供气、集中供热、城市道路和公共交通、环境卫生和垃圾处理以及园林绿化等，具有基础性、垄断性、网络性、外部性、公益性和地域性等基本技术经济特征。传统理论认为，城市公用事业是一个典型的市场失灵领域，不可能发挥市场竞争机制的作用，于是，城市公用事业一般由政府或国有企业经营。但是，在城市公用事业传统管理体制下，普遍存在经营效率低下，垄断经营使企业缺乏活力，较为单一的投资渠道造成严重投资不足，价格形成机制也不能刺激企业提高生产效率等问题。为了解决上述问题，我国对城市公用事业实行了民营化改革，把原先单一的国有企业改造成股份制民营企业，也允许民营企业进入城市公用事业。然而，同样具有进入意愿的民营企业，有些可以进入，有些却无法进入。探讨影响民营企业进入城市公用事业的主要因素及其影响机制，无论对政府还是对企业，都可以提供有价值的参考。

　　自党的十六届三中全会第一次提出允许非公有资本进入法律法规未禁入的公用事业行业以来，我国鼓励民营企业进入城市公用事业的政策导向越来越明确。比如，建设部于 2002 年和 2004 年先后颁布了《关于加快市政公用事业市场化进程的意见》和《市政公用事业特许经营管理办法》等规章，以推动并规范民营企业进入城市公用事业。特别是在 2010 年 5 月，国务院颁布了《关于鼓励和引导民间投资健康发展的若干意见》（以下简称"新 36 条"），更加明确地提出支持民营企业进入城市公用事业。2013 年 7 月 31 日，李克强总理主持召开国务院常务会议，会议明确，将适合市场化方式提供的公共服务事项，包括城市污水处理、垃圾处理和燃气的生产与供应及管网改造等，交由具备条件、信誉良好的社会组织、机构和企业等承担。并且要建立严格的监督评价机制，全面公开购买服务的信息，建立由购买主体、服务对象及第三方组成的评审机制，评价结果向社会公布。另外，要对购买服务项目进行动态调整，对承接主体实行优胜劣汰，使群众享受到丰富优质高效的公共服务。这无疑为探讨民营企业进入城市公用事业行为提供了重要的政策依据。

另外，民营企业自身的发展和壮大为民营企业进入城市公用事业提供了现实经济基础。改革开放以来，中国民营经济快速发展，经济实力不断增加，经营范围不断扩大，充分显示了民营企业家的能力和企业家精神。比如，根据中国民营企业联合会、中国统计协会、中国管理科学研究院企业研究中心联合组织的 2014 年中国民营 500 强企业调研，排名前三的营业收入都超过 2400 亿元，排在最后三位的三家企业的营业收入也都超过 90 亿元。这为民营企业进入原先主要由政府或国有企业经营的城市公用事业成为可能。此外，一些民营企业已经进入城市公用事业，也为其他企业进入起到了较好示范效应。

从本质上讲进入是企业家的一种行为，根据资源基础理论和战略选择理论，作为企业行动的主要决策者，民营企业家的能力有可能是影响企业进入行为的关键因素。但是，有关企业家能力对民营企业进入城市公用事业行为的影响机制的实证研究较少受到关注。鉴于此，本书在前人研究的基础上，将主要关注企业家能力，试图探索企业家能力影响民营企业进入城市公用事业的内在机理。

本书主要以城市公用事业民营企业为研究样本，围绕"企业家能力如何影响民营企业进入城市公用事业"这一基本问题进行理论和实证研究。本书试图解决以下四个紧密相关的子问题：其一，基于资源需求的企业家能力的维度构成；其二，企业家能力与民营企业进入城市公用事业行为的关系；其三，进入壁垒对进入行为是否会有影响，并检验其影响是否存在边界条件，即是否受到进入时间早晚的影响，如果有，其关系如何；其四，企业家感知是否是企业家能力与企业进入行为之间的中介变量？为了解决以上问题，本书在汲取国内外相关研究成果的基础上，分析了企业家能力影响企业进入行为的基本理论问题，对企业家能力影响企业进入行为的机制进行了实证检验，在此基础上，对民营企业进入城市公用事业的政府管制政策进行了归纳和总结，并针对拟进入城市公用事业的民营企业提出了一些管理启示。

本书分为四个部分。第一部分由第一章和第二章组成，通过阐述理论背景和实践背景，提出研究问题，并对已有研究进行了文献述评，在此基础上，梳理出与本书框架相关的理论脉络，分析与归纳企业家能力内涵，同时基于资源需求视角将企业家能力分为发现机会、关系获取和风险承担三个维度。将企业家感知的进入壁垒分为企业家感知的经济性壁垒、制度性壁垒和原有企业战略性壁垒三个维度。

第二部分由第三章至第六章组成。先采用探索性案例研究，并构建了相应的理论框架。然后采用量化研究方法检验各变量之间的关系，从而进一步验证上述理论框架。探索性案例研究主要采用个人深度访谈方法收集原始资料，选择了 4 家进入城市公用事业的民营企业家进行访谈，通过对这 4 家民营企业案例内部以及案例之间的分析，初步揭示了企业家能力对企业家感知进入壁垒的影响，以及企业家感知进入壁垒与企业进入行为的一般关系，形成了企业家能力与企业进入行为关系的初步分析框架，为后续研究提供了源于实践的证据。量化研究通过大样本调查收集第一手资料。问卷调查在浙江省各个市进行，利用收回的有关企业家调查的 218 份有效问卷，进行描述性统计分析、探索性因子分析和验证性因子分析、信度检验与效度检验、相关分析、逻辑斯回归、定序回归和层次回归分析等统计研究方法，先检验企业家能力对企业进入行为影响的主效应，接着检验企业家感知进入壁垒的中介效应，最后检验进入时间的调节效应。

第三部分主要是研究结论和启示，由第七章构成。根据探索性研究结果，本书构建了"企业家能力—进入壁垒突破—进入行为"的理论框架。根据量化研究的结果，民营企业家发现机会能力越强，越有可能进入政府管制的城市公用事业，其进入程度也会越高；民营企业家构建与政府、金融机构、同行、媒体等的关系能力越强，获取信息、资金等资源的能力就越强，越有可能进入政府管制的城市公用事业，其进入程度也会越高；拥有更大风险承担能力的企业家更有可能进入城市公用事业，而且进入程度会更大。企业家感知的制度性壁垒对企业进入行为具有显著负向影响作用，即企业家感知的制度性壁垒和与民营企业是否进入城市公用事业负相关，企业家感知的经济性壁垒、原有企业战略性壁垒与城市公用事业民营企业进入程度有时显著负相关，有时相关但不显著。企业家感知制度性壁垒对企业家能力与企业进入行为的关系起部分中介作用；企业家感知经济性壁垒对企业家能力与企业进入程度的关系，对企业家关系能力与企业进入决策起部分中介作用，但是，对企业家发现机会能力、风险承担能力与企业进入决策不起中介作用；企业家感知原有企业战略性壁垒对企业家关系能力、风险承担能力与企业进入程度的关系起部分中介作用，对企业家发现机会能力与企业进入程度的关系没有起到中介作用，企业家感知原有企业战略性壁垒对企业家能力与企业进入决策的关系均没有起到中介作用。进入时间对企业家感知制度性壁垒、原有企业战略性壁垒与民营企业进入行为之间关系起调节作用，但是，对企业家感知经济性壁垒与民营企业进入行为之间的关系没有起到调节作用。由此可见，早进入的民营企业的企业家感知制度性壁垒和原有企业战略性壁垒对企业进入行为的影响程度更小。基于上述探索性案例研究和量化研究结论，本书从企业家和政府的角度提出了一些建议。

本书以资源基础理论和战略选择理论为基础，以城市公用事业民营企业作为研究对象，重点研究企业家能力对进入行为的影响机制，强调理论研究和实证研究，并力争在以下几个方面有所创新：

其一，从企业家能力视角来研究企业进入行为。关于企业进入行为研究的切入点，大致经历了以下几个阶段：（1）基于交易成本理论和折中理论，研究企业跨国进入行为；（2）基于产业理论研究企业进入行为；（3）基于企业自身资源差异的企业进入行为，逐渐将关注点聚焦在企业家身上。本书从企业家转向揭示企业家能力对民营企业进入城市公用事业行为影响的微观机理，是研究民营企业进入行为的新思路。事实上，企业家或企业家团队是支撑民营企业进入城市公用事业的独特资源，企业家能力则是这种资源的隐性要素，本书深入剖析企业家能力对民营企业进入城市公用事业行为的影响机制。

其二，提出了企业家能力、企业家感知进入壁垒与企业进入行为关系的理论分析框架，构建起"企业家能力—进入壁垒突破—企业进入程度更高"的理论逻辑，提出本书的逻辑主线：（1）民营企业进入城市公用事业的关键行动者是民营企业家，重中之重在于企业家是否具备突破各种进入壁垒的能力。（2）企业家不同能力所获取的不同资源将会转化为民营企业进入城市公用事业的推动力，这种推动力的大小依赖于企业家是否可以突破各种进入壁垒。

其三，论证了企业家感知进入壁垒对企业家能力与企业进入行为关系的中介效应。本书主要涉及三个关键构念：（1）企业家能力影响民营企业进入城市公用事业行为构念。（2）企业家能力影响企业家感知进入壁垒构念。（3）企业家感知进入壁垒作为中介变量影响企业家能力与民营企业进入城市公用事业行为之间关系构念。这三个构念基本完成了上述逻辑主线的可行性。

为了实现以上三个关键构念，本书以两个具体概念阐释为基础：（1）明确企业家能力的概念界定与基于资源需求的构成维度。本书通过梳理有关文献，基于资源需求对企业家能力的构成维度进行了划分。（2）不同类型的企业家能力分别有针对性地影响了民营企业进入城市公用事业行为，在此影响过程中具有不同的作用机理。因此，本书根据进入壁垒作用的不同，将进入壁垒划分为制度性壁垒、经济性壁垒和原有企业战略性壁垒三类，分别考察三类企业家感知进入壁垒对企业家能力与民营企业进入城市公用事业行为关系的桥梁作用。

其四，提出并论证民营企业进入城市公用事业的基本建议和思路。在探索性案例和量化研究的基础上，本书从政府和企业的角度提出了一些有借鉴的管理启示。比如，民营企业进入城市公用事业，企业家要以恰当的方式来构建和发展其能力；企业要综合考虑企业家能力与进入壁垒对企业进入行为的共同影响；各级政府管制机构的工作人员必须重视企业家政治性诉求，建立畅通的信息沟通机制；提高认识，搭建公共服务平台，优化投资环境，让企业家的能力可以得到充分发挥；制定城市公用事业结构重组政策、不对称管制政策、投资管制可信性政策、公平竞争等政策。这些建议和思路为政府引导民营企业进入城市公用事业提供了可操作性的实施方案，为民营企业明确进入城市公用事业需要具备哪些资源提供了有价值的参考和借鉴。

　　无论从理论还是从实践角度看，在民营企业进入城市公用事业过程中，还有大量问题值得认真研究和探索，本书在企业家能力与城市公用事业民营企业进入行为的关系方面所进行的探索性研究希望可以起到抛砖引玉的作用。尽管笔者尽了最大努力，但由于水平有限，书中难免存在一些缺陷，敬请各位专家学者批评指正。

目　录

Contents

第一章 研究背景、研究意义与研究内容

第一节 研究问题的提出

一 研究的实践背景

城市公用事业作为城市发展的基础性行业，为城市居民日常生活和企业的生产经营活动提供必不可少的产品和服务。其经营的好坏，直接制约着我国国民经济建设和城市化发展进程（郭朋，2005）。党的十六届三中全会第一次提出允许非公有资本进入法律法规未禁入的公用事业行业以来，我国鼓励民营企业进入城市公用事业的政策导向越来越明确。大体可以分为三个阶段：一是 1993—2001 年，城市公用事业开始逐步引入民间资本，并建立现代企业制度。二是 2002—2005 年，中央政府推动下的城市公用事业民营化，民间资本全面渗透城市公用事业。2002 年和 2004 年，建设部分别制定和颁布了《关于加快市政公用事业市场化进程的意见》和《市政公用事业特许经营管理办法》。根据该办法，政府通过向社会公开招标选择投资者和经营者，授予其在一定时间和范围内对城市公用事业的经营权利。三是2006 年至今，加强政府对城市公用事业的管制，避免民营化过程中产生的市场失灵（王俊豪，2013）。2010 年，国务院颁布了《关于鼓励和引导民间投资健康发展的若干意见》（以下简称"新 36 条"），更加明确地提出支持民营企业进入城市公用事业。2013 年 7 月 31 日，李克强总理主持召开国务院常务会议，会议明确，将适合市场化方式提供的公共服务事项，包括城市污水处理、垃圾处理和燃气的生产与

供应及管网改造等，交由具备条件、信誉良好的社会组织、机构和企业等承担。并且要建立严格的监督评价机制，全面公开购买服务的信息，建立由购买主体、服务对象及第三方组成的评审机制，评价结果向社会公布。另外，对购买服务项目进行动态调整，对承接主体实行优胜劣汰，使群众享受到丰富优质高效的公共服务。① 这无疑为本书探讨民营企业进入城市公用事业的行为提供了重要的政策依据。从上述政策内容看，鼓励民营企业进入城市公用事业的政策目标日益明确，政策措施不断具体化，已成为大势所趋。随着这些政策和任务的落实，民营企业进入城市公用事业领域将有更多的机会。然而，到底哪些民营企业适合进入城市公用事业呢？如何才能做到真正的优胜劣汰呢？这是摆在政府面前一个急需解决的课题。

另外，我国一些民营企业已经具备了较强的投资实力，为民营企业进入城市公用事业奠定了经济基础。近年来，民营企业持续快速增长，经营规模不断扩大，经济实力明显增强。截至 2013 年年底，(1) 我国登记注册的私营企业达到 1253.9 万户，个体工商户达到 4436.3 万户，同比分别增长 15.5% 和 9.3%。(2) 我国私营企业注册资金 39.3 万亿元，户均注册资金达 313.5 万元，同比分别增长 26.4% 和 9.4%。个体工商户注册资金超过 2.4 万亿元，户均注册资金达到 5.5 万元，分别增长 23.1% 和 12.2%。个体、私营企业户数和注册资金增长率均为近年来的最高点。(3) 民营经济吸纳就业稳步提高。全国个体、私营经济从业人员实有 2.19 亿人，较上年同期增长 9.7%。其中私营企业 1.25 亿人，增长 10.85%，个体工商户 0.93 亿人，增长 8.2%。(4) 从资产规模看，在我国企业 500 强中，民营企业资产总额超过 500 亿元的企业有 53 家，超过 100 亿元的企业有 217 家，分别比上一年增加 20 家和 19 家；有 42 家企业缴税超过 50 亿元，比上一年增加 11 家。有 27 家企业营业收入超过 500 亿元，377 家超过 100 亿元，分别比上一年增加 8 家和 71 家。②

---

① 《加大城市基础设施建设"一举多得"惠民生效应明显》，新华网：http: // news. xinhuanet. com/fortune/2013 - 07/31/c_125097382. htm. 2013 年 7 月 31 日。

② 参见王钦敏主编《中国民营经济发展报告》(2013—2014)，社会科学文献出版社 2014 年版。

此外，一些民营企业已经进入城市公用事业，为其他企业进入起到了较好的示范效应。以燃气行业为例，其非国有资本进入燃气行业的绝对数量在增加。根据笔者参与的中国住房与城乡建设部课题《深化市政公用事业改革》（2012）的调研，在所有调查的1842家企业中，进入城市公用事业的民营企业有545家，其中供水和污水处理214家，垃圾处理47家，燃气企业284家。而且，在进入城市管道燃气的企业性质中，民营企业已经占有最高比例41%，而国有及国有控股企业只有27%，在城市管道燃气的资本构成中，民资占100%的企业已占所有企业的38%，而国资比例≥51%的企业只占企业总数的31%。这些数据还不包括桶装燃气。由此可见，近年来民营企业进入城市燃气行业还是比较活跃和积极的。

然而，同样具有进入意愿的民营企业，有些企业能够进入城市公用事业，获取这种主要由政府来配置其所有权或经营权的稀缺资源；有些企业却无法获取，客观上存在这种差异，但是，这种差异到底是如何产生的呢？民营企业进入城市公用事业到底会遇到哪些壁垒？到底怎样的民营企业更有机会进入城市公用事业？这也是摆在所有拟进入城市公用事业的民营企业面前的现实问题。

二 从企业家能力视角研究企业进入行为的理论背景

根据组织烙印学说观点，企业选择进入领域对于其生存和发展非常关键（Stinchcombe，1965；Boeker，1989；Eisenhardt and Schoonhoven，1990）。企业选择进入某个行业，创业者或是企业家面临的首要问题就是要决定是否进入、何时进入以及如何进入等战略问题。所以市场进入战略的选择是企业初始战略中最主要而且最先面临的一个选择（Baum and Haveman，1997；Levesque and Shepherd，2004；Zott and Amit，2007）。正是因为企业进入行为如此重要，所以有关企业进入行为的研究一直是学术界关注的热点。

关于企业进入行为问题研究，主要有三个不同学派学者分别给出了自己的理论解释。一是国际商务学派，主要运用交易成本理论、折中理论等进行解释，研究企业的国际进入行为。二是产业组织理论学派，将市场进入理论归结为两大流派，即基于进入纠错的市场进入理论和基于进入替代的市场进入理论两大流派。基于进入纠错的市场进入理论认为市场进入是由于产业超额利润引起的，这与西方学者研究的"理性人"假设一致；而基于进入替代的市场进入理论认为市场进入并不主要由产业利润引起，进入过程是异质企业的替代过程，是产业创新和动态演化过程。进入替代理论中所描述的大量进入企业对在位企业的替代性进入事实上是一种创新进入，通过引入新的技术和产品，改变需求和供给条件可以增加新的利润点。基于进入纠错的市场进入理论则把所有企业当成同质的，模仿进入企业通过对在位企业的复制获得利润，是一个复制过程。模仿进入可以消除产业利润水平，使其向均衡利润回归。因此产业理论中有关市场进入的两个流派也划分出创新型进入与模仿型进入两类（吴三忙，2008）。三是战略管理学派，将影响企业进入行为的因素从企业外部转移到企业内部，主要应用资源基础理论、组织能力理论、战略行为理论和权变决策理论等进行解释。然而，目前关于民营企业进入行为研究的文献还不多见，有关民营企业进入政府管制行业如城市公用事业行为的研究更是处于起步阶段。

另外，学者们对于企业进入行为差异的决定因素，都从各自视角进行分析。比如，梅森—贝恩范式认为，造成企业进入行为差异的主要原因是产业结构不同所致，按照结构—行为—绩效（简称SCP）的思路：市场结构决定企业的市场行为，而在一个给定的市场结构下，市场行为又是市场绩效的决定因素。在此基础上，贝恩提出了著名的"集中度、进入条件与利润率假说"，即一个产业的市场集中度越高，新企业的进入就越困难（王俊豪，2008）。这个分析范式可以解释进入不同产业的企业的进入行为差异，但无法解释进入同一产业的企业的进入行为差异。另外，不同地区竞争状况也会影响企业进入行为，竞争机制越完善，民营企业就越有机会进入国有产业（张维迎，1998）。但是，这个结论仍然无法解释同一地区的企业进入行为差异。此外，对形成这种差异的成因还有两种观点。一种观点认为，制度性壁垒是导致这种差异的主要原因，比如政府审批制度通过两种方式构成民营企业的进入壁垒：一是为保护产业内国有垄断企业利益而对民营企业实施的"进入阻挠"；二是政府审批收费和寻租行为将导致高风险的民营企业驱逐低风险的民营企业进入的"逆向选择效应"（杨天宇、张蕾，2009）。另一种观点认为，企业家是导致这种差异的主要原因，伦普金和德斯（Lumpkin and Dess，1996）认为，"进入"从本质上讲是企业家的一种行为。企业，尤其是民营企业拥有相对简单的决策机制，企业家作为决策者，支配着企业的行为，对企业战略制定与实施起着决定性的作用（李明，2010），从而也一定会对企业的进入行为产生影响。企业家对城市公用事业市场机会的洞察力，与政府、金融机构等的关系以及风险承担能力会直接影响企业是否可以获取进入城市公用事业所必需的各种资源，进而影响民营企业是否可以突破各种壁垒进入城市公用事业以及进入程度的高低。由此可见，企业家或企业家团队可以被称为支撑民营企业进入城市公用事业的独特资源，而企业家能力则是这种资源的隐性要素。因此，在放松进入管制背景下，研究民营企业进入城市公用事业的行为，不可以忽视企业家能力的作用。此外，汪伟和史晋川通过对吉利集团案例研究提出，企业在进入某一新行业时，企业家能力是突破经济性壁垒和制度性壁垒的关键（汪伟、史晋川，2005）。这两种观点对于理解民营企业进入城市公用事业的行为都有着重要意义：前一种观点指出了企业的进入行为主要受外在因素——进入壁垒的影响，后一种观点指出了企业的进入行为主要受内在因素——企业家或企业家能力的影响。不过，这两种观点并不必然是不相容的，因为企业的进入行为会受到内在因素和外在因素的共同影响，但它们却很少被纳入同一个研究框架中。

尽管一些学者已经意识到企业家个体对于民营企业进入政府管制行业扮演了重要角色（罗党论、刘晓龙，2009；龚军姣，2013；谢琳、李孔岳、张景茹，2013），比如决策者、机会发现者等，但是他们对于企业家在企业进入城市公用事业的过程中究竟起了什么样的作用都语焉不详，即使偶有涉及，也基本上限于概念性的阐述，并没有对企业家能力影响企业进入行为的作用机理进行深入探讨，更缺少系统的定量研究，可见，民营企业进入政府管制行业的研究还处于起步阶段。在以下几个关键的问题上还需要进一步的明确：第一，企业家的哪些能力对民营企业进入城市公用事业的行为产生影响？第二，民营企业在进入城市公用事业过程中会遇到哪些壁垒？第三，企业家能力是否可以突破进入壁垒，从而促进民营企业进入城市公用事业？综合考虑以上问题，以及国内外现有研究的不足，本书目的就是把企业家能力作为民营企业进入城市公用事业过程中最重要的一个变量提出，并将企业家能力与进入壁垒纳入同一研究框架，试图探索企业家能力在民营企业进入城市公用事业过程中所发挥的作用，期望可以弥补企业进入行为和企业家能力理论的不足。本书通过阐明企业家如何利用自己的能力促进民营企业进入城市公用事业，从而揭示民营企业进入政府管制行业行为的根本性动因。本书通过对进入燃气行业和非政府管制行业民营企业的调研，采用理论探索与经验研究、案例研究相结合的方法，分析影响民营企业进入城市公用事业的主要企业家能力需求，民营企业进入城市公用事业的主要壁垒，并探索企业家能力对民营企业进入城市公用事业的影响机制，同时分析进入壁垒在进入时间早晚的调节作用下影响民营企业进入行为的机理，并探索了企业家感知的进入壁垒作为企业家能力对民营企业进入城市公用事业影响的中介效应。本书在企业家能力与城市公用事业民营企业进入行为的关系方面所进行的探索性研究希望可以起到抛砖引玉的作用。

三　研究的问题

基于上述实践背景与理论逻辑，一个重要而又基本的问题是：在同样的制度环境下，为什么有些民营企业可以获取进入城市公用事业的机会，而有些却无法获取？对于进入城市公用事业的民营企业，为什么有些可以获取较高股权，有些却只能获取较低股权？本书拟在相关研究的基础上，以企业家能力为切入点，结合企业进入行为理论，探讨企业家能力对民营企业进入城市公用事业的作用机理，为揭示其机理过程，本书从企业家感知的经济性壁垒、制度性壁垒和原有企业战略性壁垒三个维度探讨企业家感知的进入壁垒是否在企业家能力与民营企业进入城市公用事业的行为之间充当中介角色。试图构建"企业家能力—进入壁垒突破—进入行为"的理论逻辑和分析框架。重点探讨以下四个问题：

子问题一：探讨基于资源需求的企业家能力维度构成

企业家能力不是一种或几种能力，而是一种集合很多能力的能力束。国外学者把企业家能力概括为机会能力、关系能力、概念能力、组织能力、战略能力和承诺能力（Man，2001），我国学者李志、郎福臣、张光富对 47 篇论文涉及的 80 种能力进行合并归纳，将企业家能力概括为创新能力、决策管理能力、组织指挥能力、沟通协调能力、人事管理能力、专业技术能力和基本能力 7 种类型（转引自许庆高、周鸿勇，2009）。中国目前的民营企业大多属于企业家型企业，民营企业的初创与企业主的企业家能力密不可分。企业发展的不同阶段，对于资源的需求是不同的，因此，企业家的职能也就不同，只有当企业家能力与企业家职能相匹配时，才能获取企业发展所需要的资源，进而促进企业成长。换句话说，即使一个企业家总体能力很强，但是，如果这些能力不能为企业在该阶段获取所需要的资源，那么，这些能力将是没有意义的。所以，我们从资源需求角度剖析民营企业进入城市公用事业时所需要的主要资源，包括获取信息、感知市场机会、获取资金、优惠政策等，对应的企业家能力需求主要是发现机会能力和关系能力（对外整合资源能力）。由于城市公用事业是政府管制行业，具有投资额度大、资产专用性强的特征，所以相对于民营企业进入其他非政府管制行业而言，进入城市公用事业的风险是比较大的，这就需要民营企业家要具备一定的风险承担能力。本书通过文献梳理与理论推演明确提出，对于进入城市公用事业的民营企业而言，基于资源需求视角下的企业家能力应该由哪几个维度构成？并在已有测量量表基础上，构建各个维度测量量表。

子问题二：分析企业家能力如何影响民营企业进入城市公用事业的行为

从企业家个体层面研究其对企业进入行为的影响大体上可以分为两类。一是从企业家或 CEO 个体特质方面展开，如经验（Smith and White，1987）、认知（田莉，2010）等都会影响企业进入行为。二是从企业家社会资本和企业家能力方面展开。鲍迪欧（Bourdieu，1980）、科尔曼（Coleman，1988）、普特曼（Putnam，1995）等学者认为企业家能力包括企业家社会资本，企业家社会资本的多少，体现了企业家关系能力的大小。郭毅、朱熹（2002）认为，社会资本的研究是企业家的作用与职能等相关研究的一种突破，因为它不再局限于企业家个体的心理特质，如经验、个性、学历、年龄等，主要从心理学或社会心理学的角度对企业家行为进行解释（Gils et al.，2008；

Kellermanns et al. ，2008)，而是基于现实情境来研究企业家行为。本书结合民营企业进入城市公用事业的实际情况，从企业家能力视角，通过探索性案例研究，构建企业家能力的三个维度（包括发现机会能力、关系能力和风险承担能力）对民营企业进入城市公用事业行为影响的概念模型，在此基础上，结合深度访谈、规范研究和实证研究对此概念模型进行实证检验。

子问题三：剖析企业家感知进入壁垒对进入行为的影响，并检验其影响是否存在边界条件？即是否受进入时间早晚的影响，如果有，其关系如何？

结合本书主题，对进入壁垒来源、进入壁垒与企业进入行为的关系进行理论综述。通过深度访谈与理论分析，提出在民营企业进入城市公用事业的过程中，企业家感知的主要壁垒与民营企业进入行为的假设关系，通过收集大样本问卷数据，实证检验企业家感知的进入壁垒对进入行为的作用；然后，检验进入时间对企业家感知进入壁垒与进入行为关系的调节作用是否存在；最后讨论其理论意义与实践意义。

子问题四：检验企业家感知的经济性壁垒、制度性壁垒和原有企业战略性壁垒三个维度的中介作用

以往研究缺少企业家能力对企业进入行为影响的实证分析，更少有研究涉及二者之间的影响机理。但是，揭示企业家能力对企业进入行为的作用机制，打开二者之间的"黑箱"，应该是未来的研究趋势。就本书而言，已有文献对于企业家能力如何突破或降低进入壁垒以及二者共同作用于企业进入行为的论述更不多见。因此引出本书的第四个子问题——企业家能力作用于民营企业进入行为的内在机制与过程机制？

第二节 研究目的与意义

民营企业进入城市公用事业动力是什么？是政府的拉动，还是企业自身特殊资源的推动？资源基础理论的观点是，企业获取和保持竞争优势是源自企业所拥有和控制的有价值的、稀缺的、难以模仿的，以及难以替代的特殊资源和战略资产，尤其是一些异质性资源（Barney，1991）。而考察民营企业进入行为的影响机制，可以有效地揭示民营企业进入行为差异的本质，阐释企业异质性资源的作用机理。鉴于此，本书主要目的是以民营企业进入行为为核心，探讨企业家能力的影响及其影响机制。为了清楚地揭示企业家能力对民营企业进入城市公用事业的影响机制，本书借助资源基础理论、企业家能力理论和企业进入行为理论等，运用 SPSS 19.0 等统计分析方法，经过严谨的论证和科学的分析，以期完成前述研究问题。

本书的理论意义与贡献主要在于：首先，基于放松管制和"新36条"背景，结合资源基础理论、企业家能力理论和企业进入行为理论，对民营企业进入城市公用事业过程中企业家能力的影响作用以及影响机制进行探讨，丰富并深化了企业家能力理论和企业进入行为理论，有助于推动这两个领域的发展与融合。其次，采用探索性因子和验证性因子分析，检验民营企业进入城市公用事业过程中所需要的企业家能力、进入壁垒的维度结构，推动了企业家能力理论运用的情境性，进一步补充和完善了企业家能力理论。然后，本书剖析了企业家能力对民营企业进入城市公用事业的影响机制，一方面弥补了当前民营企业进入行为理论的缺乏；另一方面也为民营企业在放松管制背景下，利用企业家能力，发现进入城市公用事业的机会、降低进入风险与获取进入城市公用事业所需资源提供了一些指导。同时，为了揭示企业家能力对民营企业进入城市公用事业影响的"黑箱"，在已有研究的基础上，分析和检验企业家感知进入壁垒的中介效应，提出企业家能力是通过降低感知的进入壁垒，从而促进民营企业进入城市公用事业的。最后，尽管现有文献已经指出进入时间会调节进入壁垒与进入行为之间的关系，但少有实证研究去分析和检验对于城市公用事业民营企业而言，进入时间对企业家感知进入壁垒与进入行为之间的调节作用，有助于加深现有研究对企业进入行为差异的解释。

本书的实践意义在于：首先，在放松管制背景下，民营企业家能力有了更广阔的发挥空间，对其进入城市公用事业起着至关重要的作用。但是值得注意的是，对"进入"而言，所需要的企业家能力与传统意义上企业家的经营管理能力是不同的。民营企业如果要成功进入城市公用事业，不需要追求企业家所有的能力都非常强，而只需要看在进入时企业家是否具备获取所需资源的相关能力。其次，企业家能力已成为民营企业进入城市公用事业的关键，这就要求民营企业家或高层管理者必须有意识地培养相关能力，并合理运用这些能力获取信息和资源，通过企业家的各种能力来促进民营企业进入城市公用事业，这也是在转型经济背景下的中国，民营企业进入城市公用事业的必然选择。最后，企业进入行为涉及很多方面，除受企业家能力的影响之外，还会受到进入时间早晚的影响，这是因为进入时间的不同会导致企业的进入壁垒对企业进入行为的影响程度不同。

第三节　关键概念界定

本书假定在同一个省份企业所处的制度环境是一样的。本书研究对象是基于同一制度环境下的民营企业进入城市公用事业的行为差异，以典型案例访谈和问卷调查结合来收集数据。之所以选择民营企业进入城市公用事业的行为差异作为研究对象，是因为以下三个方面：第一，相对国有企业，中国的民营企业面临较大的外部环境压力和内部资源约束（杨鹏鹏、袁治平，2008），这就使得民营企业家能力在经营过程中尤其重要；第二，以往有关企业家能力效用的研究，基本上都控制了行业特征和所有制结构等因素的影响（Peng and Luo，2000；Acquaah，2007），因此聚焦于同一个行业——城市公用事业和同一类企业——民营企业，可以在一定程度上避免上述因素的差异影响研究效度；第三，民营企业家作为企业外部联系的重要桥梁甚至唯一通道（贺远琼、田志龙，2006），其能力可在一定程度上替代组织能力，因此以其作为研究对象，还可以避免出现组织背景下嵌入性研究的"多层次难题"（王凤彬、李奇会，2007）。本书对以下四个重要研究对象予以界定。

一　城市公用事业

刘戒骄（2006）指出，城市公用事业是指在城市区域内，通过基础设施向个人和组织提供普遍必需品和服务的产业。本书所指的城市公用事业主要包括可市场化的城市燃气、供水和污水处理、垃圾回收及处理等经营性行业。

尽管这些行业存在很大的差别，但都具有以下基本特征：

（1）民生必需性。城市公用事业提供的产品或服务是人们日常生活乃至维持生存以及从事其他经济活动不可或缺的必需品，经营者有广泛而公平地向其经营区域内的所有用户提供基本服务的义务，同时政府对提供城市公用事业产品和服务具有最终责任。

（2）自然垄断性。城市公用事业具有投资额大、投资回报期长、资产专用性强、沉淀成本大、规模经济与范围经济显著等特点，因此，从技术经济角度看，城市公用事业具有自然垄断性。所以城市公用事业不可能实现充分竞争，属于政府管制行业，但在可市场化的环节可以通过特许经营等方式引入竞争。

（3）网络性。许多城市公用事业具有生产、输送、销售等业务垂直一体化的特点。其中，网络输送业务是核心，许多产品只有通过物理网络才能进入消费领域。正是因为这个特征，拥有基础网络的厂商可能采取增加网络连接难度和成本的方法排挤新厂商，阻止新用户加入新企业拥有的网络。

（4）产品或服务具有准公共物品的性质。城市公用事业提供的产品或服务可以定价，经济主体按照商业原则和实际需求作出生产或消费的决策和选择，可以利用市场机制由私人部门来供给，但是城市公用事业提供的产品不是为特定对象服务，而是为大众服务，所以具有明显的公益性，不能完全根据市场机制定价，政府仍然会实行价格管制，保护广大居民消费者的利益。

（5）地域性。由于各地区在自然条件、经济发展水平、地方政府财政状况、居民消费水平和城市公用事业管理体制方面存在较大差异，决定了各地城市公用事业具有较显著的地域性。

（6）产品或服务供给的连续性和消费的非均衡性。城市公用事业运营者必须按最大需求量来设计和建造生产、传输、分销设施，重视协调供给连续性和消费非均衡性之间的矛盾。

（7）产品或服务具有较强的外部性。作为城市基础设施行业，城市公用事业的发展，不仅会相互促进这些行业的自身发展，而且为推动整个城市社会经济发展提供基础条件，从而产生巨大的正外部性。此外，城市公用事业的某些活动也会产生负外部性。比如，如果缺乏适当的生产工艺和装备，在生产燃气的过程中，会产生大气污染（仇保兴、王俊豪，2009；刘戒骄，2006）。

二 进入行为

根据高建设、王岩（2005）的观点，所谓进入行为，就是一个新企业在市场中开始生产和销售的行为。这里的新企业要么是一个全新建立的企业，要么是一个已经存在的企业但要从事新的业务。企业进入行为可以分为地域转移和行业转移。通俗地讲，既包括对进入某一区域的战略选择，也包括对进入某一行业的选择。本书主要关注的是行业转移，即民营企业对是否进入以及以多大程度进入城市公用事业做出战略选择。有关企业进入行为的问题，更多的国内外学者都把目光聚焦在企业进入海外市场行为的研究（Root，1987；Anderson and Gatignon，1986），但无论企业是进入海外市场，还是进入国内市场，都会有很多可供选择的方式，我们就是根据这些不同的进入方式来描述企业的不同进入行为的。本书在借鉴已有研究的基础上，将企业进入行为转化为企业是否进入和进入时如何选择股权结构（进入程度）两个维度来进行研究。并将进入行为界定为民营企业拥有一定的股权并经营城市公用事业，为不同客户（包括工业用户和家庭用户）提供产品或服务。是否有经营权是衡量进入行为是否发生的标志，而拥有股权的多少用来衡量进入程度。关于进入程度研究，较有代表性的是安德森和加蒂格农（Anderson and Gatignon，1986）、戴维森（Davidson，1980）根据进入者的控制程度，将企业进入行为分成三类：高度控制类型（如独资与多数股权）、中度控制类型（如均等股权与多元股权）和低度控制类型（如少数股权或授权等）。

本书在已有研究基础上，将企业进入程度依据民营企业进入城市公用事业时所持有的股权多少划分为少数股权（股权小于50%）、同等股权（股权等于50%）和多数股权（股权大于50%）三种类型。因此，本书将企业进入行为的维度分为是否进入和进入程度。

三 企业家能力

对于企业家职能一直是一个存在很多争议的话题，因此，对企业家能力的内涵也从来没有统一的认识。学者们都是从各自所属的学科和研究问题出发，对企业家能力的内涵进行了各自角度的界定。虽然有明显差别，但是这些观点都认为，企业家能力包含以下两个方面：第一，不同企业对于企业家核心能力的需求不同。第二，企业家能力主要体现在企业家发现机会、利用资源、获取资源等方面。也就是说，发现机会和利用资源是基础，获取资源是其本质，三者都应纳入企业家能力的界定中。

与以往研究不同，本书归纳的企业家能力内涵更符合民营企业进入行为特征。结合已有研究成果，本书对企业家能力内涵的界定是：企业家通过对不确定环境的敏感性，挖掘具有市场价值的机会，并利用关系资源和获取企业所需资源的一组创业能力束（见图1-1）。我们着重强调创业能力束基于以下两点考虑：一是根据企业成长阶段不同，能力束可以分为创业能力束、守业能力束和展业能力束（贾生华，2004）。二是基于本书研究问题和研究内容，我们主要关注民营企业进入城市公用事业时企业家能力的需求，至于进入后的企业家能力需求不是本书的重点。而进入战略的重点在于是否进入和如何进入，不同于进入后基于职能管理的规范化运作，相对守业能力束和展业能力束，创业能力束的需求更迫切。

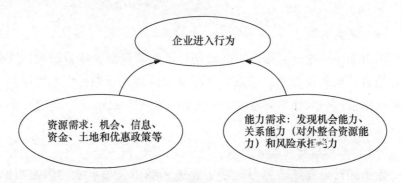

图1-1 基于资源需求的企业家能力需求

四 进入壁垒

贝恩（Bain，1956）认为，进入壁垒是指在位企业相对新进入企业所拥有的优势。施蒂格勒（Stigler，1968）认为，进入壁垒是指新企业寻求进入某一产业时必须承担的、高于产业中原有企业的生产成本。从20世纪70年代开始，进入壁垒的研究重点从分析外生因素，如消费者的需求偏好、行业利润和生产技术特点等，转向分析内生因素，如在位企业的策略性行为。以萨洛普（Salop，1979）为代表，他认为，原有企业的战略性壁垒是企业进入壁垒的主要来源。

为了体现理论发展的历史进程，同时也有利于识别现实中存在的进入壁垒，王俊豪（2008）将进入壁垒定义为，使进入者难以成功地进入一个产业、原有企业能够持续地获得超额利润和整个产业保持高集中度的因素。进一步地，龚军姣、王俊豪（2011）又提出，进入壁垒是指新企业进入某一行业时，企业家所感知的各种障碍。并根据民营企业进入城市公用事业的特点，阐述了民营企业进入城市公用事业的主要壁垒有经济性壁垒、制度性壁垒和原有企业战略性壁垒。本书完全同意龚军姣、王俊豪（2011）的观点，并采纳他们对进入壁垒的定义，即进入壁垒是指企业家在企业进入城市公用事业过程中，自身所感知到的各种进入障碍，包括企业家感知的经济性、制度性和原有企业战略性壁垒三个维度。

第四节　研究方法与技术路线

一　研究方法

本书采用理论研究结合实证研究、定性研究结合定量研究，文献梳理结合访谈调研方法，遵循"文献梳理与理论推演—探索性案例研究—提出假设—大样本问卷调研—实证分析—形成结论"研究思路逐步深入。具体研究方法如下：

（一）文献梳理与理论推演

为了探讨企业家能力对民营企业进入城市公用事业的影响机制，首先需要系统地收集整理和阅读分析与本书主题相关的已有研究。从2010年笔者参与国家课题《我国城市公用事业民营化与管制政策研究》开始，就广泛查阅民营企业进入行为理论、资源基础理论、企业家理论等国内外文献，2012 年笔者主持浙江省哲学社会规划项目《民营企业进入城市公用事业的壁垒、行为与管制政策研究：基于企业家能力视角及浙江实证》，在前期研究基础上，又阅读了企业家能力理论、进入壁垒理论等国内外文献，对影响民营企业进入城市公用事业的企业家能力进行了系统的梳理，基本归纳出影响民营企业进入城市公用事业的企业家能力的维度及其测量量表。同时，对以下权威管理学杂志：AMR、AMJ、ARS、ASQ、SMJ 等近 20 年涉及企业进入行为、进入壁垒、企业家能力的文献进行阅读，在此基础上初步综述企业家能力、关键构成维度及其与企业进入行为的关系。结合本书的主题与现实背景，进一步收集有关"企业家能力、进入壁垒、企业进入行为"三者关系的国内外文献，探索企业家能力通过降低企业家感知的进入壁垒对企业进入行为产生影响的内在机理，为研究企业家能力对民营企业进入城市公用事业的影响机制奠定了文献基础。

（二）探索性案例研究

本书根据 Yin（1994）等学者关于案例研究的观点，采用探索性案例研究方法，在深度访谈的基础上，选择了 4 个典型案例进行探索性研究，得到企业家能力各维度、企业家感知进入壁垒与企业进入行为之间关系的初步研究结果，并提出理论假设。同时通过案例企业内部分析与案例企业间比较分析，初步验证了理论假设，进而提出研究命题。

（三）定量实证研究

在上述研究基础上，本书对相关变量测量进行界定，结合探索性研究结果和文献分析论证了各变量之间的关系，并提出本书的假设与概念模型。最后采用问卷调查和运用 SPSS 19.0 软件进行相关统计分析，检验假设的合理性。

二 技术路线

本书紧紧围绕"企业家能力会促进民营企业进入城市公用事业"这一基本问题，从企业家能力理论视角，逐步深入剖析企业家能力对民营企业进入城市公用事业的影响机制。本书的技术路线如图 1-2 所示。根据研究问题，结合相关文献梳理，初步提出企业家能力与民营企业进入城市公用事业关系的理论构想，并通过对浙江省 4 家进入城市公用事业的民营企业的探索性案例研究进行了分析归纳，推导出

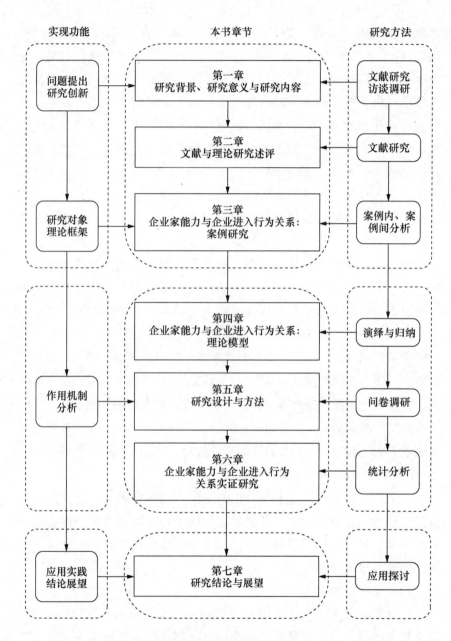

图1-2 本书研究框架与技术路线

企业家能力、企业家感知进入壁垒与企业进入行为关系的初始命题。
在探索性案例研究的基础上进一步结合实际背景与理论推演，进行了
问卷设计与调研，对所获数据进行了定量分析，逐步对相应理论假设

进行了实证。本书结论对相关理论研究进行了补充与完善，为民营企业家进入城市公用事业的决策提供了理论指导，并为我国各级政府在选择合适的民营企业优先进入城市公用事业提供了评价依据。

三　结构安排

按照以上研究方法和技术路线安排，本书共分为七个章节展开分析，具体章节安排及内容如下：

第一章为研究背景、研究意义与研究内容。首先从实践背景与理论背景出发，抛出正确引导民营企业进入城市公用事业的紧迫性。再根据企业家能力研究和进入壁垒研究的新趋势，提出本书所要解决的主要问题，阐明研究目的与意义，界定城市公用事业、企业家能力、进入壁垒、民营企业进入行为等概念，并对全文技术路线、章节安排、研究方法等进行了介绍。

第二章为文献与理论研究述评。系统地回顾了企业进入行为的理论基础、分类及其影响因素，在此基础上，回顾了企业家理论、企业家能力的内涵、企业家能力的维度及测量、企业家与企业进入行为的关系等，此外，回顾了进入壁垒的来源、进入壁垒与企业进入行为的关系，并对企业家能力、进入壁垒与企业进入行为三者之间关系相关文献进行了梳理，提出了可能的创新切入点。

第三章为企业家能力与企业进入行为关系：案例研究。根据第二章的文献梳理及其所提出的研究切入点，本书选择了4家典型的进入城市公用事业的民营企业进行探索性案例研究。经过理论假设、案例选择、数据收集、企业案例内部分析与企业间比较分析，探索企业家能力、企业家感知进入壁垒与企业进入行为之间的关系，并形成15个初始研究命题。

第四章为企业家能力与企业进入行为关系：理论模型。基于第三章探索性案例研究提出的初始研究命题，结合已有相关文献进行更深层次的理论推演，分别针对企业家能力与企业进入行为之间的关系以及二者之间的作用机制提出相应的研究假设和本书的概念模型。

第五章为研究设计与方法。首先对变量的操作性定义进行说明，在此基础上进行问卷设计，并根据专家观点在可靠性方面做了深入考量，以保证问卷的合理性和科学性；对于数据收集，本书主要采用滚雪球和利用一切社会关系的途径进行调研，为有效收集数据奠定了基础。此外，本书还对将要采用的统计分析方法进行了详细的介绍和说明。

第六章为企业家能力与企业进入行为关系实证研究。在上述研究的基础上，运用 SPSS 19.0 软件，首先进行项目分析、探索性因子分析、信度分析、验证性因子分析，检验各个构念的信度和效度；其次对各变量进行相关分析，检验多重共线性问题；最后运用定序概率回归、逻辑斯回归、阶层回归等实证分析方法，验证第四章提出的所有假设，并对统计结果进行深入分析与讨论。

第七章为研究结论与展望。总结本书重要结论；阐述本书对理论界的贡献和对实践的指导；指出本书的不足、有待进一步改进的方面和未来的研究方向。

第二章　文献与理论研究述评

本章将针对第一章提出的研究问题和研究内容，梳理、归纳和评价企业进入行为、企业家能力以及进入壁垒等相关文献，并阐明本书与已有文献之间的逻辑传承，以此来明确本书的理论切入点。

第一节　企业进入行为文献综述

一　企业进入行为研究理论基础

与研究企业经营绩效、产业竞争态势不同，进入行为的研究重点是要阐释企业是否进入某个新的领域，以及如何进入某个新的领域（Lumpkin and Dess，1996）。

20世纪70年代开始，有关学者进入行为研究，西方学者研究主流是海外市场进入模式的选择理论。不同领域的学者，如国际商务领域、产业组织领域、战略管理领域等，都对企业进入行为的问题有过一些探讨（田莉，2010）。因为所属领域不同，学者们的研究视角也不一样，使得目前有关企业进入行为的探讨，并没有一个统一的理论体系。下面就不同领域的学者对企业进入行为进行实证研究时，构建研究假设所采用的主要理论依据进行简单介绍与梳理。

（一）国际商务领域

在国际商务领域，学者们主要以国际化理论或交易成本理论、折中理论为基础，主要研究企业的跨国（跨区域）市场进入行为。他们将市场进入界定为跨国公司将产品、技术、人力、管理经验等资源转移到其他国家或地区的方式（Root，1994）。

国际化理论假设"完全竞争、公司之间的资源的同质性和可流动性，包括母公司和它的国外子公司之间的知识可以完美转换"。该理论主要从交易成本角度，解释为什么一个公司采取在国外市场拥有和经营某个产品的方式进入国外市场，而不是选择特许经营或与当地企业签署供应协议的方式进入国外市场。因此，国际化理论被认为和交易成本理论是同一个理论（Rugman，1980；Madhok，1997）。交易成本理论所指的交易成本包括协议、监督和实施合同（Coase，1937；Williamson，1975）。根据该理论，企业市场进入行为之所以存在差异，主要是因为经济交易的基本属性，所以企业倾向于选择最小交易成本的市场进入模式。

交易成本理论认为，资产专用性、有限理性和投机行为是与交易成本有关的三个维度。安德森和加蒂格农（1986）基于交易成本理论，分析企业海外市场进入行为。研究发现，与交易成本有关的几个维度是影响企业选择最合适市场进入模式和控制程度的主要因素。最小化交易成本是跨国公司对进入模式选择的最基本原则，为了降低交易成本，加强内部控制，跨国公司往往有控股偏好，倾向于选择控制程度较高的进入模式。

在当今国际化商业环境下，国际化理论对于企业进入模式选择的解释能力受到限制。这是因为，该理论"假设所有公司资源具有同质性和可流动性"与现实情况存在较大出入。理论忽略了导致市场进入失败的条件，如国家之间的产品存在自由流动壁垒和销售知识障碍，而这些条件本身会影响国外直接投资（FDI）（Hennart，1989；Erramilli and Rao，1993）。因为国家之间自由贸易的壁垒会减少出口的利润，而销售知识障碍会增加 FDI 相对特许经营的利润，都会对企业国际化进入模式产生影响。另外，该理论还忽略了企业战略层面的思考，比如公司为了发展或提高某些能力，可能会产生合作模式进入的动机，而不会仅仅为了交易成本最小化而选择更高控制权的进入模式（Kogut，1988）。同时该理论也没有解释区位优势对进入模式的影响。

折中理论由邓宁（Dunning，1977，1980，1988）提出，主要观点是产权优势、区位优势和国际化优势是影响企业国外直接投资的三大重要影响因素。首先，产权优势与竞争优势和垄断优势有关，拥有产权优势的外来公司可以更好地克服与当地公司竞争劣势。其次，区位优势与市场潜力和国家风险紧密相关，而市场潜力和国家风险会影响外来企业的利润，所以拥有区位优势的外来公司可以克服市场潜力和国家风险，从而获得更多利润。最后，国际化优势与合同风险相关，拥有国际化优势的外来公司能够更好地克服合同风险，往往更倾向于选择 FDI 的方式而不是特许经营方式进入国际市场（Agarwal and Ramaswami，1992）。

与国际化理论相比，折中理论具有更高的概括性、更泛的涵盖性和更强的适用性，是一个综合理论框架，它可以用于分析所有不同发展程度国家的各种跨国经营活动。事实上，折中理论已经被广泛应用于分析进入模式决策，其观点也得到了很多实证检验（汪秀琼，2011）。然而，折中理论并没有在解释和预测进入模式选择上提供一个标准视角（Tallman，1991），因为它试图对影响进入模式决策的所有重要因素进行分析，结果并不成功，其主要原因在于所有权、区位优势和内部化三者之间的关系以及动态特征并不明确（毛蕴诗，2001）。另外，模型无法解释为什么两个在同一个行业和有同样产权、同样区位和国际化的公司并没有选择以同样的进入模式进入同样的国外市场（Dunning，1993）。此外，已有折中理论忽视了行业特征（如政府管制行业与非政府管制行业）对进入模式的影响。

综上所述，国际化理论、交易成本理论和折中理论虽然对企业进入国际市场行为进行了一些解释，但是，这两个理论因为都忽视了企业内部特征而受到批评，而这些内部因素被认为是公司战略行为的根本驱动力（Bartlett and Ghosal，1991；Zou and Cavusgil，1996）。

（二）产业组织领域

对产业组织理论的研究领域，西方学者普遍基于亚当·斯密的"理性人"假设，即作为经济决策的主体都是理智的，既不会感情用事，也不会盲从，而是精于判断和计算，其行为是理性的。在经济活动中，主体所追求的唯一目标是自身经济利益最大化。鉴于此，几乎所有西方学者的研究成果都一致认为，利润是导致企业进入行为发生的最主要原因，只要某个行业可以带来利润，新企业就很快会选择进入该行业（Martin，2001）。在长达几十年的实证研究中，许多国家的实证研究也证实了西方学者的这些看法。但是，在中国，几乎所有基于产业层面的进入行为研究成果都认为中国企业进入行为与行业利润率无关。可能的原因解释是，中国还处于经济转型期，产业发展阶段、市场化程度与发达国家存在明显差别，导致企业行为与发达国家也一定存在差异（黄健柏、陈伟刚、江飞涛，2006）。

吴三忙（2008）对已有相关研究进行了梳理，他将市场进入理论归结为两大学派：一是基于进入纠错的市场进入理论；二是基于进入替代的市场进入理论。前者与西方学者的"理性人"假设一致，把所有企业当成同质的，认为市场进入是由于产业超额利润引起的，是一种模仿进入，后者认为进入过程由异质企业的替代所致，是产业创新、动态演化引起，是一种创新进入，并不主要由产业利润引起。

综上所述，产业组织理论认为，利润会影响企业进入行为；但是国内外学者的实证研究结论存在一些偏差，西方学者得到了相对一致的实证研究结论，即利润和进入行为显著相关，但大部分国内学者的实证研究结论并没有发现利润与进入行为之间显著相关。

（三）战略管理领域

20 世纪 90 年代以后，战略管理领域的学者将研究视角转向企业内部资源与能力（Sharma and Erramilli，2004；Meyer and Peng，2005）。他们认为，企业自身所拥有的资源与能力特性是解释企业跨区域市场进入模式的主要因素（Barney，1991；Isobe，Makino and Montgomery，2000；Ekeledo and Sivakumar，2004；Sharma and Erramilli，2004）。因为已有研究主要以西方发达国家跨国公司为研究对象，所以得出的理论并不能很好地解释发展中国家，如中国跨国公司的海外投资行为，于是，学者们又将研究视角转向制度层面（Peng，2006；Chen et al.，2009；吕巍、陈雨田，2010）。这些学者认为，在新兴转型经济体中，企业面临的制度环境，包括管制维度、规范维度和认知维度，是决定企业市场进入模式选择的主要因素（Brouthers and Brouthers，2000；Meyer and Peng，2005；Canabala and White，2008，蓝海林等，2010；汪秀琼，2011）。笔者认同这些学者的观点，但是，由于本书将研究对象集中在同一个省的同一个行业，因此，我们会忽略制度层面的差别，所以以下综述内容不包括制度理论对企业进入行为的解释。战略管理领域的学者关于企业进入行为的研究的理论基础主要有资源基础理论和战略选择理论。

资源基础理论观点认为，是企业自身，而不是产业，才是竞争优势的源泉（Capron and Hulland，1999）。企业竞争优势由公司获得的资源（资产和能力）所决定（Barney，1991；Peteraf，1993；Teece et al.，1997）。该理论指出了这样的事实：企业之间的资源既是异质的也是不可能自由流动的（Barney，1991；Hunt and Morgan，1995），这与国际化理论的假设是完全相反的。它认可基于产业组织的理论观点：企业是一个输入者和追求生产效率和分配效率的组织。但是，它在产业组织理论的基础上还提出了一个企业在市场上的成功不仅依靠公司所处的环境，而且还依赖企业对于塑造环境的贡献——企业对环境的影响力（Conner，1991）。考虑企业进入行为，资源基础理论，不仅解释了不同产业的企业进入行为的差异性，而且还解释了同一个产业的所有企业不会也不能追求可能有最高回报率的战略。企业只能采取它们所拥有资源能够支持的战略。这样，从资源基础理论的角度来研究进入行为综合了战略管理的核心观念：当企业的资源与外部机会相匹配的时候，一个企业就能获得竞争优势（Conner，1991；Vasconcellos and Hambrick，1989）。

资源基础理论假定独有产权是进入模式的默认选择，它被证明是一种更优的进入模式。独有产权是一种理想的经营模式（Stopford and Wells，1972）。这个假定与美国企业更偏向于选择独有产权进入模式的实证研究的结果是一致的（Anderson and Gatignon，1986；Erramilli and Rao，1993）。另外，有文献证明日本的公司将联盟作为独有产权模式之后的次优选择（Ouchi and Johnson，1974；Hamel，1991）。

战略选择理论强调管理者的主观能动性，他们可以对组织的"运营领域"做出某些决策（罗岷，2006）。

钱德勒（Chandler）通过研究战略与结构的关系，提出战略—结构—绩效分析范式。该分析范式表明，企业高层管理者选择可以使其实施既定战略的一种组织结构形式，能够给企业带来更好的绩效。这些观点被视为"战略选择论"诞生的催化剂。管理学家蔡尔德（Child，1972）被认为是战略选择理论的代表性学者，因为他首次提出战略选择的概念。该理论注重管理者个人能力的作用。一方面，组织决策者拥有设定环境的权力，如设定组织经营范围，设定服务对象、选择员工队伍。另一方面，组织决策者确定组织绩效标准及其实现程度，因为组织绩效不仅仅是组织的一个结果，也是组织的一个输入。另外，两位代表性的学者是迈尔斯和斯诺（Miles and Snow，1978），他们强调最高决策者作为组织与环境联系桥梁的作用。可见，战略选择理论非常强调人的主观能动性。

综上所述，无论是资源基础理论，还是战略选择理论，都强调组织内部因素对其行为的影响，这些组织行为当然包括"进入行为"，而组织内部因素自然也隐含着企业家能力。

本书重点探讨企业进入行为包括的"是否进入"和"如何进入"两个维度。即为什么有些民营企业会选择进入城市公用事业，而有些民营企业不会选择进入？为什么进入的民营企业在进入程度上存在显著差异，即有些以高股权方式进入，而有些是以较低股权方式进入？以及导致这些进入行为差异的原因是什么？这些问题还没有引起学者们足够的关注。另外，在国际商务领域，学者们将跨国公司进入模式分为独资、合资和授权三类（Hill，Hwang and Kim，1990；Pan and Chi，1999）。但是，这些进入模式是否全面概括所有不同性质企业进入行为？企业在进入政府管制行业和非政府管制行业时的行为是否存在差别？战略选择理论强调人的主观能动性，承认管理者对企业的战略行为起决定性作用，那么，作为民营企业与外联系的唯一桥梁的民营企业家，其隐含的企业家能力是否也会影响企业进入行为呢？如果有影响，其影响机制如何？所有这些问题还没有得到战略管理和国际商务领域学者的重视，因此，值得我们进一步深入研究。

此外，本书属于战略管理领域范畴，以资源基础理论和战略选择理论为基础，考察民营企业进入城市公用事业初始战略选择问题，提出本书研究思路：将企业家能力看成是企业拥有的具有独特性、异质性、不可转移性的资源，研究其对企业进入行为的影响。同时，将组织的外部环境——进入壁垒也纳入研究框架，以深入企业进入行为研究，并期望对民营企业成功地进入城市公用事业提供指导。

二　企业进入行为的分类

国内外学者关于企业进入模式分类的研究成果已经很多，如国际商务领域学者将企业海外市场进入模式分为股权式投资与非股权式投资，或直接进入与收购进入（Bradley and Gannon，2000）。近年来，学者们探讨多国公司进入新的地理区域的模式通常分为独资、合资和授权三类（Hill，Hwang and Kim，1990；Pan and Chi，1999）。巴克利和卡森（Buckley and Casson，1976）按照投资方式将海外市场进入模式分成对外直接投资、贸易出口、契约授权等。安德森和加蒂格农（1986）则按照进入者控制程度将市场进入模式分成高控制类型，比如独资；多数股权、中度控制类型，比如均等股权；多元股权和低度控制类型，比如少数股权或授权等。

中国台湾学者李文瑞等（2001）将市场进入模式分为出口或贸易，授权、特许经营、管理合约等契约性协议，少数、均等及多数股权合资，并购全资或独资等。若按照股权拥有程度高低，则可分成高拥有程度者与低拥有程度者，其中高拥有程度包括独资与多数股权合资；而低拥有程度可继续划分为均等股权合资、少数股权合资、无股权形式（如契约性合作经营）等。无论分成几类，市场进入模式的类型大都与投资股权多少有关。

对于企业进入行为的分类，虽然与进入模式相关联，但也不能完全等同。这是因为可以对进入模式分类的假设条件是企业进入行为已经发生，但有关企业进入行为的研究显然首先要解决企业进入与否的问题。根据已有研究，有关企业进入行为的衡量，大致可以分为五类。第一类，是否进入，即进入行为发生与否（罗党论、刘晓龙，2009）；第二类，用纯进入或净进入来衡量。其中，纯进入又可以采用新进入企业数目或者进入率表示，比如用"筹建"数目与当期企业总数之比来衡量企业的进入（杨天宇、张蕾，2009）；净进入，即用每年新进入的企业数减掉新退出的企业数，此种衡量方式的数据获取难度较大。无论是纯进入，还是净进入，都是从产业层面进行研究的，而不是企业层面；第三类，用进入程度来衡量企业进入行为，即企业进入到某一行业的营业收入占总收入的比重（罗党论、刘晓龙，2009）；第四类是以进入者的控制程度将进入模式分成高控制类型，比如独资与多数股权、中度控制类型，均等股权与多元股权和低度控制类型，少数股权或授权等（Meyer，2009；Anderson and Gatignon，

1986；Davidson，1980）；第五类，根据进入者的投资方式，将企业进入行为分为 BOT、TOT、TBT 和 PFI 等。

本书将整合以上划分标准，将企业进入行为转化为"是否进入"和"进入时所获得的股权结构"（进入程度）两个维度来进行探索。对于进入程度的衡量，主要参考戴维森（1980）的研究，以民营企业进入城市公用事业所持有的股权程度划分为三种类型：少数股权（股权小于 50%），赋值为 1；同等股权（股权等于 50%），赋值为 2；多数股权（股权大于 50%），赋值为 3。本书之所以选择此种分类标准，主要是考虑到以下两点：一是便于数据分析；二是此种类似于穷举的分类标准基本上涵盖了其他分类标准，而且不失其内在属性（汪秀琼，2011）。

三 企业进入行为的影响因素

影响企业进入行为因素很多。[①] 现有文献关于企业进入行为影响因素的研究主要从三个层面来进行：一是宏观层面，如制度因素；二是中观层面，如产业因素；三是微观层面，如企业因素和个人因素。Slangen 和 Hennart（2007）、Morschett 等（2010）、汪秀琼（2011）等对相关研究成果进行了很好的总结。基于本书的研究问题，我们将研究对象设定为浙江省燃气行业民营企业，假定在同一个省内不存在显著的制度差异，因此本书将忽略制度因素对企业进入行为的影响。以下将在前人总结的基础上进一步从产业层面、企业层面和个人层面来梳理企业进入行为的影响因素。

（一）产业层面影响因素

本书企业进入行为由是否进入和进入程度两个维度构成。产业层面影响企业进入行为的因素主要有利润率和进入壁垒两个。但是，对于进入相同区域相同产业的企业而言，产业的平均利润率是一样的，所以，在本书中，我们不考虑利润率因素对企业进入行为的影响，从而影响企业进入行为的产业层面的因素，主要是各种进入壁垒。具体相关研究成果见表 2 - 1 所示。

---

① 为了较全面地梳理企业进入行为的影响因素，本节采用的进入行为概念在一定程度上涵盖了进入模式等概念。

Siegfried 和 Evans（1994）对进入壁垒与新企业进入之间关系的实证研究成果进行了综述。Mutimelli 和 Piscitello（1998）认为产业进入壁垒与企业进入行为负相关。来自产业组织和战略管理领域的一个核心观点是进入壁垒可以提高在位企业的利润和整体绩效。相反，高的进入壁垒对新进入企业的利润将会有一个负面的影响，因为新进入企业必须克服在位企业的优势（Bain，1959；Porter，1980，1987）。

首先，已有理论研究表明，高进入壁垒对新企业进入行为的发生和进入率有决定性的影响（Bain，1959；Dean and Meyer，1996；Harrigan，1981；Porter，1980；Yip，1982）。因此，拥有必要资源进入高壁垒产业的新企业，将会因为高壁垒对于分割销售人员和市场份额的其他潜在竞争对手的进入可能性/进入率的决定性影响而受益。其次，Caves、Fortunato 和 Ghemawat（1984），Sharma（1998），Arend（1999）和 Gimeno（1999）指出，对于领导企业而言，接受一些新企业进入的同时也能维持高的边际利润是关键，这样，当在位主导企业着重于高的短期利润而不是减少边际利润或是做额外投资以阻止新企业开发的机会时，新企业进入高壁垒产业可能获得更高的相对销售增长（Arend，1999；Gimeno，1999；Reinganum，1989）。应该指出的是，大部分的研究检验了进入壁垒对于新企业进入行为的发生和进入率的影响（Harrigan，1981；Dean and Meyer，1996；Yip，1982）。

进入壁垒主要包括产业集中度、规模经济、资本密集度、广告密集度和研发密度。其中，关于产业集中度、研发密集度和广告密集度对企业进入程度影响的研究主要有三种观点：（1）三者对进入行为产生负效应（Orr，1974；Acs and Audretsch，1989；Mayer and Chappell，1992；杨国彪，1998）。即产业集中度、广告密集度和研发密集度越高，企业越倾向于选择不进入或选择低控制模式进入。这是因为这三方面越高，独资模式可以创造更多额外生产力，反过来会压低价格，导致价格战，这样使得不进入或是与在位公司进行合资是更好的选择（Kogut and Singh，1988；Hennart，1991）。（2）产业集中度、广告密集度和研发密集度对进入行为产生正效应（Duetsch，1975；Kap - Young Jeong and Robert T. Masson，1989；杨天宇、张蕾，2009）等。即产业集中度、广告密集度和研发密集度越高，企业越倾向选择高控制模式进入，反之不进入或倾向低控制模式进入。这是因为当三方面都较低时，投资方为了增加进入的灵活性，只需要通过低所有权的进入模式就能够实现，以便应对变化的市场环境。（3）产业集中度、广告密集度和研发密集度对企业进入行为没有显著影响（Barbosa and Louri，2002）。此外，关于产业集中度与企业进入行为关系，还有一种观点认为产业集中度与企业股权投资比例呈 U 形关系，即产业集中度非常高或非常低时，企业倾向于选择独资或多数股权方式进入。

规模经济作为进入壁垒的另一个来源也影响企业进入行为。国内外学者一致认为，规模经济对企业进入行为产生负向影响。即规模经济越明显的产业，企业进入的可能性和进入程度就越低。这是因为规模经济会增加新进入企业的成本，导致新进入企业与在位企业存在不公平竞争。所以，相对于新产业，企业进入规模经济的产业可能更偏好低程度的进入模式以使风险最小化（Elango and Sambharya，2004）。

资本密集度反映了企业进入某一行业的有形资本投入的大小。作为进入壁垒之一，也会影响企业进入行为。资本密集度对企业进入行为的影响也有三种观点：（1）资本密集度对企业进入行为产生正向影响（Luo，2001；Wei，2005）。他们认为，资本投资量越大，公司越有可能获得长期垄断或寡头利润，因为大多数竞争者无法进入该产业，另外，高的资源承诺使退出壁垒较大，所以寻求长期利润的公司更倾向于采取独资的方式进入。也就是说，投资量大的公司偏好以高控制模式进入。（2）资本密集度对进入行为产生负向影响（Palenzuela and Boblillo，1999；Barbosa and Louri，2002）。即资本密集度越高，企业越倾向于选择低控制程度模式。这是因为：一方面，大的投资项目往往需要投入较多的资本，这就增加了商业风险和政治风险，出于规避风险的考虑，对于大的投资项目，投资者将倾向于以小所有权比例模式进入；另一方面，当投资额度相对规模较大时，公司可能没有所有所需的资产，只能通过合作方式从其他公司获得补足性的资产。（3）资本密集度对企业进入行为没有显著影响（Acs and Audretsch，1989；Mayer and Chappell，1992；李德志、闫冰，2004；杨天宇、张蕾，2009）。

另外，国内学者汪伟和史晋川（2005）通过对吉利集团案例研究，总结了转型经济中民营企业进入成长过程就是对进入壁垒持续回应和消解的过程。胡旭阳（2006）通过实证研究，提出融资壁垒也会影响民营企业进入行为。

综上所述，学者们有关进入壁垒对企业进入行为的影响，除了规模经济对企业进入行为的影响方向得到一致认可外，产业集中度、资本密集度、广告密集度、研发密集度等对企业进入行为影响的研究未有定论，还有待进一步研究。

表 2 - 1　　　　　影响企业进入行为的主要产业层面因素

影响因素	子影响因素与作用方向	作者
进入壁垒	产业集中度 +	Duetsch（1975），Kap - Young Jeong 和 Robert T. Masson（1989），Tatoglu、Glaister 和 Erdal（2003），杨天宇和张蕾（2009）等
	产业集中度 -	Orr（1974）、Acs 和 Audretsch（1989）、Mayer 和 Chappell（1992）、Barbosa 和 Louri（2002）、杨国彪（1998）
	产业集中度?	Hennart（1991）、杨蕙馨（2004）
	规模经济 -	Mayer 和 Chappell（1992）、杨国彪（1998）、杨天宇和张蕾（2009）
	资本密度 -	Orr（1974），Palenzuela 和 Boblillo（1999），Yamawaki、Barbosa 和 Louri（2002）、杨国彪（1998）
	资本密度?	Acs 和 Audretsch（1989）、Mayer 和 Chappell（1992）、Lecraw（1984）、李德志和闫冰（2004）、杨天宇和张蕾（2009）
	广告密度 +	Kessides（1986）、Fagre 和 Wells（1982）、Lecraw（1984）、Gatigonon 和 Anderson（1988）、Gomes - Cassers（1990）、Hennart（1991）
	广告密度 -	Orr（1974）、Duetsch（1975）Yamawaki
	广告密度?	Gorecki（1976）、杨天宇和张蕾（2009）
	研发密度 -	Orr（1974）、Acs 和 Audretsch（1989）
	研发密度 +	杨国彪（1998）、李世英（2005）、杨天宇和张蕾（2009）
	研发密度?	Gorecki（1976）

资料来源：根据 Morschett 等（2010）、汪秀琼（2011）、杨天宇和张蕾（2009）等整理。

（二）企业层面影响因素

与本书相关的影响企业进入行为企业层面因素主要包括企业自身能力、企业规模和经营经验三个方面。相关研究成果见表2－2。

表2－2　　　　　　　影响企业进入行为的主要企业层面因素

影响因素	子影响因素与作用方向	研究者
企业能力	企业营销能力 +	Caves 和 Mehra（1986）、Kogut 和 Singh（1988）、Gatignon 和 Anderson（1988）、Caves 和 Mehra（1986）
	企业技术能力 +	Curhan、Davidson 和 Suri（1977），Agarwal 和 Ramaswami（1992），Anderson 和 Gatignon（1986），Erramilli 和 Rao（1993），Anderson 和 Svensson（1994），Hennart 和 Park（1993），Cho 和 Padmanabhan（1995），Brouthers 和 Brouthers（2000），Barkema 和 Vermeulen（1998）
	企业技术能力 –	Mutinelli 和 Piscitello（1998）
企业规模	企业规模 +	Buckley 和 Casson（1976），Caves 和 Mehra（1986），Lecraw（1984），Yu 和 Ito（1988），Terpstra 和 Yu（1988），Larimo（1994），Brouthers 和 Brouthers（2003），Erramilli 和 Rao（1993），Erramilli、Agarwal 和 Kim（1997）
	企业规模 –	Coloman（1993）、Mutinelli 和 Piscitello（1998）
经营经验	经营经验 +	Anderson 和 Gatignon（1986），Gomes – Casseres（1989），Hennart 和 Park（1993），Larimo（1994），Yamawaki（1994），Barkema 和 Vermeulen（1998），Brouthers 和 Brouthers（2000），Padmanabhan 和 Cho（1999），Raff、Ryan 和 Stahler（2005），邱立成和于李娜（2003），许晖（2003），阎大颖（2008）
	经营经验?	吴静芳（2005）

资料来源：根据刘建丽（2009）、Morschett 等（2010）、徐登峰（2010）、汪秀琼（2011）等整理。

1. 企业能力

能力理论认为，企业获取持续竞争优势的源泉在于拥有了独特的资源和组织能力（Penrose，1959；Wernerfelt，1984；Barney，1991）。企业的能力优势表现在企业的产品、程序或管理能力三个方面，它可以是专利、商标、版权、品牌形象或交易机密。这些技术在战略决策中扮演重要的角色（Wernerfelt，1984）。已有研究表明，当外国投资者拥有资源和能力优势时，往往倾向于采用新建方式进入东道国。相反，当外国投资者不具有资源和能力优势时，往往采用并购方式来获得东道国企业的某些资源和能力，以实现经营协同效应（Yip，1982；Hennart and Park，1994；Brouthers and Brouthers，2000）。就影响企业进入行为而言，营销能力和技术能力是关键能力。

一种观点认为，企业技术能力与企业选择独资模式进入海外市场正相关。即企业技术能力越强，越倾向于选择高控制程度的进入模式（Curhan，Davidson and Suri，1977；Agarwal and Ramaswami，1992；Anderson and Gatignon，1986）。企业的技术能力与企业的研发密集度密切正相关，所以研发密集度与高控制程度进入模式选择正相关（Gatignon and Anderson，1988；Agrarwal and Ramaswami，1992；Erramilli and Rao，1993；Anderson and Svensson，1994）。

Hennart 和 Park（1993）、Cho 和 Padmanabhan（1995）、Brouthers 和 Brouthers（2000）以日本企业为研究对象，发现研发密集型的企业更倾向于以自建企业方式进入他国市场，而不是合资或收购。

与之相对的观点则认为，企业技术能力优势并不是影响企业进入模式的唯一因素，不能忽略企业对东道国市场知识的了解（Caves and Mehra，1986；Kogut and Singh，1988），但这种观点并未得到实证检验。

营销能力可以通过品牌形象和知名度来衡量。已有研究表明，企业拥有的品牌越强大，知名度越高，企业越倾向于选择控制程度更大的进入模式（Gatignon and Anderson，1988；Caves and Mehra，1986）。

国内学者尹盛焕（2004）得出与国外学者不一样的结论。他以生产折中理论为基础构建模型，探讨日本企业进入中国市场的合理模式。回归分析结果表明，进入中国的日本企业，技术能力越高，越优先选择合资经营方式。祖强和曹慧（2005）从理论和现实的角度分析了跨国公司在中国独资的倾向，提出跨国公司之所以倾向于选择独资方式进入中国，主要是为了保守其技术秘密。吴静芳（2005）以上海18家从事对外直接投资企业作为调查对象，调查结果表明，企业优势越强、东道国政治风险越大，企业越可能倾向于产权集中或独资方式进入。这些结论与对发达国家企业 FDI 研究得到的结论是一致的。

由此可见，发达国家和发展中国家的企业 FDI 时，会面临相同的问题，即如何有效使用并保护好企业优势和回避环境风险。

总结上述观点，关于企业能力与企业进入行为的关系，国内外学者虽然没有完全达成共识，这可能与研究样本选择有关。但大部分实证结论比较一致，即企业能力越强，企业更倾向于采取独资进入模式。

2. 企业规模

巴克利和卡森（1976）认为，企业规模在一定程度上决定了企业承担高额营销费用、执行专利与合同的能力大小，企业规模决定了企业是否可以获得规模经济（Hood and Young，1979；Sabi，1988）。Lecraw（1984）认为，公司规模通过影响公司与东道国政府的谈判能力，进而影响在东道国投资的所有权和控制权。公司规模会影响企业海外投资意愿，公司规模越大，其在海外投资意愿更强（Buckley and Casson，1976；Yu and Ito，1988；Caves and Mehra，1986；Terpstra and Yu，1988）。另外，公司规模与企业进入程度正相关，即公司规模越大，越倾向于选择独资模式进入，以拓展资源；公司规模越小，越倾向于选择合资或联盟方式，以减少风险（Larimo，1994；Erramilli and Rao，1993；Brouthers and Brouthers，2003）。

Erramilli、Agarwal 和 Kim（1997）采用类型学方法，将美国和欧洲跨国公司进入模式分为少数股权、均等股权和多数股权三类，研究发现，公司规模越大，公司越偏好多数股权。

科尔曼（1993）的研究结论与上述结论相反：企业规模越大，越倾向于合资和协议的模式进入。这可能是因为企业巨大的专用性资产、非生产性资产以及低效率的官僚主义所致。

有关企业规模对进入行为的影响，国内学者研究并不多见。贺慈浩和贺嫱敏（2002）以跨国经营的中国中小企业为研究对象，发现企业规模越大，越可能以独资方式进入海外市场。

总结以上观点，大多数学者观点是一致的，即公司规模越大，跨国市场进入更倾向于选择高控制模式。

3. 经营经验

Johanson 和 Vahlne（1977）认为，企业国际经营经验会影响企业进入模式选择。Anderson 和 Gatignon（1986）、Gomes – Casseres（1989）发现，企业拥有海外经验越多，越倾向于选择高控制模式进入。这是因为企业如果没有海外经营经验，一般会采取低控制模式进入。而一旦积累经验后，企业风险承担能力增强，将会采取高控制程度的进入模式。Brouthers 和 Brouthers（2000）以日本企业为研究对象，发现企业的国际化经验与独资倾向正相关。

另外，一些学者从反面证明了这样的观点。如有的研究表明，企业国际化经验越少，越倾向于以并购、合资或合并的方式进入（Hennart and Park，1993；Larimo，1994；Barkema and Vermeulen，1998；Brouthers and Brouthers，2000；Hennart，1991；Raff，Ryan and Stahler，2005）。其原因是企业国际化经验越少，公司面临外部不确定性越大，管理成本越高，为了减少管理成本，企业更愿意与当地公司合作，以获得现成的设备、人员、管理制度和渠道，进而迅速熟悉东道国市场，更好地适应外部环境的不确定性。

国内学者也对国际化经验与企业进入模式之间的关系进行了一些探索，但还没有形成统一的研究结论。邱立成和于李娜（2003）定性分析了跨国公司进入中国市场模式及其影响因素，发现知识与经验积累会影响跨国公司进入中国市场的模式。进一步地，许晖（2003）通过对 27 家荷兰中资企业的邮寄问卷和深入访谈，发现企业国际经营的经验会显著影响企业进入模式。而吴静芳（2005）对 18 家从事对外直接投资的上海企业进行问卷调查，调查结果表明，企业国际化经验与中国企业产权结构安排不相关。

总结上述观点，国内学者相对国外，研究偏少。但很显然，研究结论基本一致，即企业国际化经验越多，则越倾向于选择高控制程度进入模式，比如独资等。

（三）个体层面影响因素

目前，也有一些学者从个体层面如企业家视角来研究企业进入行为。大体上可以分为两类：

（1）企业家或 CEO 的特征对企业进入行为有影响。如史密斯和怀特（Smith and White，1987）考察了 370 位 CEO 继任者，他们来自 173 家不同企业，探讨 CEO 个人的特征与公司战略之间关系。研究发现，CEO 工作经验越窄，越倾向于选择单一业务及纵向整合的战略，而 CEO 工作经验越多，越倾向于选择与大企业联盟或者采取非相关多元化的战略。国内学者田莉（2010）的研究表明：企业家的认知会影响企业的战略选择，进而影响进入行为。此外，随着近几年创业领域内，有关新企业市场进入行为的研究引起学者们的重视，有学者提出创业者的心理和先前经验等个体层面要素决定了创业者是否选择进入某一市场（Levesque and Shepherd，2004；Beckman，2006；Zott and Amit，2007）。

（2）企业家社会资本和企业家能力对企业进入行为有影响。如约翰尼森（Johannisson，1988）以瑞典不同区域同一时期企业为研究对象发现，企业家活跃的社会行为有助于其进行商业投资，产生新的进入行为。Mosakowski（1998）研究发现，企业家的网络资源可以促进企业创业行为的发生并获得竞争力，这里的创业行为和新进入某个行业类似。詹森等（Jenssen et al.，2002）通过对挪威 100 个创业者进行调查，发现创业者个人网络的强联系是获取信息的重要渠道，而弱联系是资金筹集的重要来源。信息获取和资金筹集是企业进入某个行业所需要的关键资源。杰克（Jack，2005）通过对苏格兰 14 个创业者的深度访谈发现，创业者的强联系，不仅可以帮助其获取大量的信息和知识。而且还维持、扩大并提高了创业者和企业个人的声誉，而声誉对于新进入企业而言可以获得融资便利。关于企业家能力与企业进入行为关系的直接文献相对较少，如达内尔（Danel，2008）认为，企业家的谈判能力会影响价格听证的结果和信息披露，从而影响企业进入行为发生与否。乔立和金占明（2009）以 110 家企业决策者为样本进行问卷调查研究发现，影响企业国际化进入模式的是企业决策者个人关系而不是企业关系。具体来讲，决策者个人关系越强，企业越倾向于选择控制程度和资源承诺程度更高的市场进入模式。李路路（1995）、惠朝旭（2004）、边燕杰（2006）、王栋（2010）均认为，企业家，尤其是民营企业家的社会资本对企业的进入行为会产生影响。刘小玄（2004），汪伟和史晋川（2005），胡旭阳（2006），罗党论和刘晓龙（2009），谢琳、李孔岳和张景茹（2013），龚军姣（2013）等均认为，民营企业家能力，尤其是与政府构建关系的能力对于民营企业进入政府管制行业、高壁垒行业均有显著影响。

可见，有关企业家层面对企业进入行为影响的研究已经引起学者们关注，这些都为本书的问题引入和深入研究做了铺垫，为我们从企业家能力视角来研究企业进入行为奠定了文献基础。但是，已有研究以定性阐述为主，即使已有少量研究实证了企业家某方面的能力与企业进入行为之间的关系，但是毕竟不多，类似实证研究还是比较缺乏的。另外，民营企业进入城市公用事业过程中，行为主体——民营企业和行为客体——城市公用事业本身都具有独特性，假如我们完全借鉴已有的研究结论，可能会抹杀这种独特性，还有可能得出错误的结论（Nelmar，1997；Dellnaran Davidsson，1998；Wiklund，1998）。再者，已有研究只是提到企业家某方面的能力如谈判、关系等对企业进入行为有影响。事实上，贾生华（2004）认为，只有当企业家能力与企业所要完成的关键任务相匹配时，企业家能力才是有意义的。对民营企业进入城市公用事业而言，企业家能力需求到底包括哪几个维度？这些维度又对企业进入行为如何产生影响？都有待进一步挖掘。对此，本书将在这一背景下进行拓展，聚焦于企业家能力对民营企业进入城市公用事业的影响机制。

综观上述研究，学术界从不同视角、多个层面考察了企业进入行为影响因素，建立了比较一致的分析框架。大多数学者认识到影响企业进入行为的因素是多方面的、多层次的，总体上可以从宏观、中观和微观层面来分析，宏观层面主要是制度因素，中观层面主要是产业因素，微观层面主要是企业因素和个人因素。另外，因为研究角度、研究对象和研究情境的不同，使得同一个因素对企业进入行为的影响方向并不相同，有时甚至是相反的。因此，在中国情境下，深入探讨民营企业进入城市公用事业的影响因素仍然是有必要的。

第二节 企业家能力研究

一 企业家理论概述

企业家作为企业进入行为的决策者（Dess，1996），或许是最能引起人们关注的人。企业家，entrepreneur，源于法语，意思是"承担责任的人"（林枫，2011）。1755 年，法国古典经济学家 Cantillon 率先将其引入经济学理论，他通过研究法国商人的各种经营行为，认为企业家就是在支出确定而收入不确定的环境中从事商业活动的个体，因此，企业家本质上是勇于承担风险的（Binks and Vale，1990）。法国经济学家萨伊（Say，1803）是最早对企业家进行系统研究的学者。虽然学者对于企业家研究的重视程度不同，但是，对于企业家的研究从来没有真正停止过。那么，到底企业家的内涵是什么，企业家又应该具备哪些职能和个体特征呢？根据国外学者的研究成果，我们可以将其分为古典、新古典和现代三个阶段，不同阶段对于上述问题都有不同的回答。

（一）古典企业家理论

Cantillon（1755）认为，企业家是指那些能够发现市场中存在贱买贵卖的机会，并利用这种机会盈利的人。首先，企业家不一定是资本家，也不一定要设立企业，但是他一定能够发现市场经济中供给与需求不平衡会为人们带来获利机会，所以可以说企业家是机会发现者。其次，企业家是"不确定性承担者"，是敢于承担风险的。因为发现机会不一定能把握机会，如果企业家可以把握机会，就会通过贱买贵卖获取利润；反之，就要承担风险。亚当·斯密（1776）认为，企业家就是资本家，企业的全部资本来源于企业家，通过投资于企业，企业家成为企业的所有者。萨伊（1803）提出，企业家是资本、劳动、土地之外的第四种生产要素，它是其他三种生产要素的组织者。企业家并不等同于资本家，有些企业家本身是资本的提供者，所以既是企业家也是资本家，但是有些企业家只是执行控制、监督等管理职能的管理者，并不是资本的提供者，是纯粹的企业家。

（二）新古典企业家理论

随着新古典经济学的兴起，由于新古典经济学严格的假设条件：完全信息和完全市场，使企业家的管理和决策变得无足轻重。企业家仅仅根据边际成本等于边际收益的原则来确定均衡产量和均衡价格，从而生产经营活动被简化为一个计算的过程，根本无须企业家职能作用的发挥，所以在新古典经济学企业理论中，企业似乎是一个企业家缺位的自动运行体。对此熊彼特（Schumpeter，1934）曾形象地指出，理应成为资本主义经济舞台主角的企业家却不出场，好比是没有丹麦王子的《哈姆雷特》演出（转引自林枫，2011）。

但是，作为新古典经济学研究的代表，马歇尔在其研究中并没有完全忽略企业家。他认为，企业家既可以是中间人，也可以是商人；既有监督、管理能力，又有领导、驾驭能力；是风险承担者，利润是企业家的报酬。

（三）现代企业家理论

如果说在新古典经济学那里，企业还是一个"黑箱"的话，那么，现代企业理论则在打开这个"黑箱"的同时，也强调了企业家在企业生存和发展过程中的重要职能。

奈特（Knight，1921）被德姆塞茨（Demsetz，1999）称为西方研究现代企业理论的开拓者，正式将企业和企业家联系在一起，开创了企业的企业家理论，并对企业家角色进行了动态性系统研究。他将企业家视为不确定性的承担者，企业家的首要问题或功能是"决定干什么以及如何去干"。卡森（1982）对奈特的企业家角色给予了综合和扩展，他强调企业家配置稀缺资源的能力。

熊彼特（1934）认为，企业家不同于资本家，也不同于管理者，而是创新者。首先，熊彼特认为，资本家是资金的提供者，如果企业家自己筹集资金，它将扮演企业家和资本家的双重角色，但是承担的职能是不同的。另外，和前面学者不同，他强调企业家不是风险承担者，承担风险的是向企业提供贷款的资本家。其次，熊彼特认为，企业家不同于管理者。与管理者承担的日常管理活动不同，企业家主要为组织提供洞察力和领导能力活动，企业家的主要任务是确定目标而不是如何实现它们。最后，企业家作为资本主义的灵魂，创新是其最基本的职能。

柯兹纳（Kirzner，1997）将企业家定义为追求纯粹的企业家利润而抓住市场机会的人，企业家的基本职能就是一直保持机敏的眼光使市场实现均衡。他认为市场通常处于不均衡的状态，机会就能被持续地发现和运用，但是只有机敏的企业家才能抓住机会。

哈耶克等人将企业家定义为具有独特的、在复杂环境中具有专门从事判断和决策并能从中赚取信息租金的人。也就是说，企业家就是那些对于自己的判断力充满自信且会坚持自己判断的人（转引自林枫，2011）。

与国外的研究相比，国内相应研究比较少。张焕勇（2007）提出企业家在企业成长过程中分别扮演着风险承担者、资源配置者、创新者、整合者及机会发现者的角色。刘志成、吴能全（2012）基于国外理论分析提出，企业家内涵可以从社会功能和行为过程两个方面来界定，即发现与创造是企业家最为根本的行为活动方式。关于企业家内涵的总结如表2－3所示：

表2－3 企业家内涵

作者	主要观点
Richard Canutillo（1755）	企业家是经营者，每一个从事经济行为的人都是企业家。企业家职能是冒着风险从事市场交换
萨伊（1815）	企业家是具有判断力、忍耐力等特殊要素及掌握监督和管理才能的生产要素的组合者，是管理和组织土地、劳动及资本的第四生产要素
艾尔弗雷德·马歇尔（1890）	企业家是以自身的创造力、领导力和洞察力，发现和消除市场的不均衡，从而创造交易和效用的人
约瑟夫·A. 熊彼特（1912）	企业家是"经济发展的发动机"，能够"实现生产要素重新组合"的创新者
弗兰克·H. 奈特（1921）	企业家是要保证向企业工作人员提供一定的稳定收入，并最终承担这一决策的责任人
C. Bruyat 和 P. A. Julien（2001）	企业家须为企业创造新价值、进行创新或创办新组织

续表

作者	主要观点
张维迎（1995）	一个人只有具备一定的财富和相当的经营管理水平，才有资格成为企业家，两者缺一不可
石秀印（1998）	企业家是社会环境与企业产生交互关系的接触点，其有能力获取企业发展所需资源
张焕勇（2007）	企业家是风险承担者、创新者、资源配置者、整合者及机会的发现者等多种角色
刘进、揭筱纹（2011）	企业家在企业的各个发展阶段承担了多种角色的高层领导者，具有企业家精神，对企业全局负责战略性决策
刘志成、吴能全（2012）	发现与创造是企业家最为根本的行为活动形式

资料来源：在张焕勇（2007）、吴俊杰（2013）等基础上整理。

尽管诸多学者研究了企业家，但仍然没有得出被广泛认同的企业家的概念和功能定义（VeCiana，1999）。归纳以上研究成果并结合民营企业进入城市公用事业的行为，企业家的内涵与功能主要体现为：（1）企业家是风险的承担者。他能识别不确定性中所蕴藏的机会与获利的可能，并自己承担决策的全部后果。（2）企业家是进入机会的发现者和进入过程决策者。企业的进入行为可以理解为企业家发现机会的过程，即发现市场中存在对交易双方都有利的某种交易机会，企业家作为中间人参与其间，并推动竞争性市场的均衡。而且，他们在对特定资源的识别、信息的获取等方面具有比较优势，能够做出较好的决策，并因此获利。

依据这些研究成果，再根据本书的研究内容和研究范围，本书说的企业家指的是熊彼特（1934）强调的"创业型企业家"，因为我们仅仅关注企业的进入行为，而不包括企业的成长，所以相应的，也不包括广义的经营管理型企业家。本书对企业家的界定，指的是能够发现进入城市公用事业机会并进行相应决策，且能够利用资源和获取资源，具有一定风险承担能力的人，不仅包括民营企业的创办者，也包括参与企业进入行为的高层管理者。

二　企业家能力内涵

如前所述，无论是古典理论、新古典理论还是现代理论，对于企业家的职能，一直是一个富有争议的话题，因此，对企业家能力的内涵也从来没有统一的认识。学者们从各自所属的学科和研究问题出发，对企业家能力的内涵进行了各种界定。笔者把学者们对于企业家能力的内涵进行汇总（见表2-4）。可以看出，企业家能力的内涵存在较大差别：

表2-4 企业家能力内涵及分类主要文献

学者	企业家能力
Burgoyne（1988）	技能与意愿，认为能力是"一种比技能更广的概念，并且能包含知识、技能、理解以及意愿"
诺思（1993）	在某个工作岗位上组织活动的能力
Bird（1995）	企业家能力主要有四种特征：保持时间上的感、保持策略上的关注、发展意向以及企业家间的联系
Thompson、Stuart 和 Lindsay（1996）	对中小企业的高层团队人员采取了一种类似的分析，辨别了七种能力群：销售、市场、控制、组织、科技更新、人力资源以及投入
Stuart 和 Lindsay（1997）	描述了组成能力的一些因素，同时添加了另一些重要因素。它们包括一个人的技能、知识与个人性格
Parry（1998）	能力还包含"知识、态度与技能"。认为忽略"知识"与"态度"构成同时关注"技能"，这只能解释那些可能通常达不到的效果。因此，只拥有这些构成特征并不能解释行为。重要的是要么这些技能、能力，要么知识融合某些价值与态度才能在工作中带来能力
曼（2001）	能力是特征，包括一个人的动机、特点、人的自我形象或社会角色的一个维度、一项技能或一种知识主体
张焕勇（2007）	为了使自己所经营的企业增强竞争优势，从而能够持续快速地成长，以期获取更多的企业家租金，所应该具有的一组能力集
许庆高、周鸿勇（2009）	通过对不确定环境的敏锐、挖掘具有市场价值的机会，获取资源，整合企业内部其他要素资源，并构建组织的能力
段晓红（2010）	企业家在创建或经营企业的过程中所拥有的具有复杂结构的心理特征的总和

资料来源：笔者在张焕勇（2007）基础上整理。

鲍迪欧是第一个强调和探讨企业家能力重要性的人（Hebert，Link，2006）。他强调决定收集信息和处理知识能力的智能的重要性。马歇尔（Marshall，1890）是对企业家能力阐述得较早、较全面的经济学家，他认为，企业家应该具备利用资本的经营能力、选人和用人的能力、计划和控制的能力、识别机会和风险承担能力；奈特（1921）认为，企业家能力主要指洞察他人、处理不确定事件的能力；熊彼特（1934）认为，企业家的核心和本质是创新能力；柯兹纳（1937）强调企业家发现市场机会的能力；哈耶克（1945）将学习和知识纳入企业家领域，他认为，企业家能力是概念上的、抽象的，它强调企业家获取资源和配置资源的能力；麦克利兰（McClelland，1987）认为，一个成功的企业家必须具备三种能力：预见性、成就的方向和奉献；Adam 和 Chell（1993）以职能管理理论为依托，认为企业家必须具备商业战略、营销战略、财务战略以及人力资源等职能领域的管理能力；Murray（1996）认为，企业家的学习能力有助于企业家更有效地利用资源；卡森（1999）则强调企业家整合资源、配置稀缺资源的能力。

我国学者对企业家能力内涵也进行了一些研究。较有代表性的有：张焕勇（2007）认为，企业家能力就是企业家应该具有的一组能力集。该能力可以增强企业家所经营企业的竞争优势，从而能够使企业持续快速地成长，获取更多的企业家租金。许庆高、周鸿勇（2009）认为，企业家能力是指企业家拥有对不确定环境的敏锐、挖掘具有市场价值的机会，获取资源，整合企业内部其他要素资源，并构建组织的能力。段晓红（2010）认为，企业家能力是指企业家在创建或经营企业的过程中所拥有的具有复杂结构的心理特征的总和。

虽然有明显差别，但这些观点都认为，企业家能力包含以下两个方面：第一，不同企业对于企业家核心能力的需求不同。第二，企业家能力主要体现在企业家发现机会、利用资源、获取资源等方面。也就是说，发现机会和利用资源是基础，获取资源是其本质，三者都应纳入企业家能力的界定中。

与以往研究不同，本书归纳的企业家能力内涵更符合民营企业进入行为特征。结合已有研究成果，本书对企业家能力内涵的界定是：

企业家通过对不确定环境的敏感性，挖掘具有市场价值的机会，并利用关系资源和获取企业所需资源的一组创业能力束。着重强调创业能力束基于以下两点考虑：一是根据企业成长阶段不同，能力束可以分为创业能力束、守业能力束和展业能力束（贾生华，2004）。二是基于本书的研究问题和研究内容，我们主要关注民营企业进入时企业家能力的需求，至于进入后的企业家能力需求不是本书的重点。而进入战略的重点在于是否进入和如何进入，不同于进入后基于职能管理的规范化运作，相对守业能力束和展业能力束，创业能力束的需求更迫切。

三　企业家能力维度及测量

从已有文献看，对于企业家能力维度的分类方法主要有以下几种：

第一，基于成功企业家特质、知识和技能角度。如麦克利兰（1987）考察了来自印度、厄瓜多尔和马拉维这三个国家、不同行业表现卓越的 12 个企业家和表现一般的 12 个企业家，经过比较和归类，将企业家能力分为前瞻能力、定位能力和承诺能力三个维度。行为学派代表布拉瓦特（Blawatt，1995）、霍马戴（Homaday，1982）、Nelsonetal（1982）、蒂蒙斯（Timmons，1978）通过大量实证工作，总结出成功企业家所应该具有的一些能力特征（见表 2 - 5）。

表 2 - 5　　　　行为学派总结企业家能力特征及企业家特性

创新能力	独创能力
结果导向	冒险能力
领导能力	乐观
精力充沛	顽强
成功的需要	自我意识
自信	长期坚持
信任别人	倾向于用金钱作为成功的标志
对风险和不确定性的承担能力	主动性
学习能力	利用资源的能力
对别人敏感	有闯劲
独立能力	资源丰富
灵活	

资料来源：根据路易斯（Louis，1997）整理。

第二，从企业家管理职能角度进行划分。这种研究较少。如汤普森、斯图尔特和林赛（Thompson，Stuart and Lindsay，1996）将中小企业高层管理团队必备的能力分为销售与营销、控制、组织、技术创新、人力资源、投入以及应变性七个方面。

第三，从企业家所要完成的关键任务的角度进行划分。此种分类相对较常见。如 Elaine Mosakowski 将企业家能力分为识别商业机会、建立经营模式和战略以及获得开发资源三个维度。曼（Mann，2001）从鉴别机会、界定经营理念、评价资源需要、获取资源和管理企业五个方面来衡量企业家能力。结合中国情境，贺小刚（2006）基于上述指标，用发现机会、建立关系网络、整合资源、创新、战略定位、学习六个指标衡量企业家能力。张焕勇（2007）、段晓红（2010）根据企业家能力在企业成长及企业创新过程中所起作用的不同，并借鉴其他学者的分类方式，将企业家能力分为机会能力、整合能力、配置能力、风险承担能力、创新能力和学习能力等。考虑到民营企业的特性，王庆喜（2007）又用成就动机、创新学习、人性特征、把握机遇、处事能力、领导能力和操作能力七个指标来衡量民营企业家能力。杨俊（2005）根据新企业在创立与成长过程中的三项关键任务，将企业家能力分为机会相关能力、组织相关能力、战略相关能力、关系相关能力、概念相关能力和承诺相关能力。许庆高、周鸿勇（2009）认为，企业家能力决定了民营企业获得资源的能力，应根据民营企业成长各阶段的资源需求，来确定企业家能力。因此，他们认为，在民营企业出生期，整合资源、风险承担、发现机会和社会人际关系能力最重要。

基于以上分析，本书主要采用第三类方法。基于资源需求理论，只有当企业家拥有的能力与企业进入行为发生所需要的能力相匹配时，企业进入行为才可能发生。而民营企业进入城市公用事业时的主要资源需求是信息、发现机会、资金和各种优惠政策等。企业要获得这些资源，企业家应该具备相应的能力，如发现机会能力有助于企业家增强进入意愿和信心，与政府、金融机构、行业协会和同行等的关系能力有助于企业获取资金、信息及优惠政策等资源，风险承担能力有助于企业抓住发现的机会，从而促进进入行为发生。

由此可见，企业家发现机会能力、关系能力和风险承担能力是民营企业进入城市公用事业决策的内在根本要求。因此，本书以发现机会能力、关系能力和风险承担能力，作为企业家能力构成维度。

综观企业家能力研究文献，我们可以看出，自从能力理论拓展到企业家领域以后，企业家能力理论就备受经济学、管理学等学科的青睐。国内外学者在企业家理论、企业家能力的内涵、维度与测量等方面进行了全方位的研究，这些研究成果一方面说明研究企业家能力是重要的和有价值的，另一方面也为本书研究奠定了坚实基础。但是，关于企业家能力的内涵与构成维度问题。至今并没有形成统一结论。虽然有学者提出根据企业对企业家核心能力需求作为企业家能力维度划分的标准，但是仍然停留在定性研究上，是否适用并没有得到实证检验。鉴于此，本书将在国内外对企业家能力相关维度的测量量表的基础上，通过深度案例访谈，结合研究问题，对量表进行适当变化，再利用大样本调查，对企业家能力的维度划分进行探索性因子分析和验证性因子分析，尝试构建企业家创业能力束测量量表。

第三节　进入壁垒研究

一　进入壁垒的来源

有关进入壁垒来源的探讨国外学者提出了不同观点。总体上讲，可以分为两类：一类认为进入壁垒主要来源于在位企业。经济性壁垒和原有企业战略性壁垒都属于此类。如哈佛学派的代表贝恩（Bain，1956）从在位企业角度，将进入壁垒分为规模经济性、产品差别化和在位企业的绝对成本优势三类，他认为，进入壁垒主要是由在位企业的相对优势决定的。萨洛普（Salop）从原有企业的角度出发，将进入壁垒分为无意的进入壁垒和战略性的进入壁垒两类。波特（Porter，1980）认为，在位企业作为竞争对手可能构成了壁垒最大的来源，因为他们显示了某种市场战略并可能已经拥有了顾客的忠诚，在位企业的这些优势会形成新进入企业的壁垒，影响它们的进入战略。20 世纪80 年代后期，制度学派所强调的制度性或行政性壁垒问题开始受到学术界的关注。于是另一类观点应运而生。他们认为,进入壁垒除了来源于在位企业之外,政府、人们的观念等制度性壁垒是进入壁垒的主要来源。最有代表性的是芝加哥学派的代表施蒂格勒(1968),他认为,新进入企业的进入壁垒主要是由人为的政府管制造成的。随后,德姆赛茨(1982)开始研究由政府限制带来的进入障碍,他认为,"产权制度对进入壁垒而言非常重要,政府对经济活动的干预及法律限制才是进入壁垒的根本原因"。史蒂夫·汉克(Steve Hank,1987)强调人们的理念和政府为国有部门利益而设置的法律障碍会成为阻止民间投资的壁垒,如有些人可能相信国有企业比私营企业更有效率、担心私有化会影响社会就业、在私有化过程中容易出现腐败等,从而在理念上不能接受民营企业进入某些特定行业。此外,丹尼斯·W.卡尔顿(Dennis W. Carlton(1989)、杰夫里·M. 珀洛夫(Jeffrey M. Perloff,1995)、威廉·G. 谢泼德(William G. Shepherd,2000)等研究了由政府因素导致的进入壁垒问题,研究发现:许多行业都受到了政府的管制和保护,政府通过设置进入壁垒只允许较少厂商生产从而阻止正常竞争,使得某些行业可以获得超额利润,却降低了社会整体福利。布罗德曼(Broadman,2000)整合了这两种观点,他认为,进入壁垒既来自在位企业,也来自制度环境。在分析俄罗斯产业进入壁垒时,他将进入壁垒明确区分为经济性的进入壁垒和制度与行政性的进入壁垒,并分别描述了这两种壁垒对民营企业的重要影响。

由于我国正处于经济转型期,各种制度都不是很完善,因此,国内学者对进入壁垒的研究大多与制度学派一脉相承,他们普遍认同布罗德曼(1997,2004)的思想。如杜若原(2002)指出,我国政府部门官员乃至企业普通员工对垄断体制存在一定的依赖心理,担心垄断行业民营化后会出现裁员失业等问题,从而在思想上抵触民营企业进入垄断行业。王丽娅(2004)认为,指令性授权的行业垄断厂商担任项目业主是民间投资垄断行业的天然进入屏障。许峰(2004)认为,行政审批制度、国有经济的比重、政策法规是民营化的主要障碍。戚聿东和柳学信(2006)指出,民间投资无法回避的进入壁垒主要包括现行的投资管理体制、以项目评审为主要内容的准入管制制度和政府繁杂的审批制度。周耀东、余晖(2005)认为,政府信用缺失是民营企业进入城市公用事业的主要壁垒。崔国清（2009）阐述了融资困境是我国民营企业进入公用事业面临的主要障碍。胡秀珠（2009）以燃气行业为例，认为制度性壁垒是我国民营企业进入燃气行业的主要壁垒。龚军姣、王俊豪（2011）根据民营企业进入城市公用事业的特点，认为民营企业进入城市公用事业的主要壁垒有经济性壁垒、制度性壁垒和原有企业战略性壁垒。关于进入壁垒来源研究总结见表2-6。

表2-6 进入壁垒来源

进入壁垒来源	研究者
外生性壁垒	
在位企业的绝对成本优势	Bain（1956）、Day（1984）、Gable 等（1995）、Han 等（2001）、Harrigan（1981）、Henderson（1984）、Karakaya 和 Stahl（1989）、Lieberman（1987）、Mann（1966）、Porter（1980）、Scherer（1970）、Schmalensee（1983）、Siegfried 和 Evans（1994）、Weizsacker（1980）、Yip（1982）、龚军姣和王俊豪（2011）
在位企业产品差异化	Bain（1956）、Bass 等（1978）、Caves（1972）、Gable 等（1995）、Hofer and Schendel（1978）、Johansson 和 Elg（2002）、Karakaya（2002）、Karakaya 和 Kerin（2007）、Karakaya 和 Stahl（1989）、Makadok（1998）、Mann（1966）、Pehrsson（2004）、Porter（1980）、Robinson 和 McDougall（2001）、Schlegelmilch 和 Ambos（2004）、Schmalensee（1983）、Siegfried 和 Evans（1994）、龚军姣和王俊豪（2011）
在位企业品牌形象	Krouse（1984）
必要资本量	Bain（1956）、Baumol 和 Willig（1981）、Eaton 和 Lipsey（1980）、Gable 等（1995）、Han 等（2001）、Harrigan（1981）、Karakaya（2002）、Karakaya 和 Kerin（2007）、Mann（1966）、Porter（1980）、Salavou 等（2004）、Siegfried 和 Evans（1994）、崔国清（2009）、龚军姣和王俊豪（2011）
顾客转换成本	Gruca 和 Sudharshan（1995）、Han 等（2001）、Karakaya 和 Stahl（1989）、McFarlan（1984）、Petersson（2004）、Porter（1980）、Stigler 和 Becker（1977）、杜若原（2002）

续表

进入壁垒来源	研究者
渠道的可进入性	Gable 等（1995）、Han 等（2001）、Karakaya 和 Stahl（1989）、Petersson（2004）、Porter（1980）
规模经济	Karakaya（2002）、Karakaya 和 Kerin（2007）、Porter（1980）、Scherer（1970）、龚军姣和王俊豪（2011）
政府政策	Beatty 等（1985）、Bonardi（1999）、Delmas 和 Tokat（2005）、Delmas 等（2007）、Dixit 和 Kyle（1985）、Gable 等（1995）、Grabowski 和 Vernon（1986）、Haveman（1993）、Karakaya 和 Stahl（1989）、Marsh（1998）、Moore（1978）、Porter（1980）、Pustay（1985）、Russo（2001）、许峰（2004）、戚聿东和柳学信（2006）、胡秀珠（2009）、龚军姣和王俊豪（2011）
竞争者的数量	Harrigan（1981）
集中度	Bain（1956）、Caves（1972）、Crawford（1975）、King 和 Thompson（1982）、Mann（1966）
研发和专利需要	Ghadar（1982）、Harrigan（1981）、Mansfield 等（1981）、Pehrsson（2004）、Reinganum（1983）、Schmalensee（1983）
内生性壁垒	
在位企业增加广告	Brozen（1971）、Comanor 和 Wilson（1967）、Demsetz（1982）、Gable 等（1995）、Harrigan（1981）、Netter（1983）、Reed（1975）、Reekie 和 Bhoyrub（1981）、Spence（1986）
在位企业增加促销	Gable 等（1995）、Williamson（1963）
在位企业的价格竞争	Gable 等（1995）、Guiltinnan 和 Gundlach（1996）、Needham（1976）、Simon（2005）、Smiley 和 Ravid（1983）
在位企业的策略性反应	Gable 等（1995）、Karakaya 和 Stahl（1989）、Needham（1976）、Yip（1982）、王丽娅（2004）、龚军姣和王俊豪（2011）

资料来源：笔者在安德斯·彼得森（Anders Petersson，2008）研究基础上整理。

二 民营企业进入城市公用事业主要壁垒

民营企业进入城市公用事业会遇到一些壁垒。根据城市公用事业的特点，本书将民营企业进入城市公用事业的主要壁垒分为经济性壁垒、制度性壁垒和原有企业的战略性壁垒，其中经济性壁垒由必要资本量壁垒和绝对成本优势壁垒组成。

（一）必要资本量壁垒

必要资本量是指新企业进入产业所必须投入的资本。在不同的产业，必要资本量随着技术、生产、销售的不同特性而表现出很大的差异。对于民营企业进入城市公用事业而言，必要资本量是指为了获得城市公用事业产权或特许经营权，政府要求企业必须支付的资本。例如，上海水务以特许经营和产权出售的模式，将50%的产权和全部运营权出售给企业，整体出让金为20.26亿元。又比如沈阳水务以产权出售的方式获得资金，在产权转让过程中，政府获得了1.25亿元的资金，每年还能够获得5.4%的租金率。此外，民营企业获得城市公用事业的产权或经营权以后，还需要增加投入，以改善城市公用设施，承担城市公用事业运行成本。

由于城市公用事业需要巨额投资，新企业进入城市公用事业之初必要资本量较大，且具有资产专用性特点。虽然我国民营企业的实力已大大增强，但是筹资、融资来源有限，相对进入城市公用事业较高的必要资本量，很多民营企业只能望而却步。因此，必要资本量成为民营企业进入城市公用事业的主要壁垒。

（二）绝对成本优势壁垒

城市公用事业内的原有企业经过多年经营，已建立了庞大的基本业务网络，拥有相当大的经济规模，在生产经营管理方面拥有一定优势，这就使新企业进入城市公用事业时要比原有企业承受更大的成本负担。这种原有企业的绝对成本优势构成新企业的进入壁垒。主要表现在以下四个方面：一是技术优势。一般来说，原有企业对技术熟练程度更高，而技术熟练有助于提高生产效率，使平均成本比新进入民营企业低，从而构成民营企业的进入壁垒。二是管理优势。相对新进入民营企业而言，原有企业管理方面积累了丰富的经验，其管理成本比新进入企业低，这也对民营企业的进入形成阻碍。三是政府不对称补贴优势。政府对原有企业的补贴力度更大，使得原有企业平均成本较新进入民营企业低，两者之间的竞争是不公平竞争，增加了新进入民营企业进入城市公用事业的难度。比如，近几年油价不断上涨，而城市公交服务的特殊定价机制使得服务价格相对固定，国有公交企业会得到油价补贴或养路费减免等优惠，民营企业则较难享受此种优惠。四是声誉优势。由于信息不对称和金融市场的不完全性，金融机构更倾向于向已经建立一定业务关系的原有企业贷款，或者以比民营企业更低的利率贷款给原有企业，这使民营企业的融资成本比原有企业高，从而构成民营企业的进入壁垒。

（三）制度性壁垒

由于中国正处于转型期，民营企业进入城市公用事业会遇到因为制度不完善而带来的各种制度性壁垒，主要表现为：

第一，政府价格管制壁垒。政府对城市公用事业的产品实行了价格管制政策，使得民营企业无法根据市场的变化来制定价格。但因为城市公用事业提供的产品或服务是社会必需品，需要保证生产供应的高度稳定性，进入城市公用事业的民营企业即使在无利可图或者在更好的投资业务吸引下，也不能任意退出市场。比如，目前城市供水价格还没有建立及时调整机制，容易导致水价低于成本，造成企业亏损经营，从而影响企业进入城市公用事业的决策。这种价格管制政策形成了民营企业进入城市公用事业的壁垒。

第二，政府承诺缺失产生的壁垒。为了吸引民营企业进入城市公用事业，有些地方政府片面考虑引资问题，向民营企业提供较高投资回报的承诺，但在价格管制和社会公众的压力下，难以实现承诺，从而造成政府承诺缺失。因此，频繁发生的政府承诺缺失事件对民营企业进入城市公用事业形成一种投资风险，阻碍民营企业进入城市公用事业。

第三，行政审批制度产生的壁垒。民营企业要进入城市公用事业，必须经过一系列的行政审批手续，这将耗费大量的人力、物力和财力，增加进入成本。而且，虽然从表面上看所有的民营企业似乎都是平等的主体，是按照市场经济的交易规则从事经济活动，比如公开招标等。但实质上，一些掌握审批权力的政府部门和官员会采取行政性审批、时间拖延等方式设置进入障碍。为了能够进入城市公用事业，一些民营企业家不得不对各个环节的官员提供"租金"。行政审批制度形成的寻租成本构成民营企业进入城市公用事业的壁垒。

（四）原有企业的战略性壁垒

从民营企业的角度分析，民营企业进入城市公用事业的决策是建立在进入后能够取得利润这一信念基础上的，只有当进入市场后的预期收益超过预期成本时，民营企业才会进入市场。因此，市场上原有企业为了阻碍民营企业制定进入决策，想方设法动摇民营企业能取得利润的信念。原有企业的战略性壁垒主要表现在三个方面：一是在短期内采取掠夺性定价战略，导致民营企业动摇其利润信念而放弃进入决策。二是交叉补贴行为。城市公用事业的某些业务领域具有自然垄断性，另一些业务领域则是竞争性的。而经营自然垄断性业务的企业往往同时经营竞争性业务，这就为原有企业采取不正当竞争行为提供了条件。一些企业完全有可能在垄断性业务领域制定垄断高价，而在竞争性领域制定低价，通过内部业务间交叉补贴行为以排斥新进入的民营企业。三是网络接入限制。由于城市公用事业的部分产业对传输网络有依赖性，使得民营企业要想成功进入，必须依赖已有网络，而当已有网络为原有企业垄断经营时，原有企业会以限制接入网络行为以排斥民营企业进入。比如我国自来水和污水处理产业的管网虽然逐步向民营企业开放，但大多数城市管网资源仍由国有企业控制，为了维护自身的利润，国有企业会对供水和污水处理企业进入管网加以限制，以形成进入壁垒。

三　企业家能力、进入壁垒与进入行为

企业家能力、进入壁垒与企业进入行为之间的关系可以分解为企业家能力与企业进入行为的关系、进入壁垒与企业进入行为的关系和企业家能力与进入壁垒的关系三个子关系。现在需要梳理企业家能力与进入壁垒之间的关系。

丹尼尔（2008）认为，企业家的谈判能力可以突破信息壁垒。我国学者汪伟和史晋川（2005）通过对吉利集团的案例研究，提出企业家能力是突破经济性壁垒和制度性壁垒的关键。胡旭阳（2006）通过实证研究，提出民营企业家的政治身份可以给企业带来融资便利，降低融资壁垒。项国鹏（2006）以吉利集团为例，分析了企业家制度能力可以突破外部制度性壁垒，从而为企业获得进入合法性。由此可见，企业家能力越强，其越有可能突破各种进入壁垒。

综上所述，企业家能力对进入壁垒有突破作用，进入壁垒与企业进入行为显著相关，企业家能力对企业进入行为也有显著影响。另

外，尽管只有少数学者将企业家能力、进入壁垒和进入行为作为一个分析框架的研究进行定性研究，如 Vasconcellos 和 Hambrick（1989）及康纳（Conner，1991）认为，只有当企业家能力能够突破企业所面临的各种壁垒时，进入行为才可能发生。但是这些研究为我们进一步探索进入壁垒作为企业家能力与进入行为之间关系的中介作了很好的铺垫，我们将遵循已有研究，通过探索性案例研究和大样本调查研究，对企业家能力、进入壁垒与企业进入行为之间的关系进行实证检验，以弥补已有研究的不足。

第四节　现有文献评述与研究切入点

从现有理论基础看，不同学派的学者选择了不同的理论作为研究基础，国际商务学学派主要运用国际化理论、折中理论对企业进入行为进行了解释，产业理论学派则运用产业理论对企业进入行为进行了解释，战略管理学派运用战略选择理论和资源基础理论对企业进入行为进行解释。包括在资源基础理论基础上衍生的企业能力理论和企业家能力理论。战略选择理论和资源基础理论都将关注目标从企业外部转移到企业内部，开始关注企业家个人作用。由于不同学派开始关注企业进入行为问题的时间不同，使得研究成果的数量存在较大差异，相对而言，国际商务学派的研究成果更为丰富。尽管有学者整合了不同学派的观点，如周长辉、张一弛和俞达（2005）整合企业资源、能力和制度文化因素，提出了一个 FDI 整合性分析框架，但仅停留在定性研究，并未进行实证检验。再如迈耶等（Meyer et al. , 2009）从整合企业的制度和资源基础观的角度，并以印度、越南、南非和埃及四个新兴经济体为调查对象进行了实证研究，得出了一些有趣结论和创新性贡献，然而他们的研究仍然没有揭示制度、产业与企业内部因素对市场进入模式选择的作用机制。另外，汪秀琼（2011）整合了制度基础观、产业基础观和资源基础观，研究发现，制度环境是影响企业进入模式的主效应，产业环境对二者的关系起调节作用，而企业能力特性对二者的关系起到中介作用。但是对于战略管理学派关注的企业家究竟在企业进入行为中起什么作用？其作用机制如何？现有文献对该问题重视明显不足，目前仅有少数学者试图去回答这一问题。本书将遵循战略管理学派研究的理论基础，试图更加直接详细讨论企业家能力对企业进入行为的影响，并解释其作用机制。

从研究内容看，目前大部分研究关注于企业进入行为影响因素的探讨。文献中已经识别的影响因素，从制度层面到产业层面、企业层面和个体层面，涵盖面非常广。但是已有研究存在以下不足：

第一，大多数研究者从各自不同的理论视角出发，试图挖掘过去文献中不曾发现的影响因素，这种试图将所有因素均罗列出来的研究做法，对实践的指导作用和帮助并不大，因为因素间的相互影响会使罗列式的研究对实践毫无指导意义（汪秀琼，2011）。因此，我们迫切需要建立更富有逻辑性理论分析框架，并进行实证检验，并弄清影响因素对企业进入行为的作用机制。

第二，从研究视角看，目前少量企业进入行为研究是基于企业层面或者企业间层面展开，基于企业家个体层面能力视角研究则鲜有提及。相关的案例研究和大样本实证研究则更为缺乏。而进入从本质上讲是企业家的一种行为（DESS，1996），企业家，尤其是民营企业家作为企业的决策者（李明，2010），其对企业进入行为的影响值得探究。由此未来研究有必要深入考察企业家能力作为自变量如何影响企业进入行为。

第三，为了验证构建的"企业家能力—进入壁垒突破—进入行为"的分析框架是否合理，必须探讨进入壁垒的衡量。已有研究都将进入壁垒纳入产业层面影响因素，但是，对于进入同一产业的企业而言，从产业的角度来说，进入壁垒是一样的，但事实上不同企业所感知到的进入壁垒却是不一样的。龚军娇、王俊豪（2011）认为，进入壁垒虽然客观存在，但是不同的主体主观感知却存在差别，企业能否突破各种壁垒实现进入，与企业家自身所感知到的壁垒大小有关。结合现实企业的访谈，从企业家感知的角度提出，民营企业进入城市公用事业的壁垒可以分为感知的经济性壁垒、感知的制度性壁垒和感知原有企业战略性壁垒三类，并认为是这些感知的进入壁垒对民营企业进入行为产生了负面影响。但是，此研究仅仅提出了一个分析框架，尚未进行实证检验。本书将在此研究基础上，构建企业家主观感知进入壁垒的评价量表，并通过案例研究和大样本调研来实证检验感知进入壁垒不同维度与企业进入行为的关系。

　　从研究对象上看，作为转型经济体的中国与西方发达国家，在情境方面存在较大的差异。在立足于中国情境进行的关于企业进入行为的研究，亟须将中国特有的情境因素纳入考虑范围，而不仅仅是对西方已有理论和研究在中国情境下重复验证。任何一种理论都有其"边界条件"，即其适用情境上的局限性（汪秀琼，2011）。我们在中国情境下，研究民营企业进入城市公用事业这一问题。一方面是因为城市公用事业作为政府管制行业，在中国情境下是属于稀缺资源的（龚军姣、王俊豪，2011），因此，民营企业在进入时需要拥有某种特殊的资源才可能实现进入，这与非政府管制行业的进入行为会存在差异。而扩展研究情境对于增加理论概括性非常重要。另一方面，我们将企业进入区域限定在一个省，就是为了控制制度环境对企业进入行为的影响，从而可以更加关注企业家能力对企业进入行为影响的主效应及影响机制，提高研究的实践价值，增加理论的概括性，这也是本书重要的切入点之一。

第三章 企业家能力与企业
进入行为关系：
案例研究

　　本书将在第二章的基础上，选择 4 家典型的进入城市公用事业的民营企业开展探索性案例研究，深入剖析企业家能力对民营企业进入城市公用事业的影响机制。通过单案例和案例间的比较研究，构造企业家能力、进入壁垒突破与企业进入行为三个变量之间的初始概念模型，并提出相应的研究命题。

第一节　理论背景与理论预设

　　Yin（1994）提出，在进行探索性案例研究时，可以有理论预设，一方面有助于提高案例构建理论的合理性；另一方面有助于研究者将关注的焦点放在所要研究的问题上，不会转向与研究无关的东西，从而提高案例研究的效率（Yin，2003）。因此，本书首先阐述理论背景与理论预设。

　　20 世纪 50 年代起，就有很多学者关注企业"进入"问题。已有的对于进入行为的分析框架范围从新古典经济学到组织行为（Anderson and Gatignon，1986；Buckley and Casson，1976；Rugman，1980；Williamson，1975；Cyert and March，1963），但是，这些分析框架并没有对处于当今商业环境下的组织的进入行为提供一个完整的解释（Madhok，1997）。比如折中模型理论，整合了新古典经济学和组织行为理论，试图弥补这些理论的缺点，即使这样，折中理论的实证支持并不能完全解释处于当今国际环境下的组织的进入行为。另外，国际化理论和折中理论因为忽略了一个组织的内部特征而受到批评，而这些内部特征被认为是推动组织战略行为的根本驱动力（Bartlett and Ghosal，1991；Zou and Cavusgil，1996）。本书的研究对象是进入同一行业的不同民营企业，而且处于同一区域，因此假定他们面临同等的外部条件，但企业进入行为却存在差异，我们推断组织独特的内部特征可能是影响组织的行为和绩效的主要因素（Dunning，1993；Zou and Cavusgil，1996）。

　　除折中理论和国际化理论外，资源基础理论认为，公司的资源（资产和能力）是公司战略行为驱动力。学者们认为，资源基础理论为企业国际市场的进入行为提供了最丰富的解释（Aaker，1989；Amit and Schoemaker，1993；Barney，1991；Bharadwaj et al.，1993；Conner，1991；Grant，1991）。Madhok（1997）也认为，组织能力对于进入国际市场的企业进入行为有正向影响。企业家作为企业的"关键学习代理人"（Collins and Clark，2003；魏江，2007），既是组织能力的主要来源（Man，2001；贺小刚，2006），也是企业所拥有的稀缺资源以及获取外部资源的主要动力（马歇尔，1890），尤其是民营企业拥有相对简单的决策机制，作为主要决策者的民营企业家，对企业的行为起着支配作用。正如伦普金和德斯（1996）所说："无论公司规模的大小，进入从本质上讲是企业家的一种行为。"而且，企业家的能力会影响企业的战略选择（Hambrick and Mason，1984）。另外，国外学者Minniti（2005）认为，企业家能力会增加他们对某个行为的信心，从而可以突破某些障碍，提升他们的决策能力。丹尼尔（Danel）认为，企业家的谈判能力会突破信息壁垒。国内学者李志赟（2002）认为，在中国，如果企业没有与银行良好的"关系"，要想获得银行贷款支持，其成本是相当大的。而企业家如果具备建立与银行良好关系的能力，就可以帮助企业突破经济性壁垒。汪伟和史晋川（2005）、胡旭阳（2006）、罗党论和刘晓龙（2009）等则认为，企业家能力是突破经济性壁垒和制度性壁垒的关键。

　　鉴于此，本书假设企业家能力对民营企业进入城市公用事业的行为有显著正向影响，对感知进入壁垒有显著负向影响作用。

　　总体来讲，进入壁垒对企业进入行为会产生影响已经得到学者们的一致认可（Bain，1959；Dean and Meyer，1996；Harrigan，1981；Porter，1980；Yip，1982）。只是研究结论存在互相矛盾的地方，一些学者认为，进入壁垒会对企业的进入行为产生负面影响，即进入壁垒与进入行为负相关。但有些学者则认为，高的进入壁垒，因为可能意味着进入后可以获得更高的利润，反而会促进企业的进入行为，即进入壁垒与企业进入行为正相关（Siegfried and Evans，1994）。国内学者（杨惠馨，1994）等从产业层面出发，以非政府管制的制造业为研究对象，研究结果发现，进入壁垒对企业进入行为有负面影响。对于进入同一行业的企业来讲，客观上产业层面的进入壁垒是一样的，但是，对每个企业而言，进入壁垒却存在差别，这是因为企业家主观感知到的进入壁垒存在差别，感知到的进入壁垒越大，对于进入就越没有信心，进入行为发生的可能性就越小。因此，本书假设，感知进入壁垒对企业进入行为有显著负向影响作用。

事实上，虽然学者认为企业所拥有的资源基础对企业进入行为有影响（Aaker，1989；Amit and Schoemaker，1993；Barney，1991；Bharadwaj et al.，1993；Conner，1991；Grant，1991），但是，从资源基础理论视角，对企业进入行为进行系统的实证研究仍然很缺乏。更少有学者从企业家能力与进入壁垒之间的适配进而影响企业进入行为的这一逻辑机理来考察。

综上所述，本书假设企业家能力显著影响企业家感知进入壁垒，企业家感知进入壁垒显著影响民营企业进入行为（见图3-1）。接下来将以本理论预设为基础，挖掘案例企业的相关数据，并进行分析性的推演，进而提出本书的初始假设命题。

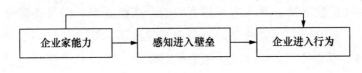

图3-1　本书初始概念模型

第二节　研究设计

一　研究方法

学术界已公认案例研究方法是管理学研究中重要方法之一。案例研究方法是一种非常客观的方法，它更贴近并遵从于现实，也是一种严谨的实证方法（K. M. Eisenhardt，1989）。国际顶尖管理学期刊AMJ在1963—2007年近50年间发表的学术论文中，案例研究的论文数目呈现逐年增长趋势（Colquitt and Zapata – Phelan，2007），这一研究证据的呈现有力地证明了TOP杂志对以案例研究为代表的定性研究给予的重视与支持（Eisenhardt，1989；Lee，2001；Gephart，2004）。正如克雷斯威尔（2007）所言，研究方案撰写者都不得不论述定性研究的特征，以使学术界相信其合理性，目前，学术界已经就定性研究的构成问题达成一致性意见，这样的讨论也就不再需要了。

Yin等（2002）将案例研究定义为一种经验主义的探究，研究生活背景中的暂时现象，在这一研究中，现象本身与其背景之间的界限不明显，要大量运用实例证据开展研究。苏敬勤等（2011）提出，当研究需要回答关于"如何"和"为什么"之类的问题时，实证研究方法中仅有案例研究方法适用，而问卷调研与试验方法只能回答"谁"、"什么"、"哪里"以及"多少"的问题，因此，当研究的问题旨在解答构念深层影响机制时，只有使用案例研究方法才能开展研究。

案例研究的分析路径主要有现象驱动型和理论驱动型两种。现象驱动型案例研究是在缺乏可行性理论的情况下，通过现象尝试建立理论。理论驱动型案例研究则要求作者紧扣已有的理论建立分析框架，然后发掘有力的定性数据去验证和发展理论，它有利于进行一些复杂的、无法定量分析的，分析框架还不是很成熟的理论研究。

本书所以采用案例研究进行分析，一方面，是因为对于城市公用事业民营企业进入行为这一问题，目前理论界还缺乏成熟的研究，或者说，城市公用事业民营企业进入行为这一议题还不完全清晰，需要进行探索式的案例研究。另一方面，本书旨在对城市公用事业民营企业进入行为的内在机理进行深度的描述和阐释。我们不仅要考察特定预设因素对民营企业进入行为的影响，还要深层次探索其对民营企业进入行为的影响机制。鉴于此，本书先采用案例研究方法对民营企业进入行为进行探索性研究，然后，在大样本问卷调查的基础上，进一步运用统计软件对各变量之间的关系进行实证检验（具体见第五章）。

为什么采用多案例研究方法呢？范志刚（2010）、李靖华等（2011）提出，多案例研究特点在于它包括两个分析阶段——案例分析和跨案例分析。前者是把每一个案例看成独立的整体进行全面的分析，后者更强调理论构建，即在前者的基础上对所有的案例进行统一的抽象和归纳，进而得出更精辟的描述和更有力的解释。埃森哈特（Eisenhardt，1991）的研究认为，多案例研究是建立理论的一个有效方法，因为这一方法能够实现单案例之间的复制与扩展，对于好的理论，从根本上说，还是来源于严谨的研究方法和多案例的分析逻辑。根据 Yin（2004）的观点，根据复制法则，而非抽样原则，选择相似案例进行多案例研究，能够增强说服力，提高研究效度。黄振辉（2010）也提出，与单一案例研究相比，多案例研究结论在可靠性与准确性方面更优，更容易导向定量分析，由此增加了研究结论的普适性（Leonard - Barton，1990），也提高了研究效度（Eisenhardt，1989）。

进一步地，已有研究表明，多案例在理论构建方面和研究效度均具有相对的优势。首先，案例研究构建理论的核心在于其复制性逻辑。多案例研究正像一系列相互关联的实验室实验一样，这些不连续的实验对产生的理论进行重复、对比与扩展，如果每个案例都可以从其他案例中得出结论进行验证（Yin，1994；Eisenhardt，1989），那么多案例能很好地证明最初提出的理论假设。多案例的研究目的之一是用于解析不同个案之间的共同特征，以实现理论的推广。反之，多案例的研究结论一旦呈现矛盾，则应对原先的理论假设提出修正，或者可以通过进一步检查矛盾背后的含义来化解证据间的矛盾（Eisenhardt and Bourgeois，1988），总体来说，多案例研究方法适合研究"过程与机理类"问题（Eisenhardt，1989；Cardinal，2004；Siggelkow，

2007；Yin，2009；周江华等，2012）。而本书的指导性问题是：企业家能力如何作用于感知的进入壁垒从而促进民营企业进入城市公用事业？属于过程与机理类问题。其次，在进行案例研究时，为保证此类方法的科学性与可复制性，必须遵循信度与效度要求。陈晓萍等（2008）认为，案例研究者应该系统地收集资料、谨慎地判读、严谨地分析，并使研究设计与过程能够符合所要探讨的问题与概念，以此来满足效度与信度的具体要求。此外，随着案例的增加，研究效度也随之提高（转引自吴俊杰，2013）。

二　案例选择

案例选择首先要确定案例数量。根据埃森哈特（1989）的建议，一般选择4—10个，以便于为我们提供一个良好的分析归纳基础，有助于改善结论信度和效度（Rossman，2010）。至于具体选择几个案例，则应该使用理论抽样（而非统计抽样）来决定，即当新增案例无法提供更多新知识时，停止案例增加。另外，案例选择必须与要回答的问题有关，选取典型和极端情形的案例更合适（Pettigrew，1990；张霞、毛基业，2012），没有必要随机选择（Eisenhardt，1989）。根据以上观点，本书选择4个独特性案例以解决本书指定的研究问题。具体而言，本书在案例选择时主要基于以下几个因素来考虑：（1）尽量降低案例研究的外部变异性，本书将案例企业限定在城市公用事业民营企业，其中，两家来自公交行业，两家来自燃气行业，以使由于行业的不同而带来的无关变动最小化。（2）保证案例样本的代表性，本书选择的企业分布于公交、燃气等不同的城市公用事业。此举避免了与其他行业的差异（Yan and Gray，1994），也增加了业务背景的多样性（Eisenhardt，2001）。（3）4家企业进入城市公用事业的壁垒（经济性、制度性和原有企业的战略性壁垒）、企业家自身的能力和进入行为（进入股权比例）均存在显著差异，由此跨案例对照的互补性信息得以提供。（4）所选择企业必须是已经运营了一段时间的公司，从而可以获取有关其进入行为的资料。（5）尽量保证案例研究的信息丰裕度，兼顾案例研究成本。我们并不是随机选取案例企业的，而是兼顾了信息提供者的可得性。这是一个关系研究工作能否实施的因素。按照我们的研究设计，每个企业中至少需要有两个当事人同意配合我们的研究工作。所有当事人都同意接受采访的企业，最终优先成为我们的研究对象。表3-1归纳了这4家企业的主要特征。为了保密，公司和个人均以化名出现。

表3-1　　　　　　　民营企业进入城市公用事业主要特征

公司名称	公交 A	燃气 A	公交 B	燃气 B
进入方式	BOT	特许经营	产权出售	特许经营
进入时间	2003 年	2003 年	2004 年	1992 年
进入地区	WZ	WZ	WZ	WZ
国有/民营股权比例	0/100	0/100	51/49	0/33
进入目标	利润、业务扩张	利润、市场	利润、市场	利润、市场

资料来源：笔者根据访谈资料整理。

三　资料收集方法和研究的信度与效度

（一）资料收集

本书主要采用深度访谈、媒体资料、档案、网站、电话追踪访谈等方法来收集数据。在相关数据收集过程中遵循了罗伯特·K. 殷、埃森哈特和格拉布纳（Graebner）等学者的建议：第一，通过多渠道收集证据；第二，建立案例资料数据库。

首先，在深度访谈前，从相关网站（如浙江民营企业网、www. zhejiang. 8671. net）了解企业家和企业的背景资料。用企业名称和企业家名字作为关键词来搜索有关信息。包括企业新闻稿、内部报告、公开信息、档案记录等。另外，笔者还对特别熟悉案例企业家的两位受访者进行了深度访谈，他们分别是某市发改委的主任和笔者的同事。既提高了信息的准确性，也保证了资料来源的多样性。

其次，一线访谈时，在得到被访谈者同意情况下，采用录音笔和笔记两种形式记录访谈内容。因为深度访谈是非常重要的数据来源，所以每次访谈时间持续1.5小时左右，在面对面的半结构化访谈中，每次都保证至少有3个人参加，一人为主访谈者，两人为辅访谈者并负责笔录，对于某些问题，主辅访谈者在访谈过程中会根据情况进行追问以进行信息的深度挖掘，同时，笔者还采取记录与录音同时进行的方式确保访谈信息尽量不遗漏、不失真，以强化证据之间的互相印证，保证访谈过程信度和效度。笔者坚持在访谈当日（一般访谈当日的记忆和理解最为深刻）完成访谈记录的录入工作。同时进行分类与编码，作为下一步数据分析所用。

最后，由于本书进行了理论预设，容易导致先入为主，从而做出武断性判断。为了避免此类情况发生，在资料收集过程中，尽量保证案例资料的客观性。我们对每一份收集的资料都标明了资料来源，包括访谈时间、对象、信息来源等。有时会出现一手资料与二手资料不一致，本书遵循二手资料服从一手资料原则，同时通过电话形式与被访谈人员再次沟通，对所得信息进行补充和记录。具体案例企业资料来源见表3-2。

表3-2 访谈案例企业资料来源

企业	访谈		档案	网站媒体
	时间	对象		
公交 A	2011 年 7 月	企业家 Z 经理与市发改委 J 主任	企业手册、企业年度报告	企业网站、浙江民营企业网
公交 B	2010 年 12 月	股东 W 先生和股东 Z 先生	企业资质文件、市公交总公司提供的公司年度发展报告	企业网站、www. zhejiang. 8671. net
燃气 A	2012 年 9 月	区域总经理 H 总、市燃气总公司副总理 C 总	企业宣传材料、行业发展报告、年度总结报告	企业网站、市工商局网站等新闻报道
燃气 B	2012 年 9 月	总经理 H 总、协会秘书长 H 秘书	企业宣传材料、行业发展报告、住建委提供的行业调查报告	企业网站、浙江民营网、www. zhejiang. 8671. net

资料来源：笔者根据访谈资料整理。

（二）数据分析方法
探索性案例研究的核心是要构建理论，而构建理论的核心是数据分析，数据分析首先要对信息资料进行编码。参照 Lincoln 和 Guba（1985），Krippendorff（2004）及苏敬勤、崔淼（2011）等的研究，本书编码将采用典型内容的分析程序。所谓典型内容分析程序是一种用于解释研究问题、现象或事件的质性数据研究方法，通过对原始信息不断的浓缩和提炼，完成编码。

根据埃森哈特（1989）、陈晓萍（2008）的建议，一个规范的多案例探索性研究应该先进行个案研究，然后进行案例之间的比较，最后构建概念框架。具体内容如下：第一，建立文本。第二，编码。由于本书主要包括企业家能力、感知进入壁垒和企业进入行为三个构念，因此按照构念对数据进行编码（编码样例见表 3－3）。第三，数据归类。如果有初步的理论，根据理论架构来分类（Yan and Gray，1994），也就是将所有数据按照理论预设进行逻辑归类。第四，资料聚焦与检定假设。参照埃森哈特（2009）的建议，本书将理论构建分为各个主题和初步假设，根据资料与初步假设匹配状况，作为接受或拒绝假设（或命题）的依据。第五，整合所有资料、理论命题，初步构建理论框架。

在此基础上，继续进行跨案例分析。为了通过案例之间的配对来突出异同，本书采用分析性归纳方法进行案例分析（Glaser and Strauss，1967），这种方法有助于现有理论的扩展与精练。具体做法如下：首先，对第一个案例资料进行数据分析，形成构念与主题，并初步建立起各构念之间的关系；其次以复制性逻辑来精练这些关系。如一般会到每个案例中去比较、验证具体的构念和逻辑是否存在。通过理论与数据的反复比较，强化了构念的定义、构念之间的理论关系以及深层次的理论观点。

本书将采取上述步骤进行案例分析，通过访谈 4 个案例获得的数据，结合已有的理论预设，将理论与数据结合分析，直至达到理论与案例数据之间的高度匹配，从而得出相对稳定初始分析框架和研究命题。

（三）资料编码

首先，我们根据初步形成的分析框架把所有的资料编译成若干类型（Yin，1989）。这些类型分别是：（1）感知进入壁垒；（2）企业家能力；（3）进入行为。表3-3提供了资料编码的样例。

表3-3   主要构念编码

编码类别	举例
感知进入壁垒	进入公交行业时，我们觉得最大的竞争对手是原先的公交服务，由于不一样的线路规定和成本，使得二者存在不公平竞争
企业家能力	我们公司的老板特别擅长利用企业的各种资源，和政府打交道比较频繁，在国有四大银行有少量贷款，和媒体及公众的关系很和谐等
进入行为	由于历史的原因，我们公司进入公交行业时，相对比较容易，公司在公交行业中的营业收入占总收入的80%以上

资料来源：笔者根据访谈资料整理。

其次，采用前人研究中用过的而且适用的分类法进行二次分类。例如，将政府价格管制、承诺缺失和行政审批制度归为制度性壁垒这一类。

最后，二次分类后形成的各个类别中，如果通过不同渠道采集的资料存在不一致，则通过参考额外信源提供的资料，或者通过原始信息提供者的证实来消除这种不一致。如表3-4所示，总体上说，对不同资料来源的三角测量显示了资料之间的高度一致性。

表3-4   资料的三角测量

变量		感知进入壁垒	企业家能力	进入行为
公交A	资料来源	对ZZR经理与JHX主任的访谈	对ZZR经理的访谈和X副总经理的访谈	对ZZR经理与JHX主任的访谈、档案
	不同来源资料的一致性程度	基本一致	完全一致	基本一致
公交B	资料来源	对股东W某和Z某的访谈	对股东W某和Z某的访谈的访谈	对股东W某和Z某的访谈
	不同来源资料的一致性程度	完全一致	完全一致	完全一致

续表

变量		感知进入壁垒	企业家能力	进入行为
燃气 A	资料来源	H 总和 C 总	H 总和 J 总	H 总和网站
	不同来源资料的一致性程度	完全一致	完全一致	完全一致
燃气 B	资料来源	H 总和 H 秘书长	H 总和 H 秘书长	H 总和网站
	不同来源资料的一致性程度	基本一致	完全一致	完全一致

资料来源：笔者根据访谈资料整理。

第三节　案例对象简介

一　公交 A

我国首家公交民营企业，从 1984 年创立到 2009 年退出湖北十堰公交，它的成长总与政治关联相联系，其 25 年的发展历程大致可以分为四个阶段。

第一阶段（1984—2002）：利用政治关联，初涉公交行业。首家公交民营企业的创始人 ZZR 本来是国有企业的一名工人，因为头脑精明，敢于创新。1984 年，他自己创办了"温州五马汽车出租公司"，进入交通行业。起初，公司里只有 20 辆三轮摩托车进行运营。1985 年，他购买了几辆外形超小的菲亚特汽车，来替代部分摩托车。因为当时温州城区小，街道窄，这款型号为 126p 的菲亚特汽车简直像为温州街道量身定做的一样，更好地满足了消费者的需求。

ZZR 的"敢闯敢拼"与当时市场化改革的主题非常契合，因此他的行为获得了政府官员认可和支持。1993 年，ZZR 获得了温州市政协委员和鹿城区人大代表的政治头衔。也正是因为案例企业拥有政治关联，1995 年，企业顺利进入受政府管制的城市公交行业，ZZR 所属的鹿城运输总公司与温州市公交总公司合资成立"温州公交鹿城中巴有限公司"，一举打破了当时温州国有公交企业的垄断局面。作为一代温州商人"敢闯敢拼"代表，ZZR 被评为了改革开放以来"温州十大风云人物"。后来，他的创业故事被拍成 18 集电视剧《喂，菲亚特》，并由陈宝国主演，ZZR 成为当时温州乃至全国的知名人物，甚至惊动了国家领导人来温州考察。温州市相关领导当然非常支持 ZZR 所在公司的发展，如今温州博物馆内还陈列着一辆菲亚特，这可以从另一个方面看出菲亚特在温州人心目中的地位。

第二阶段（2002—2004）：异地政治关联，企业跨区域进入公交行业，并快速成长。2002 年，湖北省黄冈、咸宁、十堰等十几个城市来温州地区招商引资。当时正处在城市公用事业民营化改革大背景下，ZZR 在温州公交行业的名气等使他获得了优先进入湖北十堰公交的机会。当时，ZZR 提出两种进入方式：直接兼并和公交改制。最终双方达成协议进行公交改制，经过为期 6 轮的公交改制谈判，2003 年 4 月 29 日，双方达成协议，"十堰市公共交通集团有限责任公司"成立，根据协议，ZZR 出资 2320 万元购买国有公交公司的全部股权，并以每年 800 万元价格享有公交集团 22 条运行线路 18 年的经营权。当晚，央视"新闻联播"对此进行报道。晚宴时，十堰市主要领导陪伴左右，下面都是政府职能部门的局长。① 由此可见，ZZR 能够顺利成为"民营公交第一人"，与主要政府官员支持分不开。

在地方领导有力的支持下，ZZR 作为第一个吃螃蟹的人，将公交公司经营得很好。相比全国公交（包括十堰公交）一片亏损，2003 年，十堰公交公司奇迹般地实现了 6700 万元的营运额，当年盈利 106 万元；2004 年收入为 7900 万元，盈利 119 万元。在两年时间里，员工工资也提高了 20%。② 他本人也凭借这些成绩获得了十堰市的劳动模范的荣誉称号、湖北省十堰市政协委员和十堰市张湾区人大代表等政治身份。

---

① 严谨、解会才：《新公交时代的领跑者——记湖北省十堰市公交集团董事长张朝荣》，http://www.zjol.com.cn/05zjmj/system/2005/10/12/006330252.shtml，2005 年 10 月 12 日。
② 鲁渝华：《开往十堰的公交》，《商界》2008 年月刊，http://media.sj998.com/html/2008-07-28/103693.shtml，2008 年 7 月 28 日。

第三阶段（2005—2006）：政治关联减弱，企业遇到成长困境。政府领导换届，使企业政治关联减弱，企业成长受到阻碍。这是因为，虽然鼓励民营企业进入十堰公交的是主要领导，但有些领导并不认可将公交行业交给外地投资人来经营。主要表现为承诺缺失，比如原先地方政府承诺给他最优惠待遇。还承诺，只要他投资超过5000万元，就可以超低价获得市中心百亩地块，后来因领导换届，现任领导不予理会。又比如当初双方约定，职工买断的1800万元的补偿金由政府财政支出，并作为再就业基金留在企业，但现任政府要求企业先行垫付。原先政府承诺过"油补"政策，但是，2004年之后，油价暴涨，每升油由两元多一路飙升到五元多，足足涨了一倍。他所在的公交公司386辆公交车每天油耗量需要20多吨，仅此一项，每年需多增加1000多万元的成本。另外，政府原本承诺取消的中巴车又"繁荣"起来，目的在于不让ZZR一人"独大"，促进竞争，万一公交车停运，还有个替代的余地。2003—2007年，ZZR通过各种方式给政府打过不少于25个报告，要求落实"公交优先"政策，大多杳无音信。这些使得十堰公交面临成长困境。2005年，十堰公交亏损500多万元。2006年，亏损达到900多万元。

第四阶段（2007—2009）：失去政府支持，被迫退出十堰公交。由于连续亏损，又得不到政府支持，为了节约成本，企业管理变得严格甚至有些苛刻，在员工看来，这是企业将各种"无奈"转嫁到员工身上的表现。2008年1月11日，公交公司年轻司机S，在扣除了病事假、超油、欠趟、假币等各项费用，以及210元的因事故承担的停车费后，到手的工资只剩下24元，当时正好碰上S的奶奶去世和女儿生病，他心情不好，家中也急需用钱。12日凌晨5点多，越想越气的S把车堵在停车场大门口，以示抗议。S的过激行为也得到不少同事响应，此后数十辆公交车加入抗议队伍，十堰大半个城市的公交由此瘫痪。S还将自己的遭遇向当地媒体曝光，媒体大肆报道，造成很不好的社会影响。这件事情成为ZZR退出十堰公交的导火索。为了不让国内首例"公交改革"的样板工程为人诟病，其后由政府牵头，火速组建的"临时党委"进驻公司。临时党委的目的是监管、协助公司"三保"（保稳定、保营运、保安全）。入驻后，ZZR被剥夺了财务权，"现金 1 万元、转账 10 万元以上的资金使用，需经临时党委签字同意才生效"；同时，由财政局、审计局人员组成的审计组，也开始对公司进行全面审计，三个月之后的 4 月 15 日，十堰公交公司第四次职工罢工爆发。当天下午，在事先没有征求意见，也没有打招呼情况下，当地政府做出决定，全面接管公交公司，收回公交特许经营权。① 经过资产结算，2009 年案例企业已完全退出十堰公交。

二　公交 B

公交 B 公司管理的所有车辆都属于城乡巴士，根据有关规定，2004 年，公交 B 公司挂靠某市一家长运集团公司（国有企业），长运集团占 51% 的股份，B 公司占 49% 的股份，B 公司投资 100 万元左右进入公交市场。公交 B 公司由 48 辆车三条线路（701、808、603）的个体经营者构成。按照合同规定，这 48 辆车的个体经营者每辆出资 50 万元，占 B 公司 80% 的股份，公司出资 480 万元，占 20% 的股份。但事实上，由于 B 公司自身只出资 100 万元，主要采取承包经营的方式，对这 48 辆车的个体经营者进行管理，因此，公司除收取管理费每辆每月 300 元左右外，并没有获得按照合同所说的 20% 的股权收入。如今，随着城市化进程的推进，城乡巴士取消，B 公司现在改为经营公交线路，但股权结构没有发生变化。

三　燃气 A

燃气 A 是一家以城市公用事业为主要领域的综合性企业集团，现在的主导产业包括城市燃气、燃气机械制造、房地产开发和生命高科技。1993 年以来，大举拓展国内燃气市场，目前已成功进入全国 40 多个大中城市。燃气 A 公司目前市场覆盖已超过 2000 万人，市值超过 40 亿港元，具备较大规模的投资能力。2001—2003 年，燃气 A 连续三年被《福布斯全球》评选为"全球 200 家最佳小企业"；被《亚洲周刊》评为"国际华商 500 强"和 2002 年度 20 家"营业额增长率最高的华商企业"；被《亚洲财经》评选为"中国十大最佳财务管理公司"。中国国情研究会将其列为"国家级公用事业研究基地"。我

---

① 陈周锡：《全国首例公交民营化遇挫真相》，http：//finance. sina. com. cn/chanjing/b/20080531/12284932331. shtml，2008 年 5 月 31 日。

们访谈的这家燃气企业，成立于 2003 年，注册资本 310 万美元，是以全资（100%）股权方式进入燃气行业的。

四 燃气 B

燃气 B 公司于 1992 年进入燃气公司时，是一家国有控股公司，民资股占 49%，国有股占 51%。其前身是一个玻璃厂，后因为玻璃行业不是很理想，发现其他城市在液化气这一块做得还不错，觉得挺有前景的，所以决定要从事这个行业。主营桶装燃气业务，如今占该市桶装燃气市场占有率 40% 左右。2010 年经过资源整合，公司性质转变为一家民营企业，民营资本投资超过 51%（见表 3-5）。燃气 B 近两年的平均销售总额超过 2000 万元，与其他同行民营企业相比，近两年的销售增长率略高一些，但利润率低一点。

表 3-5　　　　　　　　　案例企业基本信息

	公交 A	公交 B	燃气 A	燃气 B
进入年份	2003	2004	2003	1992
员工人数（人）	500	50—100	100—500	10—50
注册资金	2320 万元	100 万元	310 万美元	200 万元
民资股权（%）	100	49	100	51

资料来源：访谈记录和 www. zhejiang. 8671. net。

第四节　案例分析

根据 Yin（2004）的要求，多案例研究应该逐个实施单案例研究，并单独撰写研究报告，再撰写跨案例研究报告，据此修改理论假设，提出政策建议。

本小节将对获得的 4 家进入城市公用事业的民营企业数据逐一进行编码，并根据研究变量进行归类。分别对每个案例中的企业家能力、感知进入壁垒与企业进入行为进行描述与初步分析，由此得出结构化的数据信息，为深入研究变量之间的关系奠定了一定的基础。

一　企业家能力特征

借鉴曼（2001）、贺小刚（2006）、许庆高和周鸿勇（2009）、汪秀琼（2011）等人的研究观点，本书主要围绕发现机会、利用关系和风险承担三个特征维度进行有关企业家能力的数据信息收集。[①]

其中，发现机会能力主要侧重于考察企业家利用与众不同的敏感和知识，从非均衡市场发现潜在的、有价值机会的基本特性（柯兹纳，1979）。利用关系能力主要侧重于考察企业家利用已经拥有的各种横向（与同行之间）、纵向（政府部门）和社会（媒体、行业协会等）关系（边燕杰，2004），获取资源的多少及广度（Aldrich and Reese，1993；Hansen，1995；Hoang and Antoncis，2003）。风险承担能力主要侧重于企业家除拥有创新的想法之外，还有将这些想法付诸实践的行动和胆量。以下是各案例企业的企业家能力特征的状况。

（一）公交 A

民营企业家 ZZR 本来是国有企业的一名工人。1984 年，他自己创办了一家汽车出租公司，进入交通行业。后来，他利用自己的经验和政府官员的亲密关系，于 1995 年就进入主要由政府运营并受政府管制的城市公交行业，成为进入城市公交行业的第一位民营企业家，尽管因为种种原因，该企业已于 2009 年全面退出城市公交行业，但是，这些都是进入后的问题，至于是什么原因导致进入后又退出，将作为我们后续研究的内容，不是本书要讨论的重点。因此，本书认

---

① 说明：尽管企业家能力的分类种类和构成维度很多，比如说，以曼（2001）为代表的国外学者将企业家能力概括为机会能力、关系能力、概念能力、组织能力、战略能力和承诺能力；以贺小刚（2006）、张焕勇（2007）等为代表的我国学者将企业家能力概括为创新能力、决策管理能力、组织指挥能力、沟通协调能力、人事管理能力、专业技术能力、基本能力等，我们之所以在本书只选择发现机会能力、关系能力和风险承担能力，而没有考虑其他能力，是因为在民营企业进入城市公用事业的过程中，上述三种能力是最重要的，并且也主要对这三种能力如何影响企业进入行为的作用机制感兴趣。因此，我们只选择了这三种能力作为企业家能力的代理变量，这反映了在研究时，根据研究目标，抓住主要问题的主要方面的研究思想。当然，这样做并不可以完全忽略其他维度的能力的影响，所以，我们在探讨这三种能力对企业进入行为的影响时，需要将其他维度的能力作为控制变量，以排除它们的影响。需要指出的是，这一注解同样适用上文中的其他构念的变量维度的选择。

为，仅就进入行为本身而言，该企业还是顺利和成功的。

从发现机会能力来看，作为国有企业的一名工作人员，ZZR 没有安于现状，而是决定自己创办公司。自己创办公司，首先就要选择进入哪个行业？凭着他的敏感性，他选择了交通行业。于是，早在1984年，ZZR 自己创办了出租公司，进入交通行业。起初，公司里只有20辆三轮摩托车进行运营。后来，他发现如果可以用小汽车来替代摩托车，不仅可以提高速度，还可以增加安全性，更能满足消费者需求。同时考虑到公司所在城市的城区比较小，街道比较窄，小的汽车或许更适合城市的路况。1985年，他购买了几辆外形超小的126p菲亚特汽车，来替代部分摩托车。以此获得了消费者的认可。ZZR 进入交通行业之后，他发现，如果能够进入由政府管制的城市公交行业，一定能够获得可观的效益。由于他的这种"敢闯敢拼"与当时市场化改革的主题非常契合，因此他的行为获得了政府官员的认可和支持。1995年，企业顺利进入受政府管制的城市公交行业。2002年，建设部颁布《关于加快市政公用事业市场化进程的意见》，首次提出开放市政公用行业投资建设、运营、作业市场，鼓励社会资金、外国资本采取独资、合资、合作等多种形式，参与供水、供气、公共交通等市政公用设施建设。鼓励社会资金、外国资本参与城市市政公用设施建设。ZZR 说，这个意见让他看到公共事业民营化的美好前景，增强了他的收购决心和信心。于是2003年又获得跨区域进入城市公交行业的机会。① 在我们对JHX主任的访谈中，他说："ZZR 是一个很擅长发现机遇和抓机会的人。2003年，有一个外省的领导考察团来我市招商引资，其间谈到民间资本如何进入城市公交的问题。市领导很快就想到了 ZZR，而 ZZR 发现，这个地方制造业比较发达，人口流量比较庞大，商业机会也比较多，将来做房地产应该是不错的。于是，ZZR 满足政府的意愿，承包了当地的公交线路，为后来进入该市房地产打下基础。"

从关系能力来看，他能够成为首位进入城市公交的民营企业家，这本身与政府官员的支持是分不开的。而他之所以能获得政府官员的

---

① 陈周锡：《全国首例公交民营化受挫真相》，http：//www.eeo.com.cn/eeo/jjgcb/2008/06/02/101862.shtml，2008年6月2日。

支持，是因为他具有利用各种关系的能力。1993 年，他获得市政协委员和区人大代表的政治头衔，这样就给自己带来了很多与政府官员接触的机会，对于各种机会的把握有一定的话语权。同时，他与媒体的关系也很好，他的创业故事被拍成 18 集电视剧，并由知名演员陈宝国主演，这使得他成为当时全市乃至全国的知名人物，甚至惊动了国家领导人来该市考察。他也被评为了改革开放以来市十大风云人物之一和中国企业改革十大新闻人物（《长江商报》），种种荣誉让他与政府官员的关系更加密切。此外，利用与本地政府官员的关系和他的创业背景，他获得认识外地政府官员的机会，从而实现了 2003 年的跨区域进入城市公交。

从风险承担能力来看，1984 年，ZZR 就成立出租公司，并购买小汽车，这说明他不仅敢想，还敢于付诸行动，这都与其自身的风险承担能力有关。2003 年，为了成功实现跨区域进入城市公交行业，他与异地政府达成协议，并出资 2320 万元收购国有公交公司的净资产权，获得了公司将近 100% 的股权，并以每年 800 万元的价格享有公交集团 22 条运行线路 18 年的经营权。为了提高服务质量，他决定换新车，先后以 3390 余万元购买了 113 辆公交空调车取代老旧破车[①]并提高员工工资，在整个经营期间，投资总额累计资金达 1.3 亿多元。先后三次投入豪华双温空调公交车 237 台，陆续新设站牌站廊 500 余个，投资建成了公交 IC 卡乘车收费系统项目，又投资建立了公交 GPRS 智能监控调度系统。[②] 由此可见，作为民营企业家，ZZR 的风险承担能力还是很强的。

（二）公交 B

根据 WZQ 阐述，公交 B 公司的股东们大多来自国有公交行业，而且曾经在岗位上担任要职。其中，有些已经退休。利用其在位时建立的各种人脉资源，获得进入城市公交行业的有关信息。2004 年，公交 B 公司挂靠在所属市区的一家长运集团公司（国有企业），投资

---

① 《公交罢工的内幕》，http：//bbs. dongfeng. net/thread－200032－1－1. html。

② 陈周锡：《全国首例公交民营化受挫真相》，http：//www. eeo. com. cn/eeo/jjgcb/2008/06/02/101862. shtml，2008 年 6 月 2 日。

100万元进入获得城乡区域的线路经营，并获得49%的股权。

从发现机会能力来看，WZQ认为，因为曾经是国有公交企业的员工，了解公交行业的发展潜力，虽然公交企业不可能完全市场化，价格受政府管制，也不可能获得暴利，但是，面对巨大的市场需求，在竞争日益激烈市场环境下，在建设部2002年颁布《关于加快市政公用事业市场化进程的意见》的政策导引下，民营企业进入城市公交还是相对比较稳定的，应该可以得到不算高但比较稳定的利润。鉴于此，WZQ等一致认为，进入城市公交是一个很好的机会。

从关系能力来看，WZQ多次提到大多数股东原先在国有企业工作，而且担任要职，他们与政府官员之间的关系比较好，加上他们的工作经验，使得公司B优先获得进入城市公交的机会。

从风险承担能力来看，公交B公司员工由个体经营者构成，他们分别负责701、808、603三条线路，一共48辆车。每个个体经营者根据承包车辆的多少决定投资额度的大小，按照合同规定，这48辆车的个体经营者每辆出资50万元，共2400万元，占B公司80%的股份，B公司出资480万元，占20%的股份。事实上，公交B公司只投资100万元进入城市公交，而且其运营模式是员工是公司的大股东，占了股权的绝大多数，联合投资额度也只有2400万元，与公交A相比，风险承担能力稍逊一筹。

（三）燃气A

燃气A所属的集团公司自1993年以来，大举拓展国内燃气市场，目前已经成功进入全国40多个大中城市。虽然燃气A所属的集团公司于2001年5月在中国香港特区上市，但这里有一点要说明的是，根据我们的访谈，燃气A所属的集团公司事实上是我国国内的一家知名民营企业，为了获得更多的税收优惠，选择在中国香港特区上市。WYS作为燃气A所属集团公司的创始人，以他卓越的能力，使包括燃气A在内的集团公司获得了良好发展，取得了诸多成就，如今，中国国情研究会将其列为"国家级公用事业研究基地"。而我们访谈所在地的这家燃气A企业，成立于2003年，注册资本310万美元，是以全资（100%）股权方式进入燃气行业的。

从发现机会能力看，WYS三次高考落榜，让他有些心灰意冷。在茫然之际，1986 年春节，他忽然想到倒腾燃气能赚钱。瞅准燃气，就坚持下来。当时，国家对液化气实行"国家定价和市场浮动"价格双轨制，WYS 的生意做得并不轻松，但价格双轨制还留有相当大的利润空间。随着市场不断扩大，几年时间里，WYS 就获得了创造财富的"第一桶金"。他很清楚，罐装液化气不能成为自己的事业，于是，他开始经营出租车公司，从汽车加油的巨大的开销中看到了石油产品的巨大市场。当时的石油都是由国家垄断经营，但 WYS 还是看到了石化贸易中的市场空间。虽然石化贸易并没有给他带来多少直接财富，但却增加了他对这个行业的市场敏感和对未来市场的思考。20 世纪90 年代初期，天然气下游行业开始逐渐"松口"，允许国有零散气井与外界合作开发。WYS 得知消息后，壮着胆子在华北油田包了几口气井，正式进入天然气行业。1998 年，国家着手实施"西气东输"重点工程，WYS 一直等这样的机会，他明白燃气 A 的扩张前提是气源，而西气东输是最好的气源。而西气东输沿途地区气化率较低，项目启动后会大大促进当地的燃气使用率，这对于已经积累了一定燃气供应的燃气 A 所属的公司来讲，无疑是一个绝好的机会。正是在这样的情形下，WYS 决定大举进入各个城市的燃气行业。根据我们对 H 总的访谈，他告诉我们："WYS 是一个很灵活、有远见、很会挖掘机会的人。我们公司早在 20 世纪 90 年代的时候就在中国香港注册上市了，因为当时国内企业上市要求非常严格，尤其是对民营企业，政策不像今天这样灵活，有很多问题很难操办，而公司在中国香港上市相对比较简单，所以，他迅速选择在中国香港注册公司。"由此可见，WYS 发现机会的能力是很强的。[①]

　　从关系能力来看，WYS 擅长与各种人沟通，获得各种资源。他之所以获得进入燃气的机会，也是在他曾经救过的一个好朋友的帮助下实现的。在他经营出租公司的时候，他结交了很多石化行业的朋友，这为他后来承包油田都提供了基础。当然，他与政府官员的关系也是非常好的。H 总说："WYS 和地方乃至中央政府官员的关系都非常好。时任党和国家领导人多数人都去过燃气 A 公司考察，其中，有些

---

① http：//baike. baidu. com/view/34886. htm#3.

党和国家领导人还在燃气 A 公司贵宾楼住过。WYS 曾多次受到党和国家领导人的接见。"这些可以通过他的政治身份来体现。WYS 是第九届、第十届全国政协委员，第十一届中国人民政治协商会议全国委员会常委，中国民间商会副会长，省工商联副主席，市工商联主席，市政协副主席，历任市政协常委、市工商联（总商会）会长，中国民（私）营经济研究会副会长，全国工商联第八届委员会执委。同时，与社会公众关系良好。创办企业以来，已累计向社会公益事业捐款超过 3.5 亿元。在访谈中我们得知，WYS 利用关系的能力非常强，尤其是他与政府官员之间的关系给他带来了进入很多城市燃气行业所需要的资源。

从风险承担能力来看，20 世纪 90 年代初期，WYS 壮着胆子在华北油田一口气包了几口井，正式进入天然气行业。1992 年，在不用政府投资的情况下，凭借经营液化气的良好口碑和经验，他成立了燃气 A 所属的集团公司，以市场化方式为某市开发区供气。1994 年，他扩大优势，把管道输送燃气项目引入该市区，使该市成为该省第一个用上管道天然气的城市。此时，国内其他燃气公司刚刚诞生，而燃气 A 公司已经通过在该市取得的成功积累了很多专业经验，培养了大批专业人才。在 WYS 的带领下，燃气 A 公司所属的集团公司目前市场覆盖已超过 2000 万人，市值超过 40 亿港元，具备较大规模的投资能力。2001—2003 年，燃气 A 公司所属的集团公司连续三年被《福布斯全球》评选为"全球 200 家最佳小企业"；被《亚洲周刊》评为"国际华商 500 强"和 2002 年度 20 家"营业额增长率最高的华商企业"；被《亚洲财经》评选为"中国十大最佳财务管理公司"。由此可见，WYS 风险承担能力很强，为其进入燃气行业提供了更多机会。

（四）燃气 B

HXZ 董事长带领燃气 B 企业领导着某市的桶装燃气市场。从发现机会能力来看，HXZ 董事长原来是一个玻璃厂的职员，后来由于玻璃厂效益不理想，发现兄弟城市的液化气做得不错，觉得挺有前景，后经过领导同意后，决定进入燃气行业。在访谈中，我们了解到，HXZ 董事长发现机会能力对于其进入燃气行业影响一般，因为其进入行为主要由政府主导。从关系能力来看，凭借 HXZ 董事长和公用事业管理局领导以及其他政府官员的关系，他们和当时的一家砖瓦厂协商，砖瓦厂当时的效益也很差，于是双方协商，由砖瓦厂提供土地，同时，把砖瓦厂的一些职工带到拟成立的新的燃气公司来。这是公司得以成立的前提。根据访谈，我们了解到，如果企业家跟政府官员一点也不认识，一点关系也没有的话，那么由政府掌控的一些资源也是不会给你的，所以与政府之间的关系对于 HXZ 董事长获得进入燃气行业的机会是至关重要的。从风险承担能力来看，HXZ 董事长当时在资金比较紧缺的情况下，带着其他几位同事以玻璃厂和砖瓦厂的名义筹集了 200 万元左右进入燃气行业，心里其实是觉得比较冒险了，随着业务不断开展，企业流动资金也越来越灵活，后来与中国燃气合作，经过资源整合，主要负责下游桶装燃气供应等业务，2010 年，获得了 51%的股权。由此可见，HXZ 董事长的风险承担能力是逐渐提升的，在企业进入燃气行业之初，风险承担能力对于其进入的影响不是很明显。

二　感知进入壁垒

民营企业进入城市公用事业主要壁垒包括经济性壁垒、制度性壁垒和原有企业战略性壁垒。其中，经济壁垒包括必要资本量壁垒、规模经济、原有企业绝对成本优势等（龚军姣、王俊豪，2011）。制度性壁垒主要包括政府价格管制、政府承诺缺失等。哈里·G. 布罗德曼（Harry G. Broadman，1997，2004）在分析俄罗斯产业进入壁垒时，明确区分了经济性壁垒和制度性或行政性壁垒。国内学者对进入壁垒的研究大多与制度学派一脉相承，普遍认同哈里·G. 布罗德曼（1997，2004）的思想。如杜若原（2002）、王丽娅（2004）、戚聿东和柳学信（2006）、汪伟和史晋川（2005）等都认为，不完善的各种制度构成了民间资本投资的最大障碍。以下是各案例企业进入城市公用事业时企业家所感知的进入壁垒状况。

（一）公交 A

公交 A 前后三次进入城市公交行业，能够成为全国首家进入城市公交的企业，克服各种进入壁垒是前提条件。首先，1985 年第一次进入出租行业，之所以能够进入，是因为他的这种"敢闯敢拼"与当时市场化改革的主题非常契合，这样制度性壁垒就被克服了，而 ZZR 自身可以购买摩托车和小汽车来提供出租服务，这也说明他克服了必要资本量壁垒。其次，1995 年进入城市公交，ZZR 所属的公司与当地一家国有公交公司合资成立一家新公司，一举打破了当时该市国有公交企业的垄断局面，和国有企业合资有助于突破原有企业的战略性壁垒。最后，2003 年跨区域以 BOT 的方式进入城市公交，当时投资额度高达数千万元，但由于政府主动寻求 ZZR 与其合作，政府愿意为其担保使得 ZZR 在融资数量和融资成本方面获得了较大的优势，但同时企业家还是感知到较高的制度性壁垒。这是因为，为了吸引民营企业进入城市公交，地方政府片面考虑引资问题，向 ZZR 提供较高投资回报的承诺，但在价格管制和社会公众的压力下，难以实现承诺，从而造成政府承诺缺失。类似事件对民营企业进入城市公用事业形成一种投资风险，阻碍民营企业进入城市公用事业。

（二）公交 B

根据对公交 B 公司的访谈，受访者 WZQ 认为，对于公交 B 公司而言，企业家感知到进入城市公交的主要壁垒是经济性壁垒。这是因为政府往往采取的是不对称补贴。即政府对在位国有企业的补贴力度更大，使得在位国有企业平均成本较新进入民营企业低，而价格基本上是一样的，两者之间存在不公平竞争，增加了民营企业进入城市公用事业的难度。比如，近几年油价不断上涨，而城市公交服务的特殊定价机制使得服务价格相对固定，国有公交企业会得到油价补贴或养路费减免等优惠，民营企业则较难享受此种优惠。

（三）燃气 A

根据对燃气 A 公司的访谈，受访谈者 H 总认为，对于 A 公司而言，进入某一个城市或区域的燃气行业主要壁垒是制度性壁垒。比如政府承诺缺失所带来的障碍。对于以特许经营方式进入燃气行业的燃气 A 公司而言，其特许经营年限是 30 年，但是，企业在运营过程中，政府基于管网统一等考虑，有可能不遵守契约精神，违背合同规定，以补偿或其他方式，要求民营企业提前退出市场，这种举动会给民营企业带来进入障碍。又比如政府价格管制壁垒。政府对燃气实行了价格管制政策，使民营企业无法根据市场变化来制定价格。但因为燃气提供的产品或服务是社会必需品，需要保证生产供应的高度稳定性，进入燃气的民营企业即使在无利可图或者在更好的投资业务吸引下，也不能任意退出市场。这种价格管制政策形成了燃气 A 企业进入燃气行业的壁垒。

（四）燃气 B

根据对燃气 B 公司的访谈，受访者 HXZ 认为，民营企业进入燃气行业的主要壁垒包括经济性壁垒、制度性壁垒和原有企业的战略性壁垒。首先，因为与国有企业相比，民营企业得到政府扶持少，加上民营企业在声誉方面存在劣势，这使得民营企业的运营成本比国有企业高。其次，建立一个新的燃气企业所需要的程序多、时间长，这就形成了行政审批制度壁垒。最后，企业在首次进入燃气行业时，能明显感觉到在位企业的排斥，这就形成了原有企业的战略性壁垒。因此可以认为，燃气 B 公司感知到的进入壁垒是比较高的。

三　进入行为

企业进入行为可以分为地域转移和行业转移。其中地域转移又包括跨国转移和国内跨区域转移，行业转移主要是指企业选择进入某一行业的行为（汪秀琼，2011）。对于行业转移的研究，学者们主要从产业层面，按照时间序列模型，对企业的进入行为进行了研究，进入行为用进入率或净进入数这两个指标来衡量（ORR，1977；杨惠馨，2009）。也有学者采取是否进入以及进入程度（企业进入某行业的营业收入占总收入的比重）两个指标来衡量企业进入行为（罗党论、刘晓龙，2009）。还有一些学者则根据进入者对资源的控制程度将企业进入行为分成三类：一是高控制类型，如独资与多数股权；二是中度控制类型，如均等股权与多元股权；三是低度控制类型，如少数股权或授权等（Anderson and Gatignon，1986；Davidson，1980）。本书参考并整合已有研究成果，将企业进入行为转化为"是否进入"和"进入时所获得的股权结构"（进入程度）两个维度来进行研究。对于进入程度的衡量，本书将以民营企业进入城市公用事业所持有的股权程度划分为少数股权（股权小于 50%）、同等股权（股权等于50%）和多数股权（股权大于 50%）三种类型。由于所选案例企业属于城市公交和燃气行业，所以，进入行为已经发生，本部分将主要从"进入程度"指标分析案例企业的进入行为（见表 3 - 6）。

（一）公交 A

根据我们的访谈，公交 A 进入城市公交之初，本打算将 32% 的股权让给员工，自己占 68%，但是，员工的积极性并不高，后来，公交 A 民营企业所占股权为 98%，将近 100%。

（二）公交 B

如前所述，公交 B 挂靠在国有企业下，所以，其企业性质是国有企业，但是民营企业参股，且所占的股权为 49%。

（三）燃气 A

燃气 A 是以 BOT 方式进入燃气的，其所占股权为 100%。

（四）燃气 B

燃气 B 与中国燃气公司合作，企业性质由国有企业变为民营企业，这是因为公司成立之初，民营企业所占股权为 49%，后经过资源整合和调整，2010 年，民营企业所占股权为 51%，相差并不大。

第五节　多案例比较研究

基于第四节分析，本书对案例企业中企业家能力对企业进入行为的影响机制描述如图 3 - 2 所示。

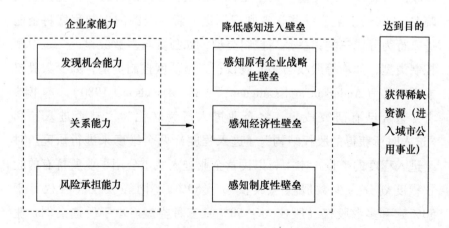

图 3 - 2　企业家能力对企业进入行为的影响

资料来源：笔者制作。

在上述分析的基础上，针对各案例企业的现实情景对其所涉及的各关键变量进行了评判打分，并请被采访人员及专家做出审核和修正，用很强、较强、一般、较弱和很弱五个等级依次从高到低表示案例企业家能力的水平；用很大、较大、一般、较小和很小五个等级依次从高到低表示案例企业家所感知的进入壁垒的水平；用多数股权（股权大于 50%）、同等股权（股权等于 50%）和少数股权（股权小于 50%）三个等级依次从高到低表示了案例企业进入程度，编码结果如表 3 - 6 所示。本部分将所有案例企业的各个变量进行对比分析，从而归纳出企业家能力、感知进入壁垒与进入行为各变量之间的相关、因果关系，并提出初始的研究命题假设。

表 3 - 6　企业家能力、感知进入壁垒与企业进入行为汇总与编码

变量	维度	公交 A	公交 B	燃气 A	燃气 B
企业家能力	发现机会能力	很强	较弱	很强	一般
	关系能力	很强	较强	很强	较强
	风险承担能力	很强	很弱	很强	一般
感知进入壁垒	感知制度性壁垒	很小	较大	较小	较大
	感知经济性壁垒	很小	较大	很小	一般
	感知原有企业战略性壁垒	很小	很大	一般	较大
进入行为	进入程度	多数股权	少数股权	多数股权	少数股权

一　企业家能力与企业进入行为

根据表 3 - 7 的数据和上述案例分析可以初步得出这样的结论：企业家能力有助于民营企业进入城市公用事业的程度更高（见图 3 - 3）。

在案例企业中，公交 A、燃气 A 企业家能力都给企业带来了更高程度的进入，即获得了更高的股权。相对来讲，公交 B 和燃气 B 企业家能力给企业带来了低程度的进入，即获得了较低的股权，这是因为，案例数据表明，公交 A 和燃气 A 的企业家能力明显比公交 B 和燃气 B 的企业家能力更强一些。如公交 A 企业家利用其和政府、银行的亲密关系，大大提升了企业的融资能力。2003 年，公交 A 就以 2320

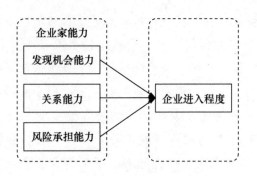

图 3 – 3　企业能力与进入程度

万元购买十堰国有公交公司的几乎全部股权。新公司组建之后，ZZR
又大刀阔斧地进行改革：投入 9800 多万元购买 239 台新型豪华双温
空调大巴，开设女子品牌路线，员工统一管理，统一着装；开设 IC
卡乘车智能收费系统等，5 年总共投入 1.3 亿元。可见，公交 A 的融
资能力很强大。而公交 B 虽然也和政府有比较好的关系，但明显不如
公交 A。2004 年，公交 B 融资主要通过股东参股，以承包每辆车 50
万元方式融资，并以 49% 的股份挂靠温州长运集团。根据我们的访
谈，公交 B 的企业家没有和金融机构建立强关系，从而其融资能力受
到限制，这也在一定程度上减缓了城乡巴士的发展。

　　所以，企业家能力对企业进入行为有显著正向影响。其中，企业
家发现机会的能力大大提高了民营企业进入城市公用事业的可能性，
同时，企业家的关系能力，尤其是与政府、金融机构的关系能力对于
民营企业进入行为影响比较突出，企业家风险承担能力对企业进入程
度有显著影响。如公交 A 的老总 ZZR 在政策不允许民间投资城市运
输的时候，他会主动去找领导人，要求将 20 辆三轮车投入城市运输，
同时还详细汇报了当地运力不足的问题和自己的服务方案。后来这位
领导人沉吟良久，最后批示："下不为例!"1987 年，ZZR 一次性购
买了 10 辆 62 座黄海牌大巴，申请开往杭州、金华和长沙的线路，成
立了当时温州唯一用高档车跑长途的车队。1992 年，他购买了几十辆
中巴车，准备投入市内交通，拟成立鹿城运输总公司。经过再三思考，
决定主动出击。他找到当时的区团委，希望为贫困地区搞"义运"，立

即得到了赞同。有了区团委这面旗帜，ZZR 的 10 辆中巴车很快出发了。10 辆车 7 天的收入全部交到市民政局，捐献给了贫困山区的儿童。他的种种敢于承担风险的表现，都为他进入公交起到了促进作用。

基于上述分析，本书提出以下命题：

命题 1：企业家发现机会能力对企业进入行为有显著的正向影响；

命题 2：企业家关系能力对企业进入行为有显著的正向影响；

命题 3：企业家风险承担能力对企业进入行为有显著的正向影响。

二 进入壁垒与企业进入行为

在理论预设中，本书提出进入壁垒与企业进入行为有相关关系，在上述四个探索性案例中得到了初步支持和验证（见图 3 - 4）。

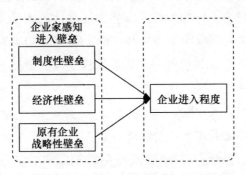

图 3 - 4 进入壁垒企业进入程度

（一）企业家感知经济性壁垒与企业进入行为

基于上述 4 个案例分析，我们可以发现，案例企业家感知经济性壁垒与其进入行为负相关。企业家感知经济性壁垒越大的公交 B，其进入程度明显低一些；而企业家感知经济性壁垒较小的公交 A 和燃气 A，其进入程度明显高一些。

因此，本书提出如下初始命题：

命题 4：企业家感知经济性壁垒对企业进入行为有显著的负向影响。

（二）企业家感知制度性壁垒与企业进入行为

从表 3 - 7 可以看出，案例企业家感知制度性壁垒与企业进入行为负相关。比如，企业家感知制度性壁垒较小的公交 A 和燃气 A，其进入程度明显高一些；而企业家感知制度性进入壁垒较强的公交 B 和燃气 B，其进入程度明显低一些。根据我们的访谈，企业家 ZZR 所在的公交 A 是在政府积极主动寻找的情况下进入城市公交的，当时市编办、财政局、经贸委和体改委大胆启动"政策直通车"，这就使得公交 A 所面临的类似行政审批方面的壁垒比较小。可见，当企业家感知制度性壁垒较弱时，会认为进入风险降低，从而增加进入意愿和进入程度。

因此，本书提出如下初始假设命题：

命题 5：制度性壁垒对企业进入行为有显著的负向影响。

（三）企业家感知原有企业战略性壁垒与企业进入行为

从表 3-7 可以看出，案例企业家感知原有企业战略性壁垒与企业进入行为负相关。比如，企业家感知战略性进入壁垒较小的公交 A 和燃气 A，其进入程度明显高一些；而企业家感知原有企业战略性进入壁垒较大的公交 B 和燃气 B，其进入程度则明显低一些。可见，当企业家感知原有企业战略性壁垒较小时，会认为进入风险更低，从而增加进入意愿和进入程度。

因此，本书提出如下初始假设命题：

命题 6：企业家感知原有企业战略性壁垒对企业进入行为有显著的负向影响。

三 企业家能力与进入壁垒

第一节理论预设中，本书提出，企业家能力与进入壁垒之间的负向关系在 4 个探索性案例中得到了支持和验证，通过探索性案例研究支持和细化了相应的理论预设（见图 3-5）。

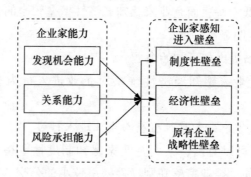

图 3-5 企业家能力与进入壁垒

（一）企业家能力与感知经济性进入壁垒

从表 3-7 可知，企业家能力三个维度均与企业家感知进入壁垒呈负相关关系。首先，企业家发现机会能力表现出与经济性壁垒负相关。如公交 A 的 ZZR 董事长在大多数人还沉浸在国有企业的安逸生活里的时候，他就认准了当时政策还不允许民间资本投资的公交领域。为了进入该行业，他多次向领导打报告，阐明自己的服务理念，并最终说服领导。获得领导的同意后，他就着手筹集资金，其资金来源主要有自有资金、银行贷款、向朋友借等几种渠道，从而突破了经济性壁垒。同时，公交 B 的 WZQ 董事长也发现，进入城市公交是一个不错的行业选择，于是开始吸纳原国有公交退休员工，利用他们与国有公交之间的关系，来获取企业所需要的资源，包括资金。后来也顺利挂靠在国有公交企业，戴上了红帽子，从而获得了进入的合法性，而资金的筹集则通过让股权给员工的方式，突破经济性壁垒。其次，企业家关系能力表现出与企业家感知经济性壁垒负相关。如燃气 A 的 WYS 董事长通过与政府官员的亲密关系，为企业融资提供了很大的便利性，同时，因为与政府官员关系好，他本人也拥有如全国政协委员等多个政治身份，所以有很多参政议政的机会，可以为企业争取与国有企业公平竞争的权利，从而突破经济性壁垒。最后，企业家风险承担能力表现出与企业家感知经济性壁垒负相关。如公交 A 的董事长 ZZR 在 1987 年时，就一次性购买了 10 辆 62 座黄海牌大巴，申请开往省内省外长途线路，成立了当时公司所在地唯一用高档车跑长途的车队。1992 年，他购买了几十辆中巴车，准备投入市内交通，并成立运输总公司。2003 年，当他又一次打算跨区域进入公交行业的时候，又一次性出资 2320 万元收购国有公交公司的净资产权，获得公司将近 98% 的股权，并以每年 800 万元的价格享有公交集团 22 条运行线路 18 年的经营权。ZZR 的这些行为都证明了他的强风险承担能力，正是他的这种强风险承担能力，使得公交 A 很容易突破经济性壁垒，从而进入公交行业。

因此，本书提出以下初始假设命题：

命题 7：企业家发现机会能力对感知经济性壁垒有显著的负向影响；

命题 8：企业家关系能力对感知经济性壁垒有显著的负向影响；

命题 9：企业家风险承担能力对感知经济性壁垒有显著的负向影响。

（二）企业家能力与感知制度性壁垒

从表 3-7 可以看出，企业家能力三个维度均与企业家感知制度性壁垒呈负相关关系。首先，企业家发现机会能力表现出与企业家感知制度性壁垒负相关，如案例中的公交 A 的董事长 ZZR，认准了民营企业进入城市公交是一个较好的选择后，在当时政策还不允许民间资本进入城市公交时，他就多次与领导交涉，并拿出方案，他的真诚和执着打动了领导，最终突破制度障碍，进入城市公交领域。其次，企业家关系能力表现出与企业家感知制度性壁垒负相关。如燃气 A 的董事长 WYS 利用其政治身份和影响力，多次受到党和国家领导人的接见和表彰，这种强关系能力使得企业进入任何一个区域时，都增加了谈判的筹码，如前所述，即使有些地方政府想不遵守合同规定，也会碍于企业家的强影响力，并不能真正执行，除非企业也同意政府的做法，这就说明，当企业家关系能力很强时，他所感知制度性进入壁垒是较弱的。最后，企业家风险承担能力表现出与企业家感知制度性壁垒负相关。如公交 A 和燃气 A 的董事长都表现出较强的风险承担能力，所以他们感知制度性进入壁垒都比较弱。这是因为，企业家的风险承担能力越强，意味着政府所要承担的风险可能越小，这使得地方政府不仅不会阻碍这些企业进入，有时为了缓解财政资金压力，反而可能会主动加速引进这些民营企业进入城市公用事业。

因此，本书提出以下初始假设命题：

命题 10：企业家发现机会能力对感知制度性壁垒有显著的负向影响；

命题 11：企业家关系能力对感知制度性壁垒有显著的负向影响；

命题 12：企业家风险承担能力对感知制度性壁垒有显著的负向影响。

（三）企业家能力与企业家感知原有企业战略性壁垒

从表 3-7 可以看出，企业家能力三个维度均与企业家感知原有企业战略性壁垒呈负相关关系。首先，企业家发现机会能力表现出与原有企业战略性壁垒负相关，如案例中的燃气 A 的董事长 WYS 主要选择经济比较发达、具有一定市场规模的区域进入，他今后的主要目的城市是省会城市，这是因为城市规模越大，企业越能获得规模效益，机会也会更多。当然，竞争也会越激烈，原有企业战略性壁垒会更明显，但是，因为 WYS 发现机会的能力很强，他只要认准了某个城市，他所感知原有企业战略性壁垒就会很弱，因此能够突破。其次，企业家关系能力表现出与企业家感知原有企业战略性壁垒负相关。如燃气 B 的董事长 HXZ，因为其与国有企业合作，受到了很多政府的保护，他感知原有企业战略性壁垒也不明显。最后，企业家风险承担能力表现出与企业家感知原有企业战略性壁垒负相关。如燃气 A 董事长都表现出较强的风险承担能力，所以他们感知原有企业战略性壁垒都比较小。这是因为，对于燃气行业而言，其面临的主要原有企业战略性壁垒可能就是管网接入限制。由于燃气行业对传输网络有依赖性，使民营企业要想成功进入，有时候必须依赖已有网络，而当已有网络为原有企业垄断经营时，原有企业会以限制接入管网行为以排斥民营企业进入。但是，对于一个风险承担能力很强的企业而言，完全可以自己铺设管网，从而可以突破原有企业战略性壁垒。

因此，本书提出以下初始假设命题：

命题13：企业家发现机会能力对感知原有企业战略性壁垒有显著的负向影响；

命题14：企业家关系能力对感知原有企业战略性壁垒有显著的负向影响；

命题15：企业家风险承担能力对感知原有企业战略性壁垒有显著的负向影响。

第四章　企业家能力与企业进入行为关系：理论模型

通过第三章的探索性案例研究，本书提出了企业家能力、企业家感知进入壁垒与企业进入行为关系的几个命题，初步弄清了企业家能力对企业家感知进入壁垒的影响以及企业家感知进入壁垒和企业进入行为之间的关系。本书将沿着第三章得出的关系命题，梳理相关文献从更深层次上进行理论探讨，提出细化后的假设，构建实证研究模型。

第一节　企业家能力对企业进入行为影响理论假设

从本质上讲，进入是企业家的一种行为（Lumpkin and Dess，1996），而对于拥有相对简单决策机制的民营企业而言，企业家作为决策者，对企业的行为更是起着支配作用（李明，2010）。所以不能忽视企业家对民营企业进入行为的影响。对企业家能力与企业进入行为之间的关系，只有少数学者进行了研究，且多以定性研究为主，少数学者采取案例研究的方法，大样本的定量研究比较少见（Danel，2008；刘小玄，2004；胡旭阳，2006；罗党论和刘晓龙，2009；汪伟、史晋川，2005；龚军姣、王俊豪，2011；谢琳、李孔岳、张景茹，2013；龚军姣，2013）。通过第三章多案例研究探索了企业家能力与企业进入行为之间的逻辑关系，此部分将进一步梳理相关研究以便于更深层次的理论探索。

一　企业家发现机会能力与企业进入行为

首先，企业家理论认为，企业家所具备的敏感和知识是与众不同的，从非均衡市场发现潜在的、有价值的机会是企业家的基本特性之一（Kirzner，1979）。沙恩（Shane，2000）指出，发现机会是信息在经济系统中不均衡分布的结果，意思是说，企业家感知机会实质上是收集、处理信息的过程。企业家的这种发现机会能力将对企业的绩效产生直接且显著的影响，因为这种能力并非人人均等地享有，事实上，仅有极少数人能够正确地预估到一项投资的事后价值与事前获取资源的成本之间存在差异，并利用这种差异来创造理查德租金，除非他足够的幸运，否则那些对机会判断失误的经济活动者往往只能为企业带来亏损。我国学者朱吉庆（2008）、李明（2010）也认为，企业家发现机会的能力是一种稀缺资源，是可以直接给企业带来投资机会或者收益的。彭罗斯（Penrose，1959）认为企业家发现机会的能力差异是形成企业绩效差异的根源之一。企业绩效除了财务绩效之外，当然也包括合法性绩效，如民营企业进入政府管制型行业，获得进入合法性等。

根据这样的逻辑，在中国，城市公用事业原先主要是由政府或国有企业经营的，属于政府管制、对民营企业家来说相对陌生的行业，所以不可能所有民营企业家都认为进入城市公用事业是有价值的，而只有那些对机会非常敏感，而且敢于在非均衡市场寻找机会的民营企业家，才可能有进入意愿和进入机会。正如深度访谈的已经进入城市公用事业的4位民营企业家一样，他们都认定民营企业进入城市公用事业是一个发展机会，于是积极主动寻求政府、金融机构、行业协会和联盟伙伴等的帮助，从而优先获取民营企业在进入城市公用事业时所需要的各种信息、资金、政策支持等稀缺资源，具备进入城市公用事业的条件，增强进入意愿和信心，从而进一步增加进入程度。也就是说，企业家对于进入城市公用事业的机会识别及运用能力将影响企业进入行为是否发生以及进入程度的高低。

综上分析，我们认为，拥有发现机会能力的企业家，更容易成功进入城市公用事业，提高进入程度。因此本书提出如下假设：

假设H1a：企业家发现机会能力与民营企业是否进入城市公用事业正相关；

假设 H1b：企业家发现机会能力与城市公用事业民营企业进入程度正相关。

二　企业家关系能力与企业进入行为

企业家关系能力至少从两个方面为企业进入行为奠定了资源基础：第一，由关系形成的资源优势产生的隔绝机制加大了模仿难度，增强了竞争能力；第二，通过关系组合了进入行为所需要的资源。与利益相关者建立良好的关系以促进企业经营活动的开展被定义为企业的非市场行为（Quasney，1997；Hillman and Hitt，1999）。非市场行为是通过建立与利益相关者的关系，在社会、立法及政治等领域利用法律的或行政手段增强竞争能力的行为（Buchholz R. Gale 1987；Quasney，2003）。与传统的研究竞争互动关系有所区别，学者和企业不再仅仅关注价格、促销等对产品和消费者的竞争关系，而是越来越频繁地通过政治或社会手段实现建立进入壁垒、维系利润、塑造及控制竞争环境等目的（Buchholz R. Gale，1987；Preston，1975；Shaffer，2000）。

当前，中国仍处在计划经济向市场经济转轨的过程中，中央政府对各行业仍然保持着持续的政策干预并掌握资源分配，加上中国源远流长的独特文化，中国是一个讲究关系的国家，姑且不去评论讲究关系的好与坏，有人说："关系就是生产力。"或许有点夸张，但这也是每个中国企业，尤其是民营企业不得不面对的事实。在你无法去改变这种状况的时候，要想生存，只能去适应。这就使得中国企业的非市场行为（如针对行业管制、立法、公共关系、媒体及政府关系等）在竞争中显得尤为重要（田志龙、樊帅，2010）。与政府建立关系甚至成为民营企业进入城市公用事业的重要前提条件。而公益、公关等非市场行为对于企业而言都是在针对外部利益相关者（尤其是政府）进行长远意义上的关系投资。所以，大部分的非市场行为都涉及高层管理人员等关键性资源的投入：如高层管理人员频繁出席各种政府、媒体举办的活动、接待来企业参观的外部利益相关者等（李乾文、张玉利，2004）。沙恩、Venkataraman（2000）认为，对于一个特定的机会可能会有多种不同的利用方式，这就取决于企业家独特的配置资源和获取资源的能力。企业家与利益相关者建立良好的关系就更加有可能实现对各项资源的获取，并由此形成垄断。当企业缺乏所需要信息、人才、资金、土地时，可以通过企业家的关系网络获得与此相关的资源。或者在企业进入某一行业时，能以比竞争对手更低的成本获得进入机会。企业家借助关系积累企业进入行为发生时所需的资源，这在一定程度上缓解了环境带来的不确定性，这对企业的进入行为至关重要。

孙早、刘庆岩（2006）等学者从企业家关系能力方面探讨了企业的成长，实证研究的结果表明，企业家的关系能力对企业成长有显著正向影响。首先，与政府建立良好的关系是民营企业家积极获取并使用各种信息以谋求竞争优势的倾向。由于政府拥有城市公用事业配置权，民营企业要想获得与城市公用事业进入有关的信息，提高对政府政策等环境因素的认识，与政府搞好关系必不可少。一般来说，企业家与政府关系越密切，就越有可能掌握有关复杂多变的环境的信息，也就越有可能进入城市公用事业或进入程度越大。其次，民营企业在融资方面所遇到的歧视性待遇已被广泛讨论。中国金融市场主要由四大国有银行垄断。虽然民营企业已获得合法身份，但却一直受到银行信贷的歧视。世界银行 2002 年的一项企业调查发现，80% 的中国公司抱怨融资有困难，尤其是民营企业。[①] 龚军姣、王俊豪（2011）认为，民营企业与金融机构建立良好的关系，可以直接提高企业的融资数量和降低融资成本两个方面，从而获得进入城市公用事业的必要资金，促进民营企业进入城市公用事业。最后，与行业协会、同行以及公众建立良好的关系，也可以促进民营企业进入城市公用事业。这是因为，企业家与行业协会、同行及公众的良好关系有利于提高企业声誉，增强社会公众对企业成功经营城市公用事业的信心，从而增加民营企业进入机会和进入程度。

综上分析，我们认为，拥有关系能力的企业家更容易成功进入城市公用事业，提高进入程度。因此本书提出如下假设：

假设 H2a：企业家关系能力与民营企业是否进入城市公用事业正相关；

---

① 转引自 Yasheng Huang、Tarun Khanna《印度能否超越中国?》，光明观察，http：// guancha. gmw. cn/2003 - 12/031230/031230206. Htm，2003 年 12 月 30 日。

假设 H2b：企业家关系能力与城市公用事业民营企业进入程度正相关。

三 企业家风险承担能力与企业进入行为

作为企业行为代言人的企业家，在促成交易的同时必定承担了一定的风险。Zimmerer 和 Scarborough（2006）认为，企业家风险承担能力表现为他们不仅有创新的想法，更有将这些想法付诸实践的行动力和胆量。识别低成本的进入机会，发现可以利用的资源还不能最后决定是否进入城市公用事业，进入风险是必须要考虑的因素。因为对于民营企业的决策者来说，进入政府管制的行业（如城市公用事业）与进入非政府管制的行业之间存在较大的差异。在中国，总体上讲，政府自由裁量权还比较高，法治还不是很健全，进入政府管制行业意味着很大的不确定性。这是因为城市公用事业具有投资大、资产专用性强等特征，无论进入壁垒还是退出壁垒都是非常大的，这就增加了民营企业资金使用方面的风险，使进入城市公用事业的民营企业的管理更加复杂、风险评估更加不确定及收益更加不稳定。除此之外，还需要考虑诸如是否会遭遇进入壁垒、进入后会不会遭到原有企业的抵制、产品或服务是不是真正能满足消费者的需要等诸多要素。

一般来说，企业经营风险会随着进入程度的提高而逐步增加。如果一个经营者只看到这些潜在的风险，就很可能会放弃进入决策。真正的企业家在面对风险时不仅注意到有风险的一面，更关注其带来的机会。奈特（1921）认为，现实的经济过程是由预见未来的行动构成的，而未来总是存在不确定因素的，具有承担风险能力的企业家，可以识别不确定性中蕴藏的机会与获利的可能。张福辉、郭玉芹（1997）认为，机会虽然有偶然性，但也具有客观性，是一种具有价值的资源，机会更是易逝而不可储存的，因此一旦放弃，也许就被竞争对手获得。企业家风险承担能力会推动企业家在做出进入城市公用事业的决策过程中，在理性分析潜在风险的基础上有胆量、有勇气放手一搏。企业家积极竞争和敢于承担风险的能力使他们必然要抓住所发现的市场机会。

综上分析，企业家的风险承担能力会促进民营企业进入城市公用事业，提高企业的进入程度。因此本书提出如下假设：

假设 H3a：企业家风险承担能力与民营企业是否进入城市公用事业正相关；

假设 H3b：企业家风险承担能力与城市公用事业民营企业进入程度正相关。

第二节　企业家感知进入壁垒对企业家能力与企业进入行为关系的中介作用

以资源基础理论为框架分析转型经济下的企业进入行为问题正成为一种研究范式（Ikechi Ekeledo and K. Sivakumar，2004；龚军姣、王俊豪，2011），而作为企业稀缺的、有价值的、难以模仿的、不可替代的资源——企业家能力自然成为研究的焦点。但是，当前研究重点已经从强调企业家能力的重要性转向发现与解释企业家能力对企业进入行为产生影响的作用机制和内在逻辑上。根据战略管理和企业家理论研究的学者所一致认为的，公司自身内部条件和外部环境特征会共同影响公司绩效（Hofer and Schendel，1978；Porter，1980；Sandberg，1986；McDougall et al.，1992）。本书受此启发，根据文献综述和探索性案例分析，企业家能力和进入壁垒分别作为影响企业进入行为的最主要内部因素和外部因素，我们将二者纳入同一个分析框架，探讨企业家能力如何影响企业家感知进入壁垒进而影响企业进入行为，是完全符合逻辑的。

感知的进入壁垒能否成为企业家能力与企业进入行为关系的中介变量？根据麦金农（Mackinnon，2002）的建议，需要论证三个关系是否存在：一是企业家能力与企业进入行为的关系是否存在；二是企业家能力与感知进入壁垒之间的关系是否存在；三是感知进入壁垒与企业进入行为之间的关系是否存在。对于企业家能力与企业进入行为之间的关系，我们在前面已经阐述，理论上是存在的。所以，我们还需要厘清感知进入壁垒与进入行为之间的关系和企业家能力与感知进入壁垒之间关系的理论文献就可以了。本书着重探讨维度与维度之间的关系。

一 企业家感知制度性壁垒对企业家能力与企业进入行为关系的中介作用

（一）企业家感知制度性壁垒与企业进入行为的关系

国外学者德姆塞茨（1982）认为，制度性壁垒是影响企业进入行为的主要因素，包括政府限制、产权制度、法律限制等都会给新企业带来进入障碍。史蒂夫·汉克（1987）则强调人们的理念会成为社会阻止民间投资的壁垒，如国有企业比私营企业更有效率、私有化会影响社会就业、私有化过程中容易出现腐败等；同时他还提到了政府为国有部门利益而设置的法律障碍阻止了民间投资介入某些特定行业。此外，丹尼斯·W.卡尔顿（1989）、杰夫里·M.珀洛夫（1995）、威廉·G.谢泼德（2000）对政府因素引致的进入壁垒问题进行了研究，他们认为，许多行业都受到了政府的管制和保护，政府设置的进入壁垒允许较少厂商生产但阻止正常竞争，使行业价格利润高于竞争水平，从而影响企业的进入行为。

国内学者杨国彪（1998）、杜若原（2002）、王丽娅（2004）、戚聿东和柳学信（2006）及汪伟和史晋川（2005）等都认为，我国对民营企业进入垄断行业或政府管制行业的观念性、制度性或行政性壁垒尤为突出，成为阻碍民营企业进入这些行业的主要因素。

由于中国正处于转型期，民营企业进入城市公用事业不仅会遇到管制方面的壁垒，同时会遇到因为制度不完善而带来的壁垒，这些壁垒都属于制度性壁垒。具体包括以下三种：

第一，政府价格管制壁垒。政府对城市公用事业的产品实行了价格管制政策，使企业无法根据市场变化来制定价格。但因为城市公用事业提供的产品或服务是社会必需品，需要保证生产供应的高度稳定性，进入城市公用事业的民营企业即使无利可图或者在更好的投资业务吸引下，也不能任意退出市场。比如，目前城市供水价格还没有建立根据市场供求和成本变化及时调整的机制，容易导致水价低于成本，造成企业亏损经营，从而影响企业进入城市公用事业的决策。这种价格管制政策形成了民营企业进入城市公用事业的壁垒。

第二，政府承诺缺失产生的壁垒。为了吸引民营企业进入城市公用事业，有些地方政府片面考虑引资问题，向民营企业提供较高投资回报的承诺，但在价格管制和社会公众的压力下，难以实现承诺，从而造成政府承诺缺失。因此，频繁发生的政府承诺缺失事件对民营企业进入城市公用事业形成一种投资风险，阻碍民营企业进入城市公用事业。

第三，行政审批制度产生的壁垒。民营企业要进入城市公用事业，必须经过一系列行政审批手续，这将耗费大量的人力、物力和财力，增加进入成本。而且，虽然从表面上看所有民营企业似乎都是平等的主体，是按照市场经济的交易规则从事经济活动，比如公开招标等。实质上，由于受到关系本位、权力本位的影响甚至支配，一些掌握审批权力的政府部门和官员采取行政性审批收费、时间拖延等方式设置进入障碍。为了能够进入城市公用事业，一些民营企业家不得不对各个环节的官员提供"租金"。行政审批制度形成的寻租成本构成民营企业进入城市公用事业的壁垒（龚军姣、王俊豪，2011）。

综上分析，企业家感知制度性壁垒越高，民营企业越难以进入城市公用事业，且进入程度更低。

（二）企业家能力与企业家感知制度性壁垒的关系

国外学者（Minniti，2005）认为，企业家能力会增加他们对某个行为的信心，从而可以突破某些障碍，进而提升他们的决策能力。汪伟、史晋川（2005）通过对吉利集团的案例研究，提出企业在进入某一新行业时，企业家能力是突破经济性壁垒和制度性壁垒的关键。胡旭阳（2006）提出，民营企业家的政治关系能力可以给企业带来融资便利，降低融资壁垒。罗党论和刘晓龙（2009）通过对上市民营企业的实证研究，发现民营企业与政府的政治关系越好，其越有可能突破高的行业壁垒。陈剩勇和马斌认为，在转型时期的中国，企业家发展与政府的纵向关系，可以起到产权保护、降低行业进入壁垒以及获得重要的战略性资源的作用。另外，结合第三章探索性案例研究，企业家能力的三个维度对企业家感知制度性壁垒有负向作用。

综合上述（一）和（二）两个问题的分析可知，企业家能力增强了企业突破各种制度性壁垒的信心，企业家能力越强，企业家所感知的各种制度性壁垒就越低，并由此决定了企业进入行为。企业家能力是通过降低企业家感知制度性壁垒，从而影响民营企业进入行为的。而企业家能力包括发现机会、构建关系和风险承担三个维度，进入行为包括进入与否和进入程度两个维度，因此，本书提出如下假设：

H4a-1：企业家感知制度性壁垒是企业家发现机会能力与城市公用事业民营企业进入决策的中介变量；

H4a-4：企业家感知制度性壁垒是企业家关系能力与城市公用事业民营企业进入决策的中介变量；

H4a-7：企业家感知制度性壁垒是企业家风险承担能力与城市公用事业民营企业进入决策的中介变量；

H4b-1：企业家感知制度性壁垒是企业家发现机会能力与城市公用事业民营企业进入程度的中介变量；

H4b-4：企业家感知制度性壁垒是企业家关系能力与城市公用事业民营企业进入程度的中介变量；

H4b-7：企业家感知制度性壁垒是风险承担能力与城市公用事业民营企业进入程度的中介变量。

二 企业家感知经济性壁垒对企业家能力与企业进入行为关系的中介作用

（一）企业家感知经济性壁垒与企业进入行为的关系

贝恩（1956）认为，经济性壁垒，如规模经济、必要资本量等会影响新企业的进入行为。一般来说，规模经济显著的产业进入壁垒较高，原因在于：首先，进入者被迫在某个规模上进行大量投资以进入该产业；其次，沉没成本导致新进入企业会面临在位企业强烈的竞争反应。鉴于此，新企业要进入高壁垒的行业，往往会选择独资的高控制模式（Chen and Hu，2002）。另外，必要资本量也会影响企业进入行为。必要资本量是指新企业进入市场所必须投入的资本。在不同的产业，必要资本量随着技术、生产、销售的不同特性而表现出很大的差异。对于民营企业进入城市公用事业而言，必要资本量是指为了获得城市公用事业的产权或特许经营权，政府要求企业必须支付的资本。例如，上海水务以特许经营和产权出售的模式，将50%的产权和全部运营权出售给企业，整体出让金为20.26亿元。又比如沈阳水务以产权出售的方式获得资金，在产权转让过程中，政府获得了1.25亿元的资金，每年还能够获得5.4%的租金率。此外，民营企业获得城市公用事业的产权或经营权以后，还需要增加投入，以改善城市公用设施，承担城市公用事业运行成本。

部分实证研究表明，必要资本量与企业进入某行业时所选择的控制程度呈负相关关系（Palenzuela and Boblillo，1999；Makino and Neupert，2000；Barbosa and Louri，2002）。这是因为，一方面，大的必要资本量往往增加了进入的商业风险和政治风险；另一方面，当必要资本量很大时，民营企业不一定能够承受，可能需要通过合作或共有股权的方式进入。与上述观点相反，Luo（2001）认为，必要资本量大的行业往往可以在长期获得垄断或寡头利润，因为只有极少数有资格的竞争者可以进入该产业，寻求长期利润的公司可能采取独资方式进入以获取垄断或寡头利润。Wei（2005）等人的研究也认同这种观点，即必要资本量越大的行业，企业更偏好高控制模式进入。因此，必要资本量对进入行为影响的研究结论还不确定。从实证角度研究中国企业进入行为的文献不多。杨国彪（Yang，1998）利用1990—1992年40个两位数产业的数据分析了我国企业的进入行为，结果发现，市场集中度、必要资本需求量、规模经济会阻碍进入。考虑到我国城市公用事业需要巨额投资，新企业进入城市公用事业之初，必要资本量较大，且具有资产专用性特点。我国民营企业的实力虽然已大大增强，但是筹资、融资来源有限，相对进入城市公用事业较高的必要资本量，很多民营企业还是难以承受的。因此，本书认为，必要资本量不仅会成为民营企业进入城市公用事业的主要壁垒，影响企业是否能够进入，而且会影响企业能够以多大的股权方式进入。

综上分析，企业家感知经济性壁垒越高，民营企业越难以进入城市公用事业，且进入程度更低。

（二）企业家能力与企业家感知经济性壁垒的关系

根据中国民主建国会中央委员会企业委员会与中国企业家调查系统共同组织实施的"2005年中国民营企业经营者问卷跟踪调查"显示，关于什么是民营企业发展中遇到的主要障碍，75%的民营企业经营者选择了"融资困难"，是所有选项中选择比重最高的，中西部地区选择"融资困难"的比重更是高达八成。在这样的现实背景下，李志赟（2002）认为，在中国，不管你是大企业还是小企业，也不管你是国有企业还是民营企业，如果没有与银行良好的"关系"，要想获得银行贷款支持，其成本相当大。而企业家如果具备建立与银行良好关系的能力，就可以帮助企业突破经济性壁垒。另外，结合第三章探索性案例研究，企业家能力的三个维度对企业家感知经济性壁垒有负向作用。

综合上述（一）和（二）两个问题的分析可知，企业家能力增强了企业突破各种经济性壁垒的信心，企业家能力越强，企业家所感知的各种经济性壁垒就越低，并由此决定了企业进入行为。企业家能力是通过降低企业家感知经济性壁垒，从而影响民营企业进入行为的。而企业家能力包括发现机会、构建关系和风险承担三个维度，进入行为包括进入与否和进入程度两个维度，因此，本书提出如下假设：

H4a-2：企业家感知经济性壁垒是企业家发现机会能力与城市公用事业民营企业进入决策的中介变量；

H4a-5：企业家感知经济性壁垒是企业家关系能力与城市公用事业民营企业进入决策的中介变量；

H4a-8：企业家感知经济性壁垒是企业家风险承担能力与城市公用事业民营企业进入决策的中介变量；

H4b-2：企业家感知经济性壁垒是企业家发现机会能力与城市公用事业民营企业进入程度的中介变量；

H4b-5：企业家感知经济性壁垒是企业家关系能力与城市公用事业民营企业进入程度的中介变量；

H4b-8：企业家感知经济性壁垒是企业家风险承担能力与城市公用事业民营企业进入程度的中介变量。

三　企业家感知原有企业战略性壁垒对企业家能力与企业进入行为关系的中介作用

（一）企业家感知原有企业战略性壁垒与企业进入行为

Gorgestigler（1968）、James Ferguson（1974）、Caves 和 Porter（1976）、Bork（1978）、Brozen（1974）以及 Von Weizsacker（1980）等认为，原有企业战略性壁垒是影响企业进入行为的主要因素，原有企业战略性壁垒会对进入行为产生负向影响。

国内学者有关战略性壁垒与企业进入行为的实证研究并不多见。龚军姣、王俊豪（2011）认为，对于民营企业进入城市公用事业而言，原有企业战略性壁垒主要表现在三个方面：一是在短期内采取掠夺性定价战略，导致民营企业动摇其利润信念而放弃进入决策。二是交叉补贴行为。城市公用事业某些业务领域具有自然垄断性，另一些业务领域则是竞争性的。而经营自然垄断性业务的企业往往同时经营竞争性业务，这就为原有企业采取不正当竞争行为提供了条件。一些企业完全有可能在垄断性业务领域制定垄断高价，而在竞争性领域制定低价，通过内部业务间的交叉补贴行为以排斥新进入的民营企业。三是网络接入限制。由于城市公用事业部分产业对传输网络有依赖性，使得民营企业要想成功进入，必须依赖已有网络，而当已有网络为原有企业垄断经营时，原有企业会以限制接入网络行为以排斥民营企业进入。比如我国自来水和污水处理产业的管网虽然逐步向民营企业开放，但大多数城市的管网资源仍由国有企业控制，为了维护自身的利润，国有企业会对供水和污水处理企业进入管网加以限制，以形成进入壁垒。

综上分析，企业家感知原有企业战略性壁垒越高，民营企业越难以进入城市公用事业，且进入程度更低。

（二）企业家能力与企业家感知原有企业战略性壁垒关系

原有企业的战略性壁垒主要表现为通过加大广告密度和研发密度，增加新进入企业的成本，从而阻止新企业进入行为发生。而企业家能力和企业家感知原有企业战略性壁垒之间关系的实证研究较少，所以，我们主要根据第三章探索性案例研究的结果，企业家能力的三个维度都对企业家感知原有企业战略性壁垒有负向作用。

综合上述（一）和（二）两个问题的分析可知，企业家能力增强了企业突破原有企业战略性壁垒的信心，企业家能力越强，企业家所感知的各种原有企业战略性壁垒就越低，并由此决定企业进入行为。企业家能力是通过降低企业家感知原有企业战略性壁垒，从而影响民营企业进入行为的。而企业家能力包括发现机会、构建关系和风险承担三个维度，进入行为包括进入与否和进入程度两个维度，因此，本书提出如下假设：

H4a-3：企业家感知原有企业战略性壁垒是企业家发现机会能力与城市公用事业民营企业进入决策的中介变量；

H4a-6：企业家感知原有企业战略性壁垒是企业家关系能力与城市公用事业民营企业进入决策的中介变量；

H4a-9：原有企业战略性壁垒是企业家风险承担能力与城市公用事业民营企业进入决策的中介变量；

H4b-3：企业家感知原有企业战略性壁垒是企业家发现机会能力与城市公用事业民营企业进入程度的中介变量；

H4b-6：企业家感知原有企业战略性壁垒是关系能力与城市公用事业民营企业进入程度的中介变量；

H4b-9：企业家感知原有企业战略性壁垒是风险承担能力与城市公用事业民营企业进入程度的中介变量。

第三节　进入时间对进入壁垒与企业
进入行为关系的调节作用

产业生命周期会影响产业成长和产业发展，增长率总是与某个生命周期阶段密切相关（Hambrick, MacMillan and Day, 1982）。已有的战略管理、企业家和产业组织理论一致认为，生命周期是一个重要的偶发变量，并和进入壁垒交互影响企业的绩效。贝恩（1959）指出，产品或是流程创新，总是发生在不同的生命周期阶段，要么增加进入壁垒，要么减少进入壁垒。波特（1980）论证了进入新兴的和快速成长的产业的成本更低，因为竞争强度更低。随着产业转向成熟，成本和规模经济的竞争变得更重要。此外，顾客忠诚更倾向于在位企业，在生命周期的后期阶段，新进入者必须花费更多的成本来克服在位企业的优势。Decastro 和 Chrisman（1995）、麦克米兰等（MacMillan et al., 1985）研究发现，产业发展早期进入的新企业更容易存活。近年来，鲍威尔（Powell, 1996）发现，产业的成熟度与进入壁垒交互影响总体绩效和销售增长。然而，鲍威尔的结论对于产业利润的影响并不显著，而是进一步证实了已有研究关于进入壁垒对于绩效的双向影响。相反，有些研究则认为，早期进入者面临着更高的失败风险（Carroll and Delacroix, 1982；Mitchell, 1992；Wernerfelt and Karnani, 1987）。

可见，进入壁垒对企业进入行为的影响还受产业生命周期的调节，而产业生命周期阶段与企业进入时间的早晚有关。但是，研究结论并不完全一致，我们关心的是，对于进入城市公用事业的民营企业而言，到底是早进入者更有优势还是晚进入者更有优势呢？根据我们对8位企业家的访谈，一方面，对于较早进入城市公用事业的民营企业而言，由于大多数民营企业家对于城市公用事业比较陌生，产业发展也处于初创阶段，竞争对手相对也较少，进入基本上是政府主导型的，在这样的情境下，政府会主动提供企业一些帮助，因此，外在的进入壁垒因素对进入行为的影响也较小。另一方面，对于较晚进入的民营企业而言，不再是政府主动型的进入，而更多的是政府与企业之间的一种互动式进入，竞争对手相对较多，在位企业可能已经获得了管理、技术、成本、声誉等方面的优势，而这些优势对于新进入企业而言，就是进入壁垒，所以晚进入者进入壁垒对进入行为的影响可能更大一些。

此外，有文献认为，进入壁垒对新进入企业行为的影响取决于进入时间（Karakaya and Stahl，1989）。Makadok（1998）和 Petersson（2004）认为，早进入者比晚进入者更有优势，这是因为顾客已经建立了对早进入企业的忠诚。Karakaya 和 Stahl（1989）以49家销售工业品和消费品的公司为样本，研究进入时间对企业进入行为的影响，结果发现，晚进入者若想获得顾客，需要花费更多的转换成本，从而降低了竞争力。这个结论支持晚进入者将面临更大的障碍。

综上所述，本书提出以下假设：

H5a：相对晚进入的民营企业而言，早进入的民营企业，企业家感知制度性壁垒对企业进入程度的影响更小一些；

H5b：相对晚进入的民营企业而言，早进入的民营企业，企业家感知经济性壁垒对企业进入程度的影响更小一些；

H5c：相对晚进入的民营企业而言，早进入的民营企业，企业家感知原有企业战略性壁垒对企业进入程度的影响更小一些。

第四节　研究假设框架与假设内容

综上所述，本书提出如图4-1所示的企业家能力与企业进入行为关系的研究假设框架。

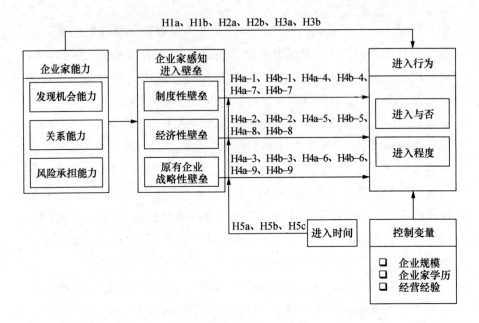

图4-1 企业家能力与企业进入行为关系的研究假设框架

综合上述分析，本书各项假设内容如表4-1所示。

表4-1 本书研究假设

	假设	假设内容	预期符号
企业家能力主效应	H1a	企业家发现机会能力与民营企业是否进入城市公用事业正相关	+
	H1b	企业家发现机会能力与城市公用事业民营企业进入程度正相关	+
	H2a	企业家关系能力与民营企业是否进入城市公用事业正相关	+
	H2b	企业家关系能力与城市公用事业民营企业进入程度正相关	+
	H3a	企业家风险承担能力与民营企业是否进入城市公用事业正相关	+
	H3b	企业家风险承担能力与城市公用事业民营企业进入程度正相关	+
企业家感知进入壁垒中介效应	H4a-1	企业家感知制度性壁垒是企业家发现机会能力与城市公用事业民营企业进入决策的中介变量	/
	H4a-2	企业家感知经济性壁垒是企业家发现机会能力与城市公用事业民营企业进入决策的中介变量	/
	H4a-3	企业家感知原有企业战略性壁垒是企业家发现机会能力与城市公用事业民营企业进入决策的中介变量	/

	假设	假设内容	预期符号
企业家感知进入壁垒中介效应	H4a－4	企业家感知制度性壁垒是企业家关系能力与城市公用事业民营企业进入决策的中介变量	/
	H4a－5	企业家感知经济性壁垒是企业家关系能力与城市公用事业民营企业进入决策的中介变量	/
	H4a－6	企业家感知原有企业战略性壁垒是企业家关系能力与城市公用事业民营企业进入决策的中介变量	/
	H4a－7	企业家感知制度性壁垒是企业家风险承担能力与城市公用事业民营企业进入决策的中介变量	/
	H4a－8	企业家感知经济性壁垒是企业家风险承担能力与城市公用事业民营企业进入决策的中介变量	/
	H4a－9	原有企业战略性壁垒是企业家风险承担能力与城市公用事业民营企业进入决策的中介变量	/
	H4b－1	企业家感知制度性壁垒是企业家发现机会能力与城市公用事业民营企业进入程度的中介变量	/
	H4b－2	企业家感知经济性壁垒是企业家发现机会能力与城市公用事业民营企业进入程度的中介变量	/
	H4b－3	企业家感知原有企业战略性壁垒是企业家发现机会能力与城市公用事业民营企业进入程度的中介变量	/
	H4b－4	企业家感知制度性壁垒是关系能力与城市公用事业民营企业进入程度的中介变量	/
	H4b－5	企业家感知经济性壁垒是关系能力与城市公用事业民营企业进入程度的中介变量	/
	H4b－6	企业家感知原有企业战略性壁垒是关系能力与城市公用事业民营企业进入程度的中介变量	/
	H4b－7	企业家感知制度性壁垒是风险承担能力与城市公用事业民营企业进入程度的中介变量	/
	H4b－8	企业家感知经济性壁垒是风险承担能力与城市公用事业民营企业进入程度的中介变量	/
	H4b－9	企业家感知原有企业战略性壁垒是风险承担能力与城市公用事业民营企业进入程度的中介变量	/

续表

	假设	假设内容	预期符号
进入时间的调节作用	H5a	相对晚进入的民营企业而言，早进入的民营企业，企业家感知制度性壁垒对企业进入程度的影响更小一些	−
	H5b	相对晚进入的民营企业而言，早进入的民营企业，企业家感知经济性壁垒对企业进入程度的影响更小一些	−
	H5c	相对晚进入的民营企业而言，早进入的民营企业，企业家感知原有企业战略性壁垒对企业进入程度的影响更小一些	−

本书通过梳理已有相关研究，在分别探讨企业家能力、企业家感知进入壁垒和进入时间对城市公用事业民营企业进入行为影响的基础上，用一定的内在逻辑关系把企业家能力对城市公用事业民营企业进入行为影响的主效应，企业家感知进入壁垒对企业家能力与城市公用事业民营企业进入行为影响的中介效应，进入时间对企业家感知进入壁垒与城市公用事业进入行为影响的调节效应呈现出来。本书将尝试性地回答这些逻辑关系。具体来讲，本书主要探索以下三个问题：（1）对于处在同一制度环境下的民营企业而言，企业家能力是影响其进入城市公用事业的决定因素吗？（2）企业家能力到底是如何影响城市公用事业民营企业进入行为的？其作用机制是什么？（3）进入壁垒对城市公用事业民营企业进入行为的影响是否存在边界条件，是否会受到进入时间早晚的影响？如果有影响的话，其关系如何？

针对以上三个问题，本书所做的尝试性回答是：（1）在同一制度环境下，企业家能力是影响民营企业进入城市公用事业的最主要变量；（2）企业家感知进入壁垒是企业家能力对城市公用事业民营企业进入行为影响的中介变量，也就是说，企业家能力是通过降低企业家感知进入壁垒从而影响民营企业进入城市公用事业的；（3）进入时间会调节企业家感知进入壁垒与城市公用事业民营企业进入行为的关系。

我们的尝试性回答是否正确？有待接下来的实证检验结果。所以，在接下来的章节将遵循实证研究范式，通过研究设计、数据分析回答以上三个问题。

第五章 研究设计与方法

为了保证研究质量，必须采用科学规范的研究设计与方法。本书将根据第四章提出的研究假设，阐述验证这些假设所需要的研究方法。另外，本书主要变量企业家能力、企业家感知进入壁垒的大小不可能从公开资料中获得，所以，本书采取大样本问卷调查来收集数据。本书拟解决以下三个问题：一是明确研究变量操作性定义和相应测量方法；二是阐明问卷设计和数据收集过程；三是阐述检验假设的统计分析方法。

第一节 变量的操作性定义与测量

一 因变量：进入行为

如第二章综述所述，本书将企业进入行为转化为"是否进入"和"进入时所获得的股权结构"（进入程度）两个维度进行探索。对于进入程度的衡量，主要参考戴维森（1982）的研究，以民营企业进入城市公用事业所持有的股权程度划分为三种类型：（1）少数股权（股权小于50%），赋值为1；（2）同等股权（股权等于50%），赋值为2；（3）多数股权（股权大于50%），赋值为3。本书所以选择此种分类标准，主要是考虑到以下两点：一是便于数据分析；二是此种类似于穷举的分类标准基本上涵盖了其他分类标准，而且不失其内在属性（汪秀琼，2011）。表5-1是企业进入行为的操作性定义及测量的情况。

表 5 - 1   **企业进入行为操作性定义及测量**

变量		操作性定义及测量	文献支持
企业进入行为	是否进入	进入城市公用事业为1；未进入为0	罗党论和刘晓龙（2009），戴维森（1980）、汪秀琼（2011）等
	进入程度	询问受访者所属企业持有的股权大小属于以下哪种类型： （1）少数股权（股权小于50%） （2）同等股权（股权等于50%） （3）多数股权（股权大于50%）	

二　自变量：企业家能力

对于企业家能力的测量将参照舒尔茨（2001）和伯德（Bird, 1995）的观点，通过企业家的行为来推断其能力。

本书的自变量由企业家发现机会能力、关系能力和风险承担能力三个维度构成。综观国内外学术界，对企业家能力的测量通常采取企业家或主管人员对自身或企业家获取各种资源的能力进行客观评价。

（一）发现机会能力

为了测量发现机会能力，本书主要借鉴埃伦·奥兹根（Eren Ozgen, 2003）、李志能（2004）和张焕勇（2007）等实证研究量表，结合访谈方式，形成问卷。在预试问卷中，企业家发现机会能力由七个项目构成，本书将采用李克特五点量表，主要从未涉及领域、思维方式、行业相关性和主动性四个方面来测量发现机会能力。具体测量项目如表 5 - 2 所示。

（二）关系能力

根据第二章理论综述将企业家关系分为纵向关系、横向关系和社会关系（边燕杰，2000；石军伟，2007）。相应的，对于企业家关系能力的测量，本书借鉴曼（2001）、张焕勇（2007）、贺小刚（2007）、汪华（2008）等的研究量表，参考彭罗斯（1959）、莱宾斯坦（Leibenstein, 1968）、边燕杰（2000）、石军伟（2007）等的相关理论研究成果，并结合访谈的方式，形成问卷。首先，本书采用企业家与政府官员及相关部门的关系来度量企业家纵向关系；其次，本书采用企业家与同行、上下游企业和没有业务往来的企业之间的关系来

表5-2　　　　　　　企业家发现机会能力的操作性定义及测量

操作性定义及测量	项目	文献来源
企业家发现机会能力是指企业家对机会的敏感性、企业家活动存在的可能范围等方面的情况	1. 在从未涉足的领域也能发现新的商机	埃伦·奥兹根（2003）、张焕勇（2007）、李志能（2004）等及访谈
	2. 这些年来，发现的商业机会彼此之间绝大多数没有关系	
	3. 发现商机通常需要在某个行业或者地区待很多年	
	4. 在日常的工作中，经常发现身边有很多商业机会	
	5. 对于发现新的机会有特殊的敏感	
	6. 会积极地去收集那些违背直觉和常理的事件并透彻思考它们	
	7. 当对什么事物感兴趣时，会积极主动地和别人一起去进一步探究	

度量企业家横向关系；最后，本书主要采用企业家与行业协会和金融机构、媒体之间的关系来度量企业家社会关系。在预试问卷中共由 11 个项目构成，本书将采用李克特五点量表，主要从纵向关系、横向关系和社会关系三个方面来测量关系能力。具体测量项目如表5-3所示。

表5-3　　　　　　　企业家关系能力的操作性定义及测量

操作性定义及测量	项目	文献来源
企业家关系能力是指企业家与政府、税收、工商等政府职能部门、金融机构、行业协会和商会等中介机构、公众媒体、其他企业家、上下游企业或客户等建立关系的情况	1. 与税收、工商等政府职能部门关系良好	贺小刚和李新春（2005）、胡海清（2010）、Park 和 Luo（2001）、Peng 和 Heath（1996）、Shan 和 Hamilton（1990）、Tsang（1996）；Guthrie（1998）、Li 和 Atuahene-Gima（2001）、边燕杰和丘海雄（2000）、段晓虹（2010）等及访谈
	2. 与重要政府官员关系良好，能够游说官员，获取参政议政的机会	
	3. 与金融机构建立长期的互相信赖、密切的合作关系	
	4. 与金融机构的官员建立了良好的个人关系	
	5. 能够发展并充分利用与行业协会、商会等中介机构的良好关系	
	6. 能够发展并充分利用与公众媒体的良好关系	

操作性定义及测量	项目	文献来源
企业家关系能力是指企业家与政府、税收、工商等政府职能部门、金融机构、行业协会和商会等中介机构、公众媒体、其他企业家、上下游企业或客户等建立关系的情况	7. 能够发展并充分利用与特定的利益集团（如环保主义者）的良好关系	
	8. 与没有业务关系的企业家建立良好的关系	
	9. 经常参加一些社会活动，履行一些社会公职，企业树立良好形象	
	10. 与同行的其他企业关系良好	
	11. 与上下游企业或客户关系良好	

（三）风险承担能力

奈特（1921）从认识和推断、适应性、执行性、自信及相信运气五个方面衡量个人风险承担能力。对于企业家风险承担能力的测量，本书主要借鉴了奈特（1921）、诺曼·维拉（Norman Vella，2001）、哈梅尔（Hamel，2000）、杰默尼（Germany）、Muralidharan（2001）、张焕勇（2007）、段晓红（2010）等实证研究的量表，结合访谈的方式，形成问卷。在预试问卷中，企业家风险承担能力由八个项目构成，本书将采用李克特五点量表，主要从风险承担意愿、对不确定性的态度、自信程度和对工作安全重视程度四个方面来测量企业家风险承担能力。具体测量项目如表5-4所示。

三　中介变量：进入壁垒

有两种方法测量进入壁垒，一种是客观测量方法，另一种是主观测量方法。客观方法是用新企业进入某一行业时面临的经济性、制度性和原有企业带来的各种障碍来衡量。对于主观测量方法，首先由访谈或调查人员对进入壁垒状况进行一系列描述，然后要求被访谈或调查者就这些描述发表自己的看法，它是一种定性测量。对于客观测量方法，又可以分为直接测量方法和间接测量方法。直接测量方法如贝恩（1956）根据销售价格比平均费用高出的比例将产业进入壁垒分为

表 5 - 4　　　　　企业家风险承担能力的操作性定义及测量

操作性定义及测量	项目	文献来源
企业家风险承担能力是指企业家在风险承担意愿对不确定性的态度、自信程度、对工作安全的重视程度等方面的情况	1. 愿意为高回报承担高风险	奈特（1921）、Norman Vella（2001）、张焕勇（2007）、段晓红（2010）、Hamel（2000）Germany 和 Muralidharan（2001）等及访谈
	2. 总的来说愿意冒险	
	3. 一个人既不应该成为债权人，也不应该成为债务人	
	4. 在不确定的条件下，能够轻松地独立工作	
	5. 喜欢面对不可预测的挑战	
	6. 把不确定性作为企业的不可分割的一部分来接受	
	7. 即使不能比大多数人做得更好，也至少和他们一样好	
	8. 对成功的能力有信心	

高、较高、中等和低度四种类型。奥尔（Orr，1974）以必要资本量、广告密集度、研发密度和风险四个指标构建了进入壁垒高度的经验公式，并将产业进入壁垒分为进入壁垒产业的高度分为三类，即进入壁垒最高的产业、进入壁垒最低的产业和进入壁垒中等的产业。肯尼思·C. 罗宾逊和帕特里夏·菲利普斯·麦克道格尔（Kenneth C. Robinson and Patricia Phillips，2001）将经济性壁垒的规模经济操作化为新进入企业所进入产业的平均固定资产的价值（产业固定资产/企业数）；资本需求（绝对成本优势）操作化为新进入企业所进入产业的平均员工的固定资产的价值（产业固定资产/产业员工），而 Jonathan Levie 和 Erkko Autio（2011）则将资本需求操作化为国内有限责任公司需要的最小资本量；产品差异化操作化为新进入企业所进入产业的广告支出占销售额的比率来测量（产业广告支出/产业销售额）等。同时，Jonathan Levie 和 Erkko Autio（2011）将制度性壁垒操作化为（1）建立一个新的企业所需要的程序数量；（2）注册一家新的企业所需要的时间长度；（3）注册资本占年度收入的比例等。还有一些学者采取间接方式来测量进入壁垒，如勒纳指数、市场集中度（CR_n、

HHI 指数、熵指数）。国内学者韩国栋（2011）等从进入成本、行业垄断程度和研发投入民间资本比例三个方面衡量民间投资的进入壁垒。对于主观测量方法，国外学者 Man（1966）和 Weiss（1974）都对进入某些产业壁垒的程度进行了主观评价，国内学者王俊豪（2010）认为，中国非公有制企业进入垄断行业的主要壁垒是制度性壁垒、行为性壁垒和结构性壁垒。并根据中国非公有制企业进入不同垄断行业的情形以及进入过程遇到的各种壁垒，对不同垄断行业进入壁垒的大小做了一个初步的主观评估。从表 5 - 5 可以看出，网络范围小、主要以地方企业为主的各类城市公用事业，进入壁垒相对较低。这在一定程度上解释了为什么城市公用事业领域非公有企业进入较多的现象。

表 5 - 5   **不同垄断行业进入壁垒评估**

	制度性壁垒		行为性壁垒		结构性壁垒	
	法律壁垒	审批制度产生的寻租成本壁垒	国家大企业战略的壁垒	意识形态壁垒	规模经济和绝对成本壁垒	垄断行业特殊的定价机制及其风险
电力行业	* * * *	* * *	* * * *	* * *	* * *	* * *
航空运输业	* * * *	* * *	* * * *	* * *	* * *	* * *
铁路运输业	* * * *	* * *	* * * *	* * *	* * *	* * * *
电信行业	* * * *	* * *	* * * *	* * *	* * *	* *
城市公用事业领域	* * *	* *	*	* * *	* *	*

资料来源：王俊豪：《深化中国垄断行业改革研究》，中国社会科学出版社 2010 年版。

遵循已有研究，本书对进入壁垒的测量将采取主观评价方法，其理由如下：第一，已有的客观测量方法更适用于对于不同产业进入壁垒的比较和区分，而本书的研究是所有企业都是进入同一产业，所以不太适合采用。第二，由于我们主要考察企业在进入燃气行业时的各种壁垒，根据预调查，对于已经进入了十多年的企业而言，进入时的具体程序数量、具体花费时间等已经记忆模糊，因此，不适合采取客观测量。第三，客观测量方法虽然可以保证测量的客观真实性，但是强调测量的绝对性而忽视测量的相对性是一个很大的缺陷。客观测量方法比较适合企业状况基本差不多的情况，当企业状况相差很大时，客观测量方法并不是最合理的选择。

基于以上原因，考虑很难获得进入壁垒的各种客观数据，本书采用主观测量方法。虽然这种测量方法可能不如客观测量方法的信度高，但是，它可以弥补客观测量方法的某些不足，提高测量的可比性，也是一种现实可行的、相对有效的方法。已有研究表明，只要问卷项目设计科学，调查程度实施合理，主观测量方法同样是行之有效的（汪秀琼，2011）。

根据本书的研究内容和目的，本书对进入壁垒的测量主要根据企业家进入城市公用事业时所感知的各种壁垒的集合。在预试问卷中由11个项目构成，分别从经济性壁垒、制度性壁垒和原有企业战略性壁垒等方面，采用李克特五点量表，对民营企业进入城市公用事业时所感知的壁垒进行测量。具体的测量项目见表5-6。

四　调节变量：进入时间

对于进入时间的测量，根据我们的访谈和调查，大多数民营企业进入时间主要集中在20世纪90年代中期，因为我们的调查都是在2013年完成的，所以将进入时间用2013年减去进入时间的年份，得到的数据就为企业进入时间，是一个连续性变量，数据越大，表明进入越早；反之，则越迟。

五　控制变量

（一）企业规模

一般来说，可以用总员工人数、总资产额、企业的年销售收入等指标来测量企业规模。虽然亨纳特和帕克（Hennart and Park，1993）认为，即使同一产业内不同企业的劳动生产率往往是不同的，所以，用员工总数来测量企业规模并不合适。但是，Tang和Murphy（2012）指出，企业规模可以用现有员工数量来衡量。在已有研究的基础上，基于本书研究问题的特殊性，企业规模本应指企业在进入燃气行业时的规模，由于统计数据的缺失，加上有些企业进入时间已达20多年，

表 5 - 6　　　　　企业家感知进入壁垒的操作性定义及测量

操作性定义及测量	项目	文献来源
民营企业进入城市公用事业时企业家所感知到的经济性、制度性和原有企业战略性壁垒等方面的情况	1. 建立一个新的燃气企业所需要的程序较多	Jonathan Levie 和 Erkko Autio（2011）、肯尼思·C. 罗宾逊和帕特里夏·菲利普斯·麦克道格尔（2001）、王俊豪（2010）、龚军姣和王俊豪（2011）等及访谈
	2. 注册一家新的燃气企业所需要的时间较长	
	3. 政府对燃气价格的控制给企业带来很大困扰	
	4. 政府承诺缺失对民营企业进入燃气行业影响较大	
	5. 注册资本占年度收入的比例过高	
	6. 首次进入燃气行业，企业所需要的最小资本量太大	
	7. 企业在首次进入燃气行业时明显感受到在位企业的排斥	
	8. 跟在位国有企业相比，我们在技术上存在劣势	
	9. 跟在位国有企业相比，我们在管理上存在劣势	
	10. 跟在位国有企业相比，我们得到政府更少的扶持	
	11. 跟在位国有企业相比，我们在声誉方面存在劣势	

所以很难有清晰的记忆。考虑到所有企业都在同一行业发展，所以假设当下企业规模大的，在进入时企业规模也大一些，对所有企业都统一按照现有的规模来推断进入时的规模，这样更具有可比性。由于本书对象是进入燃气行业的民营企业，因此参照国家经贸委等部门 2003 年联合公布的《中小企业标准暂行规定》（国经贸中小企业〔2003〕143 号），再根据燃气行业民营企业的实际情况，将企业规模按照员工人数分为 5 个水平，1 表示员工数在 10 以下；2 表示 11—50 人；3 表示 51—100 人；4 表示 101—500 人；5 表示 500 人以上。

（二）企业家学历

考虑除企业家能力外，企业家学历可能也是另一个影响因素，因为学历往往与学习能力有关，也会间接影响企业家的决策。所以本书将企业家学历作为控制变量。对于企业家学历的测量，我们将按照学历的高低分为 5 个水平，1 表示小学或以下；2 表示中学或中专；3 表示大专；4 表示全日制本科；5 表示研究生及以上。

（三）行业经验

因为本书以民营企业进入城市公用事业为研究对象，数据收集来自浙江燃气行业，所以，本书将采用在进入燃气行业前，企业家是否具有相关行业经验来测度，如果具有相关经验，则为 1，如果没有，则为 0。

第二节　问卷设计与样本特征

一　问卷基本结构

一份完整的问卷设计应该包括理论构思与研究目的、问卷格式、问卷项目的语句和问卷语言四个方面。在设计问卷时，一定要注意以下几个问题：首先，研究目的决定了问卷的内容构思和子量表；其次，问卷中尽量不要出现语句复杂或带有诱导性的问题，尽量避免多重含义或隐含某种假设；最后，用词不能太抽象以防止反应定式，同时也要控制反应偏差（王重鸣，1990）。

本书主要围绕企业家能力、企业家感知进入壁垒与企业进入行为三者之间关系进行问卷设计。所以，问卷需要测量的主要变量包括企业家能力（发现机会能力、关系能力和风险承担能力）、企业家感知进入壁垒（经济性进入壁垒、制度性进入壁垒和原有企业战略性壁垒）、企业进入行为、企业基本情况和企业家基本情况等。本书的调查问卷设计主要涉及以下几部分内容（见附录2）：

（1）企业及企业创始人基本情况：企业经营史（进入时间）、行业领域、企业规模及企业家年龄、学历情况、经验等；

（2）企业家能力情况：由发现机会能力、关系能力和风险承担能力三个维度构成；

（3）企业家感知进入壁垒情况：具体包括经济性进入壁垒、制度性进入壁垒和原有企业战略性壁垒等变量；

（4）企业进入行为：股权大小等。

二 问卷设计

（一）问卷设计过程

问卷调查法不仅简便、灵活，而且还可以获得翔实可靠的第一手资料，因此，目前国内外实证研究通常采取问卷调查法来获取数据。问卷设计是实证研究的开端和基础，而合理的问卷设计则是保证数据信度与效度的重要前提。鉴于此，本书参照丘吉尔（Churchill，1979）、欣金（Hinkin，1998）、彭新敏（2009）、勾丽（2010）、汪秀琼（2011）等学者的建议，采取如图 5 - 1 所示的流程，进行调研问卷的设计。

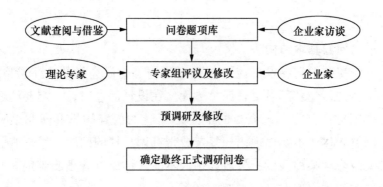

图 5 -1　问卷设计步骤

第一步：问卷题项库。文献检索与企业家深度访谈调查形成问卷题项库。在检索并快速阅读有关企业家能力、进入壁垒与企业进入行为等国内外文献的基础上，根据本书对各研究变量的操作性定义，借鉴具有良好信度与效度的量表。假如没有可借鉴的适当量表，则根据变量定义，利用深度访谈获得的信息自行设计相应测量项目，并在此基础之上形成访谈大纲，然后深入到多家进入城市公用事业的民营企业进行为期 6 个月的实地调研，在这个过程中，笔者与董事长、总经理等企业高层进行了大量的沟通。初步形成了问卷题项库。

第二步：专家组评议及修改。专家组分为两个部分：一是由企业家组成的专家组；二是由学者组成的专家组。首先，选取浙江省 4 家进入城市公用事业的民营企业进行访谈。我们以参与民营企业进入城市公用事业决策的企业家或高层管理人员作为访谈对象。针对问卷中的两个关键问题向其征询意见：一是企业家能力、进入壁垒以及企业进入行为等变量理解问题；二是变量之间的逻辑关系是否与企业实际情况一致。其次，通过初步测试，了解测量项目与对应项目的匹配程度，完善每个测量项目的语法表达与措辞，并形成问卷初稿。接下来，在博士生论文内部研讨会上，研究所里大约有 15 人一起逐条审核与讨论了各个测量项目的语法表达与措辞、项目对变量的反映程度、是否需要项目增删以及变量之间的逻辑关系等，并提供修改意见。最后，结合本书研究需要，笔者根据理论专家和实践专家的意见修改原有项目，建立新的问卷题项库，并形成预测试问卷。

第三步和第四步：小规模预调研及修改，确定最终正式调研问卷。在预测试问卷形成之后，我们向 5 位进入燃气行业的民营企业的创始人征求了关于调查问卷的意见。这些人都具有 10 年以上的行业从业经验，对问卷提出了一些意见和建议，使问卷在措辞、设计和管理上得到改善。在此基础上，我们将修改好的问卷作为预调研问卷。为了检验其信度与效度，笔者在浙江省燃气协会秘书长及温州市燃气协会秘书长的帮助下，分别于 2013 年 4 月 10 日和 5 月 7 日共选择了 27 位参与民营企业进入燃气行业决策的企业高层管理人员进行了预调研，同时，随机选择了浙江省 27 家非政府管制行业的民营企业高层管理人员进行了预调研。这些预调研人员是本书研究较为理想的问卷调查对象。根据这 54 位被调查者的反馈，我们对量表进行初步项目分析，进一步精简问卷，更好地规避问卷设计中潜在的问题，最后形成了调查问卷终稿。（见附录二）

（二）问卷设计的可靠性

问卷设计的可靠性对于研究结果非常重要，但是，在实际调查过程中，问卷回答者因为各种原因不能对题项做出准确的回答。比如应答者可能不知道问题答案的相关信息；或者因为时间太久，应答者记不起问题答案的信息；还有可能应答者主观上不想回答；又或者是他们根本不能理解所问的问题（Fowler，2009）。

为了尽量避免以上问题，降低应答者不能填写准确答案的负面影响。本书在参考李正卫（2003）、陈学光（2007）、许冠南（2008）、郑素丽（2008）、彭新敏（2009）、范志刚（2010）、勾丽（2010）、汪秀琼（2011）等学者研究的基础上，还采取了以下措施：

（1）针对应答者不知道问题答案相关信息的问题，本问卷选择的调查对象都是企业创始人或高层管理人员，他们大多数素质比较高，有一些还是 MBA、EMBA 学位，最重要的是因为参与企业进入行为决策，所以能够充分地了解本书的目标，从而能够准确填答问卷。

（2）针对应答者不能回忆所提问问题答案信息的问题，由于本书是研究民营企业的进入行为，这就一定会涉及，如果进入时间太久，应答者就可能无法回忆相关信息。这其实也是本书的难点之一。结合本书需要，笔者在问卷填写指南里明确交代："如果您对问卷的某些题项回答的内容不够清楚，请借助贵公司的其他人员协助完成。"此外，对于有疑问的问卷，笔者将选择来自同一个企业的另外高层管理人员进行填写，以尽量避免偏差。

（3）针对应答者主观上不想回答的问题，本书问卷的发放基本上都通过熟人进行，并且在问卷首页明确本书纯属学术研究，不会涉及企业机密，研究结果也不会用于任何商业用途。为了进一步消除应答者的顾虑，对于企业名称、应答者的相关信息等，应答者都是自愿填写。如果应答者对研究结论感兴趣，笔者承诺可以随时发送给他们。

（4）针对应答者不能理解所问问题的问题，本调查问卷的设计经历了理论梳理、理论专家和实践专家的评议和修改，对问卷的表达方式和言辞都进行了完善，并经过了预调研，精减了项目。此外，为了避免问卷回答过程中可能出现的一致性动机问题，我们的问卷设计没有明确题项所度量的变量、研究的内容和逻辑。

三　数据质量分析

同样的问卷，给填写态度不同的调查对象填写，得到的数据质量可能存在偏差，称为调查对象偏差；同样的问卷，使用不同调查方法收集数据，其结果可能也会出现较大偏差，称为调查方法偏差。为了避免这两种偏差，确保数据可信，本书通过以下方法进行检验。

首先，对于调查对象偏差，我们主要通过一手数据和二手数据对比，题项之间的交叉印证来检验。具体到本书，考虑到企业成立年限、注册资金和企业规模这三个指标一般都能在企业网站或www.zhejiang的网站和笔者参与课题研究已有的数据库存里找到，通过比较这三个指标的一手数据和二手数据，推断问卷调查数据的准确性和真实性。通过比较发现，除 3 份问卷的一手资料和二手资料数据存在明显差异外，其他问卷都没有太大差异。另外，问卷项目的内容可以进行交叉印证，在本书中，项目"贵企业首次进入燃气行业时民营资本股本占公司注册资本的比率"与项目"贵企业首次进入燃气行业的股权比例"应该是一致的，据此可以推测问卷的数据真实状况。通过仔细比对每一份问卷的这两个项目，本次调查没有出现这些自相矛盾的情况。

因此可以得出结论，本次调查问卷填写人的态度是认真负责的，一般能保证所填写资料的真实性和准确性。

其次，对于调查方法偏差，我们主要通过非响应偏差、不同调研方式之间差异、不同数据来源之间差异和共同方法变异的影响四个方面来检验。

为了检验非响应偏差，本书根据回收时间的不同，将 QQ 在线发送或电子邮件邮寄问卷分成先回收问卷和后回收问卷两种，先回收问卷是指从邮件发出到收到的期限在 14 天以内的，后回收问卷则是指超过 14 天的。本书共收到 57 份有效电子邮件问卷，先回收问卷、后回收问卷分别为 29 份、28 份。对这两类问卷对应项目的均值和方差进行独立样本 t 检验结果表明，根据企业经营时间、规模等划分的两组回复都没有明显差异。因此可以认为，给予回复的企业在其所在类型中还是具有代表性的，说明本书的非响应偏差不明显。

为了检验不同调研方式之间的差异，本书将调研方式分为 QQ 或电子邮件方式和走访方式两种，对两种调研方式对应题项的均值和方差进行独立样本 t 检验结果表明，绝大多数题项均没有显著性差异。因此可以推断这两种调查方式所获得的问卷不存在显著性差异。

为了检验不同数据来源之间的差异，本书将填写问卷人员分为企业创始人和企业高层管理人员两种，对两类问卷对应题项的均值和方差进行独立样本 t 检验的结果表明，绝大多数题项均没有显著性差异，因此可以推断这两类人员填写的问卷不存在显著性差异。

为了检验共同方法变异的影响，参照 Schreihseim（1979）的建议，本书使用 Hamrna 单因子检验方法来检验。具体到本书，对问卷中所有测量企业家能力、进入壁垒的问项进行因子分析，结果得到了 8 个特征值大于 1 的因子，共解释了 75.218% 的总变异，其中最大的一个因子仅解释了总变异的 14.806%，表明本书中共同方法变异的影响不明显。

四　样本特征

除数据的信度外，还要检验数据的效度。本书将从问卷的发放对象、发放区域和发放渠道及方法三个方面来确保数据有效。

首先，本书将进入燃气行业的民营企业作为研究对象，主要基于以下原因：燃气行业作为城市公用事业的代表行业，其非国有资本进入燃气行业的绝对数量在增加。根据笔者参与的中国住房与城乡建设部的课题调研，在 1842 家企业样本中，其中，燃气企业一共 545 家，非国有企业进入数达 284 家。而且，在进入城市管道燃气的企业性质中，民营企业已经占有最高比例 41%，而国有及国有控股企业只有 27%，在城市管道燃气的资本构成中，民资占 100% 的企业已占所有企业的 38%，而国资比例 ≥51% 的企业只占企业总数的 31%，这些数据还不包括桶装燃气。由此可见，近年来，民营企业进入城市燃气比较活跃和积极，选择其作为研究对象，具有较强的现实意义。

其次，问卷发放的区域确定为中国浙江省，主要基于以下三个原因：一是因为将发放区域确定浙江省。根据已有研究，制度对企业的进入行为有显著影响（汪秀琼，2011），而本书的研究重点是企业家能力对企业进入行为的影响，为了避免区域制度差异对企业进入行为的影响，我们确定区域为浙江省。二是浙江省民营经济发达，选择浙江省燃气行业民营企业进行研究具有一定的代表性。三是数据的可得性。由于本书的研究涉及企业家层面，而企业家或高层管理人员日理万机，没有精力填写问卷，加上经济环境不好，更是没有心情来填写问卷，这进一步增加了数据收集的难度。为了将研究进行下去，笔者动员了各种社会关系来进行问卷发放。实在没有精力也没有办法将研究区域进一步扩大。

最后，在数据收集程序上，本书主要采用五种渠道和方法，具体做法如下：

（1）选择著名高校的 EMBA 或高级管理人员培训班的学员进行问卷调查，因为这些班级里企业家和高层管理人员相对比较集中。经过授课老师的同意后，笔者将纸质问卷带到浙江大学的 EMBA 战略管理课程中，请被调查者现场填写并回收。

（2）通过家人和朋友介绍，进入燃气行业和非政府管制民营企业，通过 QQ 在线发送方式或电子邮件的方式收发问卷，因为是朋友介绍，此方法效率颇高，然后通过滚雪球的方式发放问卷。

（3）直接走访。通过笔者带着问卷访问事先有联系的 8 家进入燃气行业的民营企业家，并抓住机会让对方即时填写问卷。

（4）利用参与中国城乡住房与建设部的课题已经建立的大型数据库，挖掘浙江省进入城市燃气的民营企业的信息，通过电话沟通经对方同意后，再以电子邮件的方式发送和接收问卷。

（5）在浙江省燃气协会、温州市燃气协会以及温商发展研究会的大力帮助和支持下，这三个单位的秘书长跟会员企业进行沟通，要求符合要求的企业填写问卷，为了使收集问卷更顺利，专门请了一位学生分别在这三个单位打电话催回发送问卷，本次研究能够获得足够样本，主要是通过此种方法。

整个问卷调研过程从 2013 年 4 月开始，持续到 2013 年 12 月结束，历时 8 个月。其间通过各种方式共发放问卷 428 份，其中燃气行业民营企业 158 份。非政府管制行业民营企业 270 份；回收问卷 256 份，其中燃气行业民营企业 127 份，非政府管制行业民营企业 129 份，其中有效问卷 218 份（剔除残缺值较多、选项单一重复的样本 38 份），有效回收率 50.9%。根据 Gaedeke 和 Tooltelian（1976）提出的高层管理人员的回应率达到 20% 就是可以接收的，因此，笔者对于本问卷的回收率还是比较满意的。样本的基本特征如下：

（1）调查样本的区域分布。如图 5-2 所示，218 家被调查企业中，有 83 家是来自温州，占 38%，34 家来自杭州，20 家来自宁波，18 家、16 家、15 家分别来自台州、金华和湖州，其他区域都小于 10 家。这主要是由数据的可得性造成的，因为本书假定在同一个省内的制度环境不存在差别，所以样本的选择不存在结构性偏差问题。

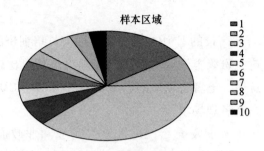

图 5 – 2　调查样本区域分布

注：1 表示杭州（34 家）；2 表示宁波（20 家）；3 表示温州（83 家）；4 表示金华（16 家）；5 表示绍兴（9 家）；6 表示台州（18 家）；7 表示衢州（8 家）；8 表示湖州（15 家）；9 表示丽水（8 家）；10 表示嘉兴（7 家）。

（2）企业进入时间分布。我们调查的 111 家企业中，进入时间最短的为 2 年，最长的为 39 年，进入时间最多的集中在 15 年，绝大多数企业进入时间处于 10—20 年。其中，1993—2001 年进入的有 76 家，我们称为第一类企业；2002—2005 年进入的有 19 家，我们称为第二类企业；2006—2013 年进入的有 16 家，我们称为第三类企业。如图 5 – 3 所示。

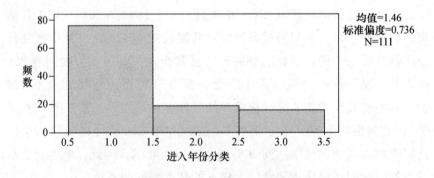

图 5 – 3　企业进入时间分布

（3）企业进入程度。如图 5 – 4 所示，进入程度为 1、2、3 的企业分别为 30 家、38 家和 43 家，分别占进入 111 家企业的 27%、34% 和 39%，说明调查样本分布比较均匀，有利于结果分析。

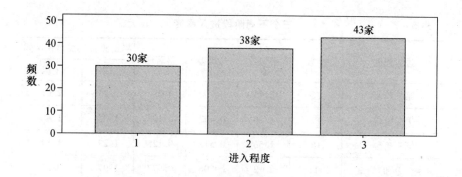

图 5 – 4　企业进入程度分布

（4）放松管制背景下企业进入行为差异分析。从 1993 年至今，对于民营企业进入城市公用事业而言，总体来说，我国是处于放松管制背景下的，但是，不同阶段的放松管制程度有所不同，根据前面引言所述，我们将放松管制分为三个阶段：2001 年以前，城市公用事业开始逐步引入民间资本，并建立现代企业制度，我们称此阶段为第一阶段；2002—2005 年，中央政府推动下的城市公用事业民营化，民间资本全面渗透城市公用事业。我们称此阶段为第二阶段；2006 年至今，加强政府对城市公用事业的管制，避免民营化过程中产生的市场失灵。我们称此阶段第三阶段。

调查数据发现，在三个不同阶段，企业进入行为存在显著差异。如表 5 – 7 方差分析结果所示，就进入程度而言，全部有效的值为 111 个，总平均数为 2.12，标准差为 0.806，平均数的标准误差为 0.077，平均数的 95% 置信区间为（1.97，2.27）；三组的平均数分别为 2.45、1.26、1.56；标准差分别为 0.700、0.452、0.512；利用单因子方差分析，我们检验各组的平均数与总平均数 2.12 间的差异是否达到统计学上的显著水平。因为三个阶段平均数的 95% 置信区间估计值所构成的区间（2.29，2.61）、（1.05，1.48）、（1.29，1.84）都没有包含总平均数 2.12 这个点，所以，三个阶段平均数与总平均数间的差异达 0.05 的显著水平，因而方差分析整体检验的 F 统计量也会达到显著水平，如表 5 – 8 所示。

表5-7   三个不同阶段进入程度

进入程度	个数	平均数	标准差	显著性	平均数的95%置信区间	
					下限	上限
第一阶段	76	2.45	0.700	0.080	2.29	2.61
第二阶段	19	1.26	0.452	0.104	1.05	1.48
第三阶段	16	1.56	0.512	0.128	1.29	1.84
总和	111	2.12	0.806	0.077	1.97	2.27

表5-8   方差同质性检验

	Levene 统计量	分子自由度	分母自由度	显著性
进入程度	6.502	2	108	0.002

从表5-8可以看出，就进入程度而言，方差同质性检验的Levene统计量的F值等于6.502，P=0.002<0.05，达到0.05显著水平，即违反方差同质性假定。因此，我们还需要进行事后比较，本书将采用Dunnett T3检验法进行，其结果如表5-10所示，第一阶段的企业进入程度显著高于第二阶段和第三阶段，第二阶段和第三阶段企业进入程度差异不显著。

方差分析结果如表5-9所示，整体检验F值为32.910（P=0.000<0.05），达到显著水平，表示放松管制不同阶段企业进入程度有显著差异。

表5-9   ANOVA 结果

	平方和	自由度	平均平方和	F检验	显著性
进入程度组间	27.066	2	13.533	32.910	0.000
进入程度组内	44.411	108	0.411		
进入程度总和	71.477	110			

至于是哪些配对组别间差异达到显著，还要进行多重比较方能得

知。在本书中，我们采用最小显著差异法（Least Significant Difference，LSD 法）的多重比较，结果如表 5 - 10 所示。从表中我们发现，第二阶段进入程度显著低于第一阶段，第三阶段进入程度也显著低于第一阶段，第二阶段与第三阶段的进入程度差异不显著。

表 5 - 10　　　　　　　　　　多重比较

因变量	(I) 阶段	(J) 阶段	平均差异 (I—J)	标准差	显著性	平均数的95%置信区间 下限	上限
进入程度 （LSD 检验法）	第一阶段	第二阶段	1.184 *	0.164	0.000	0.86	1.51
		第三阶段	0.885 *	0.176	0.000	0.54	1.23
	第二阶段	第一阶段	- 1.184 *	0.164	0.000	- 1.51	- 0.86
		第三阶段	- 0.299	0.218	0.172	- 0.73	0.13
	第三阶段	第一阶段	- 0.885 *	0.176	0.000	- 1.23	- 0.54
		第二阶段	0.299	0.218	0.172	- 0.13	0.73
进入程度 （Dunnett T3 检验）	第一阶段	第二阶段	1.184 *	0.131	0.000	0.86	1.51
		第三阶段	0.885 *	0.151	0.000	0.50	1.27
	第二阶段	第一阶段	- 1.184 *	0.131	0.000	- 1.51	- 0.86
		第三阶段	- 0.299	0.165	0.215	- 0.71	0.12
	第三阶段	第一阶段	- 0.885 *	0.151	0.000	- 1.27	- 0.50
		第二阶段	0.299	0.165	0.215	- 0.12	0.71

注：* 表示在1%的水平下显著。

此外，根据调查数据还发现，在三个不同阶段，企业家能力也存在显著差异。如表 5 - 11 方差分析的结果所示，就企业家关系能力而言，全部有效值为 111 个，总平均数为 3.3320，标准差为 0.63747，平均数的标准差为 0.06051，平均数的 95% 置信区间为（3.2121，3.4520）；三组的平均数分别为 3.5508、2.7293、3.0089；标准差分别为 0.61266、0.36544、0.35940；利用单因子方差分析，我们检验各组的平均数与总平均数 3.3320 间的差异是否达到统计学上的显著水平。因为三个阶段平均数的 95% 置信区间估计值所构成的区间（3.4108，3.6908）、（2.5532，2.9055）、（2.8174，3.2004）都没有包含总平均数 3.3320 这个点，所以，三个阶段平均数与总平均数间的差异达 0.05 的显著水平, 因而方差分析整体检验的 F 统计量也会达到显著水平。如表 5 - 11 所示。

表 5 -11 三个不同阶段企业家能力

		个数	平均数	标准差	平均数的标准差	平均数的95%置信区间	
						下限	上限
关系能力	第一阶段	76	3.5508	0.61266	0.07028	3.4108	3.6908
	第二阶段	19	2.7293	0.36544	0.08384	2.5532	2.9055
	第三阶段	16	3.0089	0.35940	0.08985	2.8174	3.2004
	总和	111	3.3320	0.63747	0.06051	3.2121	3.4520
风险承担能力	第一阶段	76	3.8947	0.53669	0.06156	3.7721	4.0174
	第二阶段	19	3.2807	0.40465	0.09283	3.0857	3.4757
	第三阶段	16	3.4583	0.41944	0.10486	3.2348	3.6818
	总和	111	3.7267	0.55813	0.05298	3.6217	3.8317
发现机会能力	第一阶段	76	3.3991	0.63484	0.07282	3.2541	3.5442
	第二阶段	19	2.8596	0.25618	0.05877	2.7362	2.9831
	第三阶段	16	2.9167	0.31032	0.07758	2.7513	3.0820
	总和	111	3.2372	0.59694	0.05666	3.1250	3.3495

就企业家风险承担能力而言, 全部有效值为 111 个, 总平均数为 3.7267, 标准差为 0.55813, 平均数的标准差为 0.05298, 平均数的 95% 置信区间为 (3.6217, 3.8317); 三组的平均数分别为 3.8947、3.2807、3.4583; 标准差分别为 0.53669、0.40465、0.41944; 利用单因子方差分析, 我们检验各组平均数与总平均数 3.7267 间的差异是否达到统计学上的显著水平。因为三个阶段平均数的 95% 置信区间估计值所构成的区间 (3.7721, 4.0174)、 (3.0857, 3.4757)、(3.2348, 3.6818) 都没有包含总平均数 3.7267 这个点, 所以, 三个阶段平均数与总平均数间的差异达 0.05 的显著水平, 因而方差分析整体检验 F 统计量也会达到显著水平, 如表 5 - 13 所示。

就企业家发现机会能力而言, 全部有效值为 111 个, 总平均数为 3.2372, 标准差为 0.59694, 平均数的标准差为 0.05666, 平均数的

95% 置信区间为（3.1250，3.3495）；三组的平均数分别为 3.3991、2.8596、2.9167；标准差分别为 0.63484、0.25618、0.31032；利用单因子方差分析检验各组平均数与总平均数 3.2372 间的差异是否达到统计学上的显著水平。因为三个阶段平均数的 95% 置信区间估计值所构成的区间（3.2541，3.5442）、（2.7362，2.9831）、（2.7513，3.0820）都没有包含总平均数 3.2372 这个点，所以，三个阶段平均数与总平均数间的差异达 0.05 的显著水平，因而方差分析整体检验的 F 统计量也会达到显著水平。如表 5-13 所示。

表 5-12 为方差同质性检验结果，就关系能力和风险承担能力而言，方差同质性检验的 Levene 统计量 F 值分别等于 4.779 和 2.570，P 等于 0.010 和 0.081 大于 0.05，未达到 0.05 显著水平。表示两组样本的方差均未达显著，即均未违反方差同质性假定。就发现机会能力而言，方差同质性检验的 Levene 统计量的 F 值等于 5.921，P 等于 0.004 小于 0.05，达到 0.05 显著水平。表示样本的方差显著，即违反方差同质性假定。因此，对于发现机会能力还需要进行事后比较，本书将采用 Dunnett T3 检验法进行，其结果如表 5-14 所示，第一阶段的企业家发现机会能力显著高于第二阶段和第三阶段的企业家发现机会能力。

表 5-12   **方差同质性检验**

	Levene 统计量	分子自由度	分母自由度	显著性
关系能力	4.779	2	108	0.010
风险承担能力	2.570	2	108	0.081
发现机会能力	5.921	2	108	0.004

方差分析结果如表 5-13 所示，关系能力、风险承担能力和发现机会能力整体检验 F 值分别为 20.289、14.057、10.429（P = 0.000 < 0.05），达到显著水平，表示放松管制不同阶段企业家能力有显著差异。

表 5 – 13   ANOVA 结果

		平方和	自由度	平均平方和	F 检验	显著性
关系能力	组间	12.208	2	6.104	20.289	0.000
	组内	32.493	108	0.301		
	总和	44.700	110			
风险承担能力	组间	7.078	2	3.539	14.057	0.000
	组内	27.189	108	0.252		
	总和	34.266	110			
发现机会能力	组间	6.345	2	3.172	10.429	0.000
	组内	32.852	108	0.304		
	总和	39.197	110			

　　至于是哪些配对组别间的差异达到显著，我们还要进行多重比较方能得知。在本书中，我们采用最小显著差异法（LSD 法）的多重比较，结果如表 5 – 14 所示。从表 5 – 14 中我们发现，就企业家关系能力而言，第一阶段显著高于第二阶段和第三阶段，第二阶段与第三阶段企业家关系能力差异不显著；就企业家风险承担能力而言，第一阶段显著高于第二阶段和第三阶段，第二阶段与第三阶段企业家风险承担能力差异不显著；就企业家发现机会能力而言，第一阶段显著高于第二阶段和第三阶段，第二阶段与第三阶段的企业家风险承担能力差异不显著。

表 5 – 14   多重比较

因变量	(I) 阶段	(J) 阶段	平均差异 （I – J）	标准差	显著性	平均数的95%置信区间	
						下限	上限
关系能力	第一阶段	第二阶段	0.82143 *	0.14069	0.000	0.5426	1.1003
		第三阶段	0.54182 *	0.15087	0.000	0.2428	0.8409
	第二阶段	第一阶段	- 0.82143 *	0.14069	0.000	- 1.1003	- 0.5426
		第三阶段	- 0.27961	0.18611	0.136	- 0.6485	0.0893
	第三阶段	第一阶段	- 0.54182 *	0.15087	0.000	- 0.8409	- 0.2428
		第二阶段	0.27961	0.18611	0.136	- 0.0893	0.6485

续表

因变量	（I）阶段	（J）阶段	平均差异（I－J）	标准差	显著性	平均数的95％置信区间	
						下限	上限
风险承担能力	第一阶段	第二阶段	0.61404 *	0.12869	0.000	0.3589	0.8691
		第三阶段	0.43640 *	0.13801	0.002	0.1628	0.7100
	第二阶段	第一阶段	－0.61404 *	0.12869	0.000	－0.8691	－0.3589
		第三阶段	－0.17763	0.17025	0.299	－0.5151	0.1598
	第三阶段	第一阶段	－0.43640 *	0.13801	0.002	－0.7100	－0.1628
		第二阶段	0.17763	0.17025	0.299	－0.1598	0.5151
发现机会能力（LSD检验）	第一阶段	第二阶段	0.53947 *	0.14147	0.000	0.2591	0.8199
		第三阶段	0.48246 *	0.15170	0.002	0.1818	0.7832
	第二阶段	第一阶段	－0.53947 *	0.14147	0.000	－0.8199	－0.2591
		第三阶段	－0.05702	0.18714	0.761	－0.4280	0.3139
	第三阶段	第一阶段	－0.48246 *	0.15170	0.002	－0.7832	－0.1818
		第二阶段	0.05702	0.18714	0.761	－0.3139	0.4280
发现机会能力（Dunnett T3 检验）	第一阶段	第二阶段	0.53947 *	0.09358	0.000	0.3110	0.7679
		第三阶段	0.48246 *	0.10640	0.000	0.2192	0.7457
	第二阶段	第一阶段	－0.53947 *	0.09358	0.000	－0.7679	－0.3110
		第三阶段	－0.05702	0.09733	0.913	－0.3029	0.1889
	第三阶段	第一阶段	－0.48246 *	0.10640	0.000	－0.7457	－0.2192
		第二阶段	0.05702	0.09733	0.913	－0.1889	0.3029

注：＊表示在1％的水平下显著。

第三节　数据分析方法

为了验证本书讨论的问题，除问卷设计、数据收集之外，选择合适的数据分析方法也是检验假设是否科学的关键。其实，在管理学实证研究方法中，比较实用以及最为普及的统计分析方法应当是多元线性回归分析。应用多元线性回归时，所分析的数据必须符合以下基本假定：（1）正态性。对于自变量各个水平在因变量上呈正态分布，即残差为正太分布。通常可借检验因变量是否为正态，借以了解残差是否为正态。（2）因变量的各个观察值必须是独立的。（3）自变量之间没有多元共线性关系，即自变量彼此之间相关系数 < 0.75，否则，自变量与因变量之间的真正关系可能被自变量之间的相关隐藏或压制（Cohen and Cohen，1983）。（4）直线化：自变量与因变量间呈线性关系，这点非常重要。如果变量间的关系为非线性关系，必须采用曲线回归等非线性模式来处理，或将原始数据进行转换。（5）残差独立性检验。（6）残差等分散性：残差的标准误在各观察体上保持恒定，特定自变量水平的误差项除应呈随机化正态分布外，其变异量应相等（王国川，2004；邱皓政，2005；Spicer，2005）。

本书将要进行中介效应和调节效应的检验，根据管理学研究的特点，我们将采用阶层回归分析方法对这两种效应进行检验。

另外，本书的因变量是企业进入行为，由进入与否和进入程度两个维度构成。如前所述，"进入与否"是一个二分类别变量，适合采用逻辑斯回归分析。"进入程度"是一个有序分类变量，适合采用有序概率模型（Ordered Probit Model）。因此，本书主要统计分析将采用多元有序 Probit 回归和逻辑斯（Logistic）回归两种分析方法。

此外，为了检验研究变量的信度和效度，本书还要对主要变量进行探索性因子分析和验证性因子分析。接下来将对以上这些检验方法进行介绍。

一　阶层回归分析

在社会行为科学领域中有时要探究不同区组自变量对因变量的影响，以便得知不同区组自变量与因变量的关系，则可将自变量分成不同区组或阶层投入在回归方程中。使用阶层回归分析时，研究的目的和（理论）逻辑决定自变量依次进入回归方程的特定顺序（即层次），层次确定要兼顾因果关系优先等级、研究的关联性以及所研究因素的结构性质（Cohen and Cohen，1983；吴明隆，2010）。其最简单的形式是，K 个自变量（或自变量组）按预先设定的顺序依次进入回归方程，当每个自变量与其他变量结合在一起，判定系数 R^2 和每个变量的偏相关系数最终被确定下来。K 个自变量（或自变量组）的完整阶层回归程序包括 K 次（多元）回归分析，每一次回归分析都比前一次多一个变量（或变量组）。因为当每个（组）新变量进入回归方程后，R^2 随之增加，所以，在阶层回归分析中，R^2 的有序系列称为累积 R^2 系列。如以企业家能力、进入壁垒和进入时间来预测企业的进入行为时，为了清晰地了解三大变量对企业进入行为的影响，可以分成三个区组依次进入回归方程式：第一个阶层只投入企业家能力自变量，以探讨企业家能力对企业进入行为的影响；第二个阶层加入进入壁垒，以探讨企业家能力、进入壁垒对企业进入行为的影响及进入壁垒对进入行为的影响是否有显著的解释力；第三个阶层加入进入时间，以探讨企业家能力、进入壁垒和进入时间对企业进入行为的影响及进入时间对进入行为的影响是否有显著解释力。

应用多元阶层回归分析方法关键是确定自变量（组）进入回归方程的顺序，以保证后进入回归方程的自变量（组）不是已进入方程的自变量（组）的前提原因，这样就可通过累积的 R^2 清楚地看到每个（组）自变量对因变量 Y 的方差贡献。

科恩夫妇（1983）同时指出，如果没有严格的因果关系优先等级，自变量（组）进入回归方程通常就没有唯一的层次顺序，在此情况下，（回归结果）或许对所研究的问题并没有差异，但如果的确存在差异，就必须承认结果的模糊性。当自变量进入回归方程次序可以完全确定，即因果关系模型可以设定，阶层回归顺序就成为估计每个因果关系的工具，此时，它也被称为阶层因果模型。值得注意的是，即使没有完全设定的模型，阶层回归顺序对获得数据所包含的尽可能多的因果推断也是有用的。

总之，阶层回归分析的原理是，任何变量对 R^2 的贡献关键取决于其他什么变量已进入了方程。在一个方程中对所有 K 个变量同时进行分析的方法，对很多目的来说不完善。而对变量进行阶层分析通常会使研究者对所研究的现象获得更多的理解，因为在决定每个（组）自变量进入方程的次序以及对这个次序假设的有效性进行连续检验时，研究者需要进行深入的思考（Cohen and Cohen, 1983）。

阶层回归分析与逐步回归分析表面上很相似，但两者的本质意义根本不同。逐步回归分析的主要目的在于预测，即从数个自变量中找出对因变量最具预测力的自变量以建构一个最佳的回归分析模型。逐步回归分析是按照对已解释变差贡献大小决定各自变量进入回归方程的次序，次序决定过程只能是试验性或试错性的，而不是基于理论的。因此，逐步回归分析在决定独立变量进入回归方程的次序上是探索性的，是根据一个给定的样本靠计算机对自变量进行排序，逐步回归方法虽然免除了研究者对独立变量的逻辑或因果优先等级做出决定的责任，但对发现的解释可能不太容易。因此，在许多研究中，使用逐步回归方法进行分析时，从一个样本中产生的自变量进入次序，可能对同一个总体的另一个样本就不成立了（Cohen and Cohen，1983）。所以，在解释性研究中使用阶层回归分析比逐步回归分析更合适。

二 多元 Ordered Probit 回归分析

本书因变量企业进入行为采用三级测度方式，3 表示以 50% 以上股权进入，表明民营企业进入程度和控制程度高，1 表示以 50% 以下股权进入，表明民营企业进入程度和控制程度低。这就意味着数字从小到大依次表示股权投资比例、进入程度在增强，但这些数字是离散的，不是连续性的，对于这种离散有序的因变量的检验，一般采用有序概率模型。该模型可以由一个满足经典线性模型假定的潜变量模型推出。

假定潜变量 y_i^* 是不能被直接观察的企业进入程度，y_i^* 由下式决定：

$$y_i^* = x_{ni}\beta_{ni} + \varepsilon_i$$

其中，x_n 是 n 维自变量，ε_i 是随机误差，服从均值为 0，方差为 1 的标准正态分布。令 $k_1 < k_2 < \cdots < k_{s-1}$ 为分界点，定义为：

$y = 1$，如果 $y^* < k_1$

$y = 2$，如果 $k_1 \leqslant y^* < k_2$

$\vdots$

$y = s$，如果 $k_{s-1} \leqslant y^*$

也就是说，当 y^* 位于分界点 k_{s-1} 和 k_s 之间时，个体回答的企业进入程度的股权投资比例为 $y = s$，假定 $k_0 = -\infty$，$k_s = +\infty$，从而：

$$Pr(y_i = s) = \Phi(k_{is} - x_{ni}\beta_{ni}) - \Phi(k_{is-1} - x_{ni}\beta_{ni}) \, for \, s = 1 \, to \, S \quad (5-1)$$

注意：当 $y_i = 1$ 时，右式第二项为 0，因为 $F(-\infty - x_{ni}\beta_{ni}) = 0$；

当 $y_i = S$ 时，右式第一项为 1，因为 $F(+\infty - x_{ni}\beta_{ni}) = 1$。

如果将 (5-1) 式对应于企业进入程度决定模型，那么下标 i 表示第 i 个进入城市燃气的民营企业，y 表示因变量"企业进入程度"，方程左边 $Pr(y_i = s)$ 表示第 i 个进入城市燃气的企业回答企业进入程度为 s 的概率。方程右边表示影响企业进入程度的自变量，我们主要采取了三组：（1）企业家能力变量；（2）进入壁垒变量；（3）进入时间变量。

三 Logistic 回归分析

在回归分析中，如果因变量是间断变量且是二分名义变量，则可使用 Logistic 回归分析法。在本书中，企业进入行为的另一个维度是企业进入与否，这是一个二分类别变量，因此适合采用 Logistic 回归分析方法。Logistic 回归与多元回归的最大差异在于因变量性质不同，这就使得两者在参数估计和假设上也有所差异。Logistic 回归的假定是观察值样本在因变量上的概率分布呈 S 形分布，此分布情形又称为 Logistic 分布（Hosmer and Lemeshow，2000）。另外，在参数估计方面，由于 Logistic 回归是非线性模型，所以，它是通过极大似然估计使因变量观察次数的概率极大化，进而得到自变量参数的最佳估计值的（王保进，2004）。

Logistic 回归模型的显著性检验包括整体模型检验和个别参数检验两部分。整体模型适配度的检验是比较每一个观察值的预测概率与实际概率之间的差异。最常用的检验方法所用的指标主要有 4 个，即 Pearson χ^2、Cox 和 Snell R^2（CR^2）、Nagelkerke R^2（简称 R^2）和 Hosmer-Lemeshow（简称 HL）（吴明隆，2009）。其中，当 Pearson χ^2 值达到显著时，表示投入的自变量中至少有一个自变量可以有效地解释预测样本在因变量的概率；CR^2 和 NR^2 则用来检验自变量与因变量间的关联强度，关联强度的性质与多元回归分析中的 R^2 类似；Hosmer-Lemeshow（简称 HL）正好相反，当其检验值未达到显著水平时，表示整体模型适配度佳，若是 HL 统计量显著性概率值 $P < 0.05$，则表示回归模型的适配度不理想。学者 Hair 等（1998）建议对 Logistic 回归模型做整体适配性检验时最好同时使用上述 Pearson χ^2 和 HL 检验两种方法，以做综合判断。本书将同时使用上述 4 个指标进行检验，

以更准确地判断整体模型的适配度。

个别参数的显著性检验主要指标是 Wald 值。当 Wald 检验值达到显著水平，表示该自变量与因变量间有显著关联，可以有效预测观察值在因变量的概率值。

四　中介变量检验

简单地说，凡是 X 影响 Y，并且 X 是通过一个中间的变量 M 对 Y产生影响的，M 就是中介变量。中介变量可以用来解释现象，在研究中扮演很重要的角色。中介变量可以分为两类：一类是完全中介，另一类是部分中介。完全中介就是 X 对 Y 的影响完全通过 M，没有 M 的作用，X 就不会影响 Y；部分中介就是 X 对 Y 的影响部分是直接的，部分是通过 M 的。X、Y 和 M 之间的关系可以用路径图 5-5 表示，当 $c = 0$ 时，M 是完全中介变量，当 $c > 0$ 时，M 是部分中介变量。

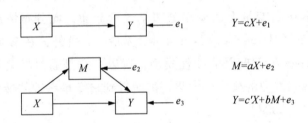

图 5-5　中介效应的路径分析

从上面介绍的中介作用的概念中，我们可以看到两个关键：第一，X 和 Y 之间存在因果关系；第二，M 是这个因果关系中间的媒介，M 受到 X 的影响之后，再影响 Y，因此传递了 X 的作用。

关于中介效应的检验，存在很多的争议，传统的检验方法多利用巴龙和肯尼（1986）所推荐的中介变量测量步骤进行中介效应的检验。具体来讲，可以分为以下三个步骤：第一步为自变量与因变量关系测量，假设系数为 c，其 β 值应显著；第二步为自变量与中介变量关系的测量，假设其系数为 a，其 β 值也应显著；第三步为控制中介变量后，自变量对因变量的作用消失了或是明显减少了。但是麦金农（2002）用蒙特卡罗模拟测验了各种不同的验证中介变量的方法，发现传统的巴龙和肯尼方法统计功效很低。根据麦金农的建议，他认为第三步只需要看中介变量与因变量的关系，假设其系数为 b，β 值显著，则说明中介效应存在。如果 $a \times b = c$，则说明是完全中介，否则是部分中介。笔者认为，无论采用哪种方法进行中介效应的检验，理论依据始终是根本，是最重要的解释依据。

五　调节变量检验

如上所述，阶层回归分析方法可以用于检验众多独立变量的主效应，还可以对调节变量或交互效应进行检验。本书的待检验模型中就包括调节变量——进入时间。

什么是调节变量？简单地说，如果变量 X 与变量 Y 有关系，但是 X 与 Y 的关系受第三个变量 Z 的影响，那么变量 Z 就是调节变量。调节变量所起的作用称为调节作用（陈晓萍、徐淑英、樊景立，2008；Sharma et al.，1981）。如果用数学语言来描述，就意味着当两个变量（如 x 和 y）之间的关系是第三个变量（如 z）的函数（Aguinis，1995）的时候，Z 便称为 X 与 Y 关系的调节变量。调节变量既有可能影响自变量与因变量之间关系的方向，也有可能影响自变量与因变量关系的强度（Baron and Kenny，1986）。在组织研究中，调节变量可以是类别变量，也可以是连续变量（Sharma et al.，1981；Baron and Kenny，1986）。

在管理学和社会行为科学理论研究中，由于各种变量间关系的复杂性、隐蔽性，调节变量的作用很容易被忽略。但实际上，在这些研究领域，调节效应往往起关键作用（Aguinis，1995）。而且，如果要评价管理学、心理学和社会学研究的成熟程度，一个很好的标准就是看我们在所研究的领域对调节变量的认识取得了多大的进展，因此，对调节变量的研究占据着科学事业的核心位置（陈晓萍、徐淑英、樊景立，2008；Sharma et al.，1981）。

调节变量表现出的最本质特征是它与其他一些自变量的交互作用，在回归方程中表现为一个交互项。因此，调节作用或效应也被称为交互作用或效应（Aguinis，1995）。对于交互效应的检验可以分为以下几步：第一步是对连续性变量进行中心化或标准化处理（如果是类别变量，则第一步要用虚拟变量代表类别变量）。将连续性自变量和调节变量做中心化变换，即变量减去其均值，是为了克服多重共线性影响（温忠麟、侯杰泰、张雷，2005）。第二步是构造乘积项。将经过中心化处理以后的自变量和调节变量相乘即可。第三步构造方程。把自变量、因变量（这里的自变量和因变量是未中心化的）和乘积项都放到多元回归方程中就可以检验交互作用了。我们只需要关注乘积项的系数是否显著。如果显著，则说明调节作用存在。

六　探索性因子分析

探索性因子分析主要是为了检验各量表的建构效度。一般在量表编制时，使用者会根据文献或相关理论，将量表所要测得的构念分为几个维度，再根据各维度的属性编制 5—10 题的测量指标项目（题项）。由于使用者在编制各测量题项时，其所归属的维度较为明确，因此在进行探索性因子分析时可作为因子命名的主要依据（吴明隆，2010）。

探索性因子分析是依据资料数据，利用统计软件以一定原则进行因子分析，最后得出因子的过程。因此探索性因子分析主要是为了找出影响观测变量的因子个数，以及各个因子和各个观测变量之间的相关程度。探索性因子分析最常见的形式是研究者假定每个指示变量都与某个因子匹配。

探索性因子分析由以下几个步骤构成：

第一，项目分析。使用者通过项目分析，筛选适切性高的测量题项，对于不符合项目分析的测量题项，不能进入探索性因子分析中。

第二，确定提取共同因子的方法。探索性因子分析中最常用的提取因子的方法主要有两种：主成分分析法和主轴因子分析法。如果因子分析的目的是用最少的因子最大限度地解释原始数据的方差，则选择主成分分析法；如果因子分析的主要目的是确定数据结构，则适合用主轴因子法。

第三，决定保留共同因子的准则。两种常用方法是保留特征值大于1的因子和限定提取共同因子的个数。如果使用者在量表编制之初，很明确地将量表划分为几个维度，如本书将企业家能力分为三个维度，则进行因子分析时，可直接限定共同因子的个数3。

第四，决定因子转轴的方法。现在的转轴方法主要有两种：一是直交转轴法；二是斜交转轴法。如果因子维度间不相关，或因子维度相关很低，则采用直交转轴法，在直交转轴法的方法中最常用的为最大变异法；如果因子维度间有某种程度相关，则必须采用斜交转轴法。

第五，检验共同因子结构。各共同因子包含的题项变量是否与编制的测量题项相同，如果一个共同因子包含不同维度的题项变量，则必须逐题删除测量题项，再重复以上步骤。探索性因子分析流程见图5–6。

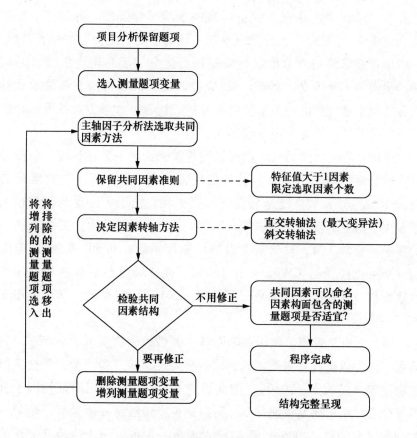

图5–6　探索性因子分析基本流程

七　信度与效度评价：验证性因子分析

通常从信度和效度两个方面来评价一个量表质量的高低。在统计学中，信度表示测量误差的大小，即对于同样的对象，运用同样的观测方法得出同样观测数据的可能性，它以误差的方差大小来度量；而效度是指量表是否能够测量到我们想要测量的潜在构念。效度系数越高，表示量表越能够测量到想要测量的构念。量表的效度包括表面效度、效标关联效度、内容效度和构念效度等（陈晓萍、徐淑英、樊景立，2008）。

本书主要对构念效度和内部一致性信度进行检验：构念效度包括聚合效度和区分效度。聚合效度是指不同观察变量是否可能用来测量同一个潜变量。如果测量同一个潜变量的所有观察变量荷重都在统计上显著，则表明这些观察变量具有满意的聚合效度（陈晓萍、徐淑英、樊景立，2008）。区分效度是指不同的潜变量是否存在显著差异。一些学者建议使用方差抽取检验来评价区分效度和聚合效度（陈晓萍、徐淑英、樊景立，2008）。该检验对两个潜变量的方差抽取估计值和这两个潜变量的相关系数的平方进行比较。如果方差抽取估计值大于相关系数的平方，则效度得到证实。

内部一致性信度是指度量项目测量潜变量的一致性程度。信度是效度的必要但非充分条件。估计信度方法有多种，其中以克隆巴赫（Cronbach α）系数广泛地被研究人员采用。由于可接受的可靠性水平取决于研究的目的（吴明隆，2010），对 α 系数的大小并没有统一的要求。通常认为，被测量变量的可靠性系数在 0.60—0.85 的范围内就是可以接受的（Widaman，1993），而克隆巴赫系数在 0.7—0.8 就达到相当好的可接受水平（吴明隆，2010），但克隆巴赫系数小于 0.35 则被认为信度太低。

但是，有学者提出使用克隆巴赫 X 系数检验信度可能会存在一些问题，比如假设所有测量变量有同等重要性、较多的测量变量会使信度膨胀等（吴明隆，2010）。因此研究人员认为，使用验证性因子分析（CFA）来求信度更加优良，可以避免克隆巴赫 α 系数所产生的一些问题（黄芳铭，2005）。研究已发展出一种可以用于检验潜变量的信度指标，这种检验称为建构信度或组合信度（ρc），可以从测量模型 CFA 分析得到的每个指标的标准化因子负荷（利用 Lisrel 软件可完成）和标准化误差方差来计算组合信度或建构信度，计算公式如下：

$$\rho c = (\sum 标准化负荷量)^2 / (\sum 标准化负荷量^2 + \sum 误差方差)$$

建构信度或组合信度表示测量方差对潜在特性的贡献比率，可用来评价度量的信度。一些学者建议潜变量的建构信度应该大于 0.60（吴明隆，2009）。另外，还可以使用平均方差抽取量（ρv）来观察变量的总方差有多少是来自潜变量方差，其他方差则是由测量误差所贡献的。平均方差抽取量的计算公式如下：

$$\rho v = (\sum 标准化负荷量)^2 / \sum [标准化负荷量^2 + \sum (1 - 误差方差^2)]$$

一些学者建议所抽取的潜变量的平均方差应大于 0.50（吴明隆，2009）。本书将同时计算各个潜变量的克隆巴赫 α 系数、ρc 和 ρv。

综上所述，本书采用验证性因子分析（CFA）方法验证量表的聚合效度和区分效度和潜变量测量的内部一致性，并在第六章进行具体分析。

第六章 企业家能力与企业进入行为关系实证研究

本章将根据第五章阐述的研究方法逐一检验第四章所提出的研究假设。首先对企业家能力、进入壁垒等核心变量进行探索性因子分析，其次对所有变量进行验证性因子分析，在此基础上进行相关分析、回归分析，检验第四章的理论假设是否成立。最后对本部分的实证研究结果进行解释与讨论。

第一节 探索性因子分析结果

在本书中，企业家能力和企业家感知进入壁垒的测量量表是通过文献研究、概念分析自主提出的，因此，需要进行探索性因子分析。具体来讲，本书采用 SPSS 19.0 软件，提取因子的方法是主成分法，特征根大于 1，方差最大正交旋转，最大迭代次数是 25 的方式进行探索性因子分析。

本书采用 KMO 样本测试和 Bartlett 的球形检验来对各建构因素变量之间的相关性进行检验。

一 企业家能力探索性因子分析

为了保证数据的可靠性和有效性，通过预调研的 54 份问卷，我们首先对企业家能力的调查结果进行项目分析，剔除不符合项目分析的测量题项。判断是否保留一个项目，我们采用信度检验的方法，某个题项删除后，整体量表的信度系数比原先的信度系数（内部一致性 α 系数）高出许多，则代表此题项与其他题项的同质性不高，在项目分析时可考虑将此题项删除。

对于企业家关系能力，一共有 11 个项目对其进行测量，进行项目分析后，剔除 RA1、RA2 和 RA5（本书主要变量的指标代码说明如表 6-1 所示），最后得到的克隆巴赫 α 系数为 0.952，如表 6-2 和表 6-3 所示。

表 6-1　　　　　　　　　　　　　本书主要变量指标代码

英文指标	中文名称
RA	企业家关系能力
CBR	企业家风险承担能力
ADO	企业家发现机会能力
IB	感知制度性壁垒
EB	感知经济性壁垒
SB	感知原有企业战略性壁垒
XB	性别
nl	年龄
GM	规模
XL	企业家学历
JY	经营经验
QY	区域
SJ	进入时间（2013 年至进入年份）
ED	是否进入（1，0）或进入程度（1，2，3）

表 6-2　　　　　　　　　　　　　可靠性统计量

克隆马赫 α 系数	项目个数
0.952	8

表 6-3　　　　　　　　　　　　　项目整体统计量

	项目删除时的尺度平均数	项目删除时的尺度方差	修正的项目总相关	项目删除时的克隆巴赫 α 系数
RA3	22.31	25.190	0.777	0.949
RA4	22.36	27.380	0.773	0.948

	项目删除时的 尺度平均数	项目删除时的 尺度方差	修正的项目 总相关	项目删除时的 克隆巴赫 α 系数
RA6	22.56	25.111	0.855	0.943
RA7	22.58	24.593	0.868	0.942
RA8	22.44	24.254	0.904	0.940
RA9	22.61	25.273	0.871	0.942
RA10	22.08	27.736	0.808	0.947
RA11	22.14	28.523	0.823	0.948

对于企业家风险承担能力，一共有 8 个项目对其进行测量，进行项目分析后，剔除 CBR1 和 CBR4，最后得到的克隆巴赫 α 系数为 0.881，如表6-4 和表6-5 所示。

表6-4　　　　　　　　　　　可靠性统计量

克隆巴赫 α 系数	项目个数
0.881	6

表6-5　　　　　　　　　　　项目整体统计量

	项目删除时的 尺度平均数	项目删除时的 尺度方差	修正的项目 总相关	项目删除时的 克隆巴赫 α 系数
CBR2	17.50	8.771	0.642	0.869
CBR3	17.97	7.913	0.648	0.878
CBR5	17.50	9.000	0.806	0.847
CBR6	17.42	9.507	0.652	0.868
CBR7	17.31	8.390	0.766	0.848
CBR8	17.17	8.943	0.731	0.855

对于企业家发现机会能力，一共有 7 个项目对其进行测量，进行项目分析后，剔除 ADO2、ADO5 和 ADO7，最后得到的克隆巴赫 α 系数为 0.778，如表6-6 和表6-7 所示。

表6-6 可靠性统计量

克隆巴赫 α 系数	项目个数
0.778	4

表6-7 项目整体统计量

	项目删除时的尺度平均数	项目删除时的尺度方差	修正的项目总相关	项目删除时的克隆巴赫 α 系数
ADO1	8.92	2.993	0.610	0.714
ADO3	9.53	2.599	0.710	0.656
ADO4	9.25	3.850	0.543	0.748
ADO6	9.22	4.063	0.546	0.755

企业家能力总量表的内部一致性系数为 0.935（见表6-8），由此可见，构念及各个维度的克隆巴赫 α 系数均大于 0.7，通过信度检验。

表6-8 可靠性统计量

克隆巴赫 α 系数	项目个数
0.935	18

项目分析后，对企业家能力的 18 个题项进行探索性因子分析，KMO 样本测度和 Bartlett 的球形检验结果，如表6-9所示。

表6-9 KMO 和 Bartlett 的检验结果

	KMO 样本测度	0.845
Bartlett 的球形检验	近似卡方值	2457.793
	自由度	105
	显著性	0.000

从表6-9可以发现，KMO 系数为 0.845，大于 0.7，Bartlett 的球形检验近似卡方值为 2457.793，自由度为 105，显著性为 0.000，表

明该样本适合进行探索性因子分析。以特征根≥1为因子抽取的原则，并参照碎石图，来确定抽取因子的有效数目。判断是否保留一个项目，我们采用共同性与因素负荷量的方法，如果某个项目在某一因素上的负荷超过0.45，则保留该项目，否则删除。如果一个测量题项在两个共同因素转轴后的共同因素负荷量均大于0.45，将遵循编制量表理论架构，将其归于某一个共同因素或删除（吴明隆，2010）。经过多次分析，剔除原来量表中的3个题项CBR2、CBR3和ADO6，最终得到了企业家能力的因子结构，各因素的特征根都大于1，累积方差解释量达到了68.172%，各个项目在相应因子上具有较大的负荷，处于0.605—0.863。具体结果如表6-10所示。

表6-10　　　　　　　　　　企业家能力探索性因子分析结果

题项	主成分因子		
	1（企业家关系能力）	2（企业家风险承担能力）	3（企业家发现机会能力）
RA7	0.863		
RA6	0.835		
RA4	0.791		
RA9	0.758		
RA8	0.625		
RA3	0.622		
RA10	0.622		
RA11	0.605		
CBR8		0.841	
CBR5		0.798	
CBR6		0.788	
CBR7		0.774	
ADO3			0.787
ADO4			0.678
ADO1			0.639
特征值	4.529	3.752	1.945
解释量（68.172%）	30.190	25.014	12.968

从表 6 - 10 探索性因子分析结果来看，因子 1 由 8 个项目组成，主要考察被试对企业进入城市公用事业过程中企业家关系能力的影响程度，命名为企业家关系能力；因子 2 由 4 个项目组成，主要考察被试对企业进入城市公用事业过程中企业家风险承担能力的影响程度，命名为企业家风险承担能力；因子 3 由 3 个项目组成，主要考察被试对企业进入城市公用事业过程中企业家发现机会能力的影响程度，命名为企业家发现机会能力。

二　进入壁垒探索性因子分析

为了保证数据可靠性和有效性，通过预调研的 54 份问卷，我们首先对企业家感知进入壁垒的调查结果进行项目分析，剔除不符合项目分析的测量题项。判断是否保留一个项目，我们采用信度检验的方法，如果某个题项删除后，整体量表的信度系数比原先的信度系数（内部一致性 α 系数）高出许多，则代表此题项与其他题项的同质性不高，在项目分析时可考虑将此题项删除。

对于企业家感知制度性壁垒，一共有 4 个项目对其进行测量，进行项目分析后，4 个项目均保留，最后得到的克隆巴赫 α 系数为 0.923，如表 6 - 11 和表 6 - 12 所示。

表 6 - 11　　　　　　　　　　可靠性统计量

克隆巴赫 α 系数	项目个数
0.923	4

表 6 - 12　　　　　　　　　　项目整体统计量

	项目删除时的尺度平均数	项目删除时的尺度方差	修正的项目总相关	项目删除时的克隆巴赫 α 系数
IB1	12.83	5.457	0.754	0.922
IB2	12.81	4.904	0.834	0.895
IB3	12.86	4.980	0.830	0.897
IB4	12.83	4.543	0.877	0.881

对于企业家感知经济性壁垒，一共有 6 个项目对其进行测量，进行项目分析后，EB3 被剔除，最后得到的克隆巴赫 α 系数为 0.909，如表 6 – 13 和表 6 – 14 所示。

表 6 – 13　　　　　　　　可靠性统计量

克隆巴赫 α 系数	项目个数
0.909	5

表 6 – 14　　　　　　　　项目整体统计量

	项目删除时的尺度平均数	项目删除时的尺度方差	修正的项目总相关	项目删除时的克隆巴赫 α 系数
EB1	15.31	11.190	0.836	0.874
EB2	15.19	11.590	0.839	0.874
EB4	15.61	11.616	0.770	0.889
EB5	14.86	12.923	0.695	0.904
EB6	15.47	12.485	0.717	0.900

对于企业家感知战略性壁垒，由于以单项目对其进行测量，不需要进行项目分析。

企业家感知进入壁垒总量表的内部一致性系数为 0.930（见表 6 – 15），由此可见，构念及各个维度的 α 系数均大于 0.7，通过信度检验。

表 6 – 15　　　　　　　　可靠性统计量

克隆巴赫 α 系数	项目个数
0.930	10

项目分析后，对企业家感知进入壁垒的 10 个题项进行探索性因子分析，KMO 样本测度和 Bartlett 的球形检验结果，如表 6 – 16 所示。

表 6 – 16　　　　　　　　　　　　KMO 和 Bartlett 的检验结果

	KMO 样本测度	0.834
Bartlett 的球形检验	近似卡方值	1499.785
	自由度	28
	显著性	0.000

从表 6 – 16 可以发现，KMO 系数为 0.834，大于 0.7，Bartlett 的球形检验近似卡方值为 1499.785，自由度为 28，显著性为 0.000，表明该样本适合进行探索性因子分析。以特征根≥1 为因子抽取的原则，并参照碎石图，来确定抽取因子的有效数目。判断是否保留一个项目，采用共同性与因素负荷量的方法，如果某个项目在某一因素上的负荷超过 0.45，则保留该项目，否则删除；如果一个测量题项在两个共同因素转轴后的共同因素负荷量均大于 0.45，将遵循编制量表的理论架构，将其归于某一个共同因素或删除（吴明隆，2010）。经过分析，剔除原来量表中的 2 个题项 EB4 和 EB6，最终得到了企业家感知进入壁垒的因子结构，各因素的特征根都大于 1，累积方差解释量达到了 81.470%，各个项目在相应因子上具有较大的负荷，处于 0.766—0.888。具体结果如表 6 – 17 所示。

表 6 – 17　　　　　　企业家感知进入壁垒探索性因子分析结果

	因子		
	1（企业家感知制度性壁垒）	2（企业家感知经济性壁垒）	3（企业家感知原有企业战略性壁垒）
IB3	0.886		
IB2	0.849		
IB4	0.799		
IB1	0.766		
EB2		0.888	
EB1		0.859	
EB5		0.781	
SB			0.877
特征值	3.052	2.560	1.260
解释量（81.470%）	38.153%	32.005%	15.750%

从表6-17的探索性因子分析结果来看，因子1由4个项目组成，主要考察被试在企业进入城市公用事业过程中所感知的制度性壁垒的大小，命名为企业家感知制度性壁垒；因子2由3个项目组成，主要考察被试者在企业进入城市公用事业过程中感知的经济性壁垒的大小，命名为企业家感知经济性壁垒；因子3由1个项目组成，主要考察被试在企业进入城市公用事业过程中所感知来自原有企业的战略性壁垒，命名为企业家感知原有企业战略性壁垒。

综合上述，探索性因子分析结果可以发现，本书基于文献和专家访谈修改后的问卷量表通过了检验，与以相关理论为基础设计的测量项目很好地拟合在一起。

第二节　验证性因子分析结果
——信度与效度检验

只有满足信度和效度要求的实证研究，其结果才具有可信度和说服力（李怀祖，2006）。本书所采用的各项指标多数是从已有的相关文献中获取的，并且通过专家访谈得到了确认，因此具有专家效度。根据第五章研究方法介绍，效度检验主要采用因子分析方法，信度检验则采用克隆巴赫α系数值。下面进一步分析验证性因子分析结果。表6-18为各潜变量及其测度指标与综合信度、组合信度和平均提取方差变异（AVE）。

表6-18　　潜变量及其测度指标、组合信度与效度分析结果

	概念与测量题项	因子载荷	克隆巴赫 α 系数	组合信度	AVE
企业家能力	企业家发现机会能力（ADO）		0.700	0.802	0.576
	1. 在从未涉足的领域也能发现新的商机	0.714			
	2. 发现商机通常需要在某个行业或者地区待很多年	0.730			

续表

概念与测量题项	因子载荷	克隆巴赫α系数	组合信度	AVE
3. 在日常的工作中，经常发现身边有很多商业机会	0.828			
企业家关系能力		0.943	0.904	0.582
1. 与金融机构的官员建立了良好的个人关系	0.815			
2. 能够发展并充分利用与公众媒体的良好关系	0.931			
3. 能够发展并充分利用与特定的利益集团（如环保主义者）的良好关系	0.931			
4. 与没有业务关系的企业家建立良好的关系	0.638			
5. 经常参加一些社会活动，履行一些社会公职，企业树立良好形象	0.725			
6. 与同行的其他企业关系良好	0.621			
7. 与上下游企业或客户关系良好	0.596			
企业家风险承担能力		0.846	0.855	0.668
1. 把不确定性作为企业不可分割的一部分来接受	0.632			
2. 即使不能比大多数人做得更好，也至少和他们一样好	0.852			
3. 对成功的能力有信心	0.937			
企业家感知制度性壁垒		0.930	0.927	0.760
1. 建立一个新的燃气企业所需要的程序较多	0.865			
2. 注册一家新的燃气企业所需要的时间较长	0.886			
3. 政府对燃气价格的控制给企业带来很大困扰	0.816			
4. 政府承诺缺失对民营企业进入燃气行业影响较大	0.916			

注：表格最左侧纵列为"企业家能力""企业家感知进入壁垒"分类

	概念与测量题项	因子载荷	克隆巴赫α系数	组合信度	AVE
	企业家感知经济性壁垒		0.895	0.909	0.771
企业家感知进入壁垒	1. 注册资本占年度收入的比例过高	0.930			
	2. 首次进入燃气行业，企业所需要的最小资本量太大	0.958			
	3. 跟在位国有企业相比，我们得到政府更少的扶持	0.728			
	企业家感知原有企业战略性壁垒				
	企业在首次进入燃气行业时明显感受到在位企业的排斥	0.897			

一 信度检验结果与分析

信度指测量工具的正确性与精准性，其中包含稳定性与一致性两种意义。为了度量测量工具是否具有稳定性，需要对样本进行重复测试，由于我们选择的预测试对象都是关系非常好的几位企业家，所以方便对他们进行重复测试，测试结果表明，重复测试的结果没有显著差异，这说明量表具有一定的稳定性。信度分析可以反映研究的计量方法和抽样程度的有效性。本书运用分项对总项相关系数、折半信度以及内部一致性克隆巴赫α系数三个指标来检验各量表及项目的信度。克隆巴赫α系数比较适用于态度、意见式量表的信度检验。α系数介于0—1，值越大，表示内部一致性越高，信度越好。Cuieford（1965）认为，α值大于0.7表明信度较好，低于0.35为低信度，而介于0.5—0.7则是可接受的（Nunnally，1978；李怀祖，2004；吴明隆，2009）。

关于主要变量的信度检验，克隆巴赫α系数如表6-18所示（0.700、0.943、0.846、0.930、0.895）。首先，从综合信度看，本书中的测量模型的内在一致性的综合克隆巴赫α系数值均明显大于0.7，表明测量指标和量表具有较好的内在一致性，可以接受。其次，从组合信度看，企业家能力和进入壁垒的3个潜变量的组合信度都大于 0.7，表明 6 个潜变量具有很高的内在一致性，也表明企业家能力和进入壁垒这两个构念的内在质量理想。

二 效度检验结果与分析

效度，又称真实性，是指量表的评定结果是否符合编制目的，以及符合的良好程度。本书采取下列措施确保变量的效度：（1）由于所使用的问卷项目几乎全部来自已有的相关文献，很多学者都曾经使用过这些量表测量相关变量，因此认为这些量表有可靠的效度。（2）在设计问卷时尽可能找到了这些问卷的起源及后续研究对这些问卷的拓展性问卷，作为问卷的初稿。（3）咨询相关领域的专家，对企业界人士进行问卷的预调查，以评估问卷设计及用词的准确性，然后再根据预试者意见对问卷进行修改。（4）使用科学的统计方法对问卷进行评估。参照陈晓萍、徐淑英、樊景立（2008）的建议，本书进行了聚合效度和区分效度的检验。首先，从聚合效度来看，企业家能力的 3 个因子的平均方差提取量（AVE）分别是 0.576、0.582、0.668；进入壁垒两个因子的平均方差提取量分别是 0.760、0.771，均大于 0.5。由于企业家感知原有企业战略性壁垒只有一个测量题项，因此无法计算 AVE 值。由此可见，量表具有较理想的聚合效度。其次，从区分效度来看，由于 6 个潜变量与其他潜变量之间的相关系数均远小于该潜变量的 AVE 的平方根，如表 6-18 所示，说明潜变量之间具有良好的区分效度。

第三节 研究变量的描述性统计及相关性分析

在进行回归分析之前，通常要先检验变量相关关系，以揭示变量间统计关系的强弱。我们列出了各个变量的平均值、标准差和相关系数。如表 6-19 所示。一般认为，如果自变量之间的相关系数在 0.75 以上，则可能存在多重共线性问题（吴明隆，2010）。从表 6-19 中的各个自变量间的相关系数可以看出，均小于 0.75，可以初步判断自变量之间不存在多重共线性问题。

表 6-19   各变量描述性统计与相关系数

	关系能力	风险承担能力	发现机会能力	制度性壁垒	经济性壁垒	战略性壁垒	进入程度
关系能力	1						
风险承担能力	0.711**	1					
发现机会能力	0.662**	0.618**	1				
制度性壁垒	-0.720**	-0.701**	-0.715**	1			
经济性壁垒	-0.723**	-0.690**	-0.729**	0.725**	1		
战略性壁垒	-0.616**	-0.641**	-0.632**	0.689**	0.642**	1	
进入程度	0.683**	0.720**	0.563**	-0.689**	-0.772**	-0.712**	1
均值	0.000	0.000	0.000	0.000	0.000	4.26	2.12
标准差	1	1	1	1	1	0.704	0.806

注：（1）**表示在0.01水平（双侧）上显著相关。

（2）在本书研究中，对多项目测量的变量，用因子值作为对应的变量值进行回归分析，并对变量进行中心化处理。（即均值为0，方差为1）

第四节　多元回归分析与假设检验

本书以企业是否进入和进入程度作为因变量，其中进入程度分为少数股权（股权小于50%）、同等股权（股权等于50%）、多数股权（股权大于50%）三种类型。正如第四章所说，这一分类标准本质与民营企业进入城市公用事业后的控制程度和资源承诺水平具有高度的一致性。自变量由企业家能力及其维度构成，控制变量由企业规模、经营经验和企业家学历等构成。

由于本书中的因变量是二元选择变量和包含三种类型的离散定性分类变量，对于二元选择变量，通常采用二元 Logistic 回归模型进行分析。而对于离散定性分类变量，从资源承诺水平和控制程度看，这三类因变量具有一定的等级关系，如多数股权进入的民营企业的控制程度最大，而少数股权进入的控制程度最小。对于这种有序的离散值的因变量，我们通常采用有序概率模型进行分析。因此，本书将采用 Logistic 回归模型和有序概率模型进行假设检验。在对调节效应和中介效应进行检验时，使用阶层回归分析的方法。所有的检验工作在 SPSS 19.0 软件中进行，具体检验结果如下所述。

一　企业家能力对企业进入行为影响的主效应检验

表6-20给出了企业进入行为影响因素的 Logistic 回归结果。模型1中的解释变量只保留了控制变量（企业规模、经营经验、企业家学历），模型2、模型3、模型4在模型1的基础上，分别增加了企业家关系能力、风险承担能力和发现机会能力。

在逻辑斯回归模型的假设检验中主要采用 Cox 和 Snell R^2（以下简称 CR^2）和 Nagelkerke R^2（以下简称 NR^2）来检验自变量与因变量间的关联强度，关联强度的性质与多元回归分析中的 R^2 类似。另外，采用 Hosmer – Lemeshow（以下简称 HL）检验法来测度回归模型的整体适配性。HL 的卡方统计量越小越好，卡方值越小越不会达到显著，表示回归模型越佳。

在模型1检验了所有控制变量发现，模型的 CR^2 和 NR^2 分别为

0.257 和 0.343，表示控制变量与因变量有低强度的关联，HL 检验的显著性为 0.011，说明模型的整体适配度不是很好，在 3 个控制变量中，只有企业规模和企业家学历与企业进入决策显著正相关，而企业经营经验与企业进入决策的关系不显著。模型 2、模型 3、模型 4 在模型 1 的基础上，分别增加企业家关系能力、风险承担能力和发现机会能力之后，CR^2 和 NR^2 分别为 0.514、0.551、0.420 和 0.686、0.734、0.560，表明自变量与因变量之间的强度明显提高，HL 检验的卡方值分别为 6.495、10.247、7.318，显著性 Sig. 分别为 0.592、0.248 和 0.503，均不显著，表明模型的整体适配性很好。变量企业家关系能力、风险承担能力和发现机会能力的系数估计值分别为 3.275、3.103 和 1.940，且检验值均达到 0.01 显著水平，因而企业家关系能力、风险承担能力和发现机会能力对企业进入决策有显著影响，因此，假设 H1a、H2a 和 H3a 通过检验。

表 6 – 20　　　　企业家能力对民营企业是否进入城市
公用事业影响因素分析

	因变量：是否进入			
	模型 1	模型 2	模型 3	模型 4
控制变量				
企业规模	1.020 *** (0.164)	0.482 * (0.207)	0.640 *** (0.223)	0.650 *** (0.189)
经营经验	0.280(0.320)	0.633(0.427)	0.929 ** (0.465)	0.373(0.371)
企业家学历	0.661 *** (0.233)	0.032(0.331)	0.539 * (0.323)	0.928 *** (0.284)
自变量				
企业家关系能力		3.275 *** (0.517)		
企业家风险承担能力			3.103 *** (0.459)	
企业家发现机会能力				1.940 *** (0.328)
CR^2	0.257	0.514	0.551	0.420
NR^2	0.343	0.686	0.734	0.560
HL 适配值	$\chi^2 = 19.726$ 自由度 = 8 显著性 = 0.011	$\chi^2 = 6.495$ 自由度 = 8 显著性 = 0.592	$\chi^2 = 10.247$ 自由度 = 8 显著性 = 0.248	$\chi^2 = 7.318$ 自由度 = 8 显著性 = 0.503

注：***、**、* 分别表示在 1%、5%、10% 水平下显著；括号内数字为标准差。

表 6-21 给出企业进入行为的影响因素的有序概率模型极大似然估计结果。模型 5 只保留了控制变量企业规模、经营经验和企业家学历，模型 6、模型 7、模型 8 在模型 5 的基础上，分别增加了企业家关系能力、风险承担能力和发现机会能力。

表 6-21　　企业家能力与城市公用事业民营企业进入程度影响因素分析

	因变量：进入程度			
	模型 5	模型 6	模型 7	模型 8
控制变量				
企业规模	1.284 ***	0.831 ***	1.045 ***	1.046 **
	(0.218)	(0.258)	(0.259)	(0.239)
经营经验	-0.714 *	-0.065	0.027	-0.482
	(0.390)	(0.466)	(0.484)	(0.433)
企业家学历	-0.118	-0.416	0.186	0.189
	(0.275)	(0.334)	(0.326)	(0.302)
自变量				
企业家关系能力		3.101 ***		
		(0.522)		
企业家风险承担能力			3.687 ***	
			(0.632)	
企业家发现机会能力				2.088 ***
				(0.451)
R^2	0.405	0.699	0.721	0.596
极大对数似然比	106.488	125.204	102.446	127.505
观察值	111	111	111	111

注：***、**、*分别表示在1%、5%、10%水平下显著；括号内数字为标准差。

拟 R^2 是模型拟合优度，表示模型对现实数据的解释度。对于横截面数据的研究模型而言，模型的拟合优度一般不作为模型是否通过显著性检验的标准，对有序概率模型而言，一般主要考察极大似然对数比指标，在模型 5、模型 6、模型 7、模型 8 中，其极大似然对数比均达到显著性水平，说明它们的构造是合理的。而拟 R^2 的指标，则主要用于比较增加不同因素后，能否显著提高模型的解释力。通过比较模型5、模型6、模型7、模型8的拟 R^2 指标可以发现，我们在模型5的基础上分别加上企业家关系能力、风险承担能力和发现机会能力后，模型整体解释力明显增强了。

模型5检验了所有控制变量。结果表明，在三个控制变量中，企业规模的回归系数在1%统计水平下显著为正，经营经验的回归系数在10%统计水平下显著为负。

在模型6中，企业家发现机会能力对企业进入程度在1%统计水平下显著为正，因而假设H1b通过检验；在模型7中，企业家关系能力对企业进入程度在1%统计水平下显著为正，因而假设H2b通过检验；在模型8中，企业家风险承担能力对企业进入程度在1%统计水平下显著为正，因而假设H3b通过检验。

二 进入壁垒对企业家能力与企业进入行为关系的中介作用检验

按照第五章提到的中介效应检验的三个步骤，检验企业家感知进入壁垒对企业家能力与企业进入行为关系的中介效应。

（一）感知进入壁垒对企业家发现机会能力与企业进入行为关系的中介效应

关于感知进入壁垒对企业家发现机会能力与企业进入行为关系的中介效应检验结果如表6-22和表6-23所示。

表6-22　　感知进入壁垒对企业家发现机会能力与企业进入程度关系的中介效应检验

	STEP1	STEP2			STEP3	
	因变量	中介变量			因变量	
	模型9	模型10	模型11	模型12	模型13	模型14
	进入程度	企业家感知制度壁垒	企业家感知经济壁垒	企业家感知原有企业战略性壁垒	进入程度	
自变量企业家发现机会能力	2.240*** (0.401)	-0.715*** (0.048)	-0.729*** (0.047)	-0.632 (0.053)		

续表

		STEP1	STEP2			STEP3	
		因变量	中介变量			因变量	
		模型9	模型10	模型11	模型12	模型13	模型14
		进入程度	企业家感知制度壁垒	企业家感知经济壁垒	企业家感知原有企业战略性壁垒	进入程度	
中介变量	企业家感知制度壁垒					1.515*** (0.510)	
	企业家感知经济壁垒						1.290*** (0.459)
	企业家感知原有企业战略性壁垒						
	R^2	0.464				0.738	0.638
	极大对数似然比	59.597				65.186	76.733

注：***表示在1%水平下显著；括号内数字为标准差。

模型9结果表明，在1%显著性水平上，企业家发现机会能力对企业进入行为的回归系数显著，通过了中介效应检验的第一步。接下来，在模型10、模型11和模型12中，分别以企业家发现机会能力为自变量，企业家感知制度性壁垒、企业家感知经济性壁垒和企业家感知原有企业战略性壁垒为因变量，进行线性回归分析研究结果发现，企业家感知制度性壁垒、企业家感知经济性壁垒在1%显著性水平上回归系数显著，而企业家感知原有企业战略性壁垒不显著。因此，企业家感知原有企业战略性壁垒没有通过第二步检验，它对企业家发现机会能力与企业进入程度关系的中介作用不显著，假设H4b－3未通过检验。

表 6 - 23　　　　　**感知进入壁垒对企业家发现机会能力与**
企业进入决策关系的中介效应检验

		第一步	第二步			第三步	
		因变量	中介变量			因变量	
		模型 15	模型 16	模型 17	模型 18	模型 19	模型 20
		进入与否	企业家感知制度壁垒	企业家感知经济壁垒	企业家感知原有企业战略性壁垒	进入与否	
自变量企业家发现机会能力		1.989 *** (0.291)	-0.715 *** (0.048)	-0.729 *** (0.047)	-0.632 (0.053)		
中介变量	企业家感知制度壁垒					1.438 *** (0.382)	
	企业家感知经济壁垒						0.369 (0.526)
	企业家感知原有企业战略性壁垒						
R²		0.451				0.670	0.847
极大对数似然比		212.046				149.862	82.119

注：*** 表示在 1% 水平下显著；括号内数字为标准差。

　　企业家感知制度性壁垒和企业家感知经济性壁垒对企业家发现机会能力与企业进入程度关系的中介作用的最终结果还需要进行第三步检验。在模型 13 和模型 14 中，分别以企业家发现机会能力为自变量，企业家感知制度性壁垒和企业家感知经济性壁垒为中介变量，以企业进入程度为因变量，进行有序概率模型回归分析，模型 13 的研究结果表明，在控制了企业家感知制度性壁垒对企业进入程度的影响后，企业家发现机会能力对企业进入程度的影响在水平上显著，并且企业家发现机会能力的回归系数显著变小（由 2.240 变为 1.515），表明企业家感知制度性壁垒对企业家发现机会能力与企业进入程度的关系起中介作用，假设 H4b - 1 通过检验。模型 14 研究结果表明，在控制了企业家感知经济性壁垒对企业进入程度的影响后，企业家发现机会能力对企业进入程度的影响在 1% 显著性水平上显著，并且企业家发现机会能力的回归系数显著变小（由 2.240 变为 1.290），表明企业家感知经济性壁垒对企业家发现机会能力与企业进入程度的关系起中介作用，假设 H4b-2 通过检验。

模型 15 结果表明，在 1% 显著性水平上，企业家发现机会能力对企业进入决策的回归系数显著，通过了中介效应检验的第一步。接下来，在模型 16、模型 17、模型 18 中，分别以企业家发现机会能力为自变量，企业家感知制度性壁垒、企业家感知经济性壁垒和企业家感知原有企业战略性壁垒为因变量进行线性回归分析发现，企业家感知制度性壁垒、企业家感知经济性壁垒在 1% 显著性水平上回归系数显著，而企业家感知原有企业战略性壁垒不显著。因此，企业家感知原有企业战略性壁垒没有通过第二步检验，它对企业家发现机会能力与企业进入决策关系的中介作用不显著，假设 H4a-3 未通过检验。

企业家感知制度性壁垒和企业家感知经济性壁垒对企业家发现机会能力与企业进入决策关系中介作用的最终结果还需要进行第三步检验。在模型 19 和模型 20 中，分别以企业家发现机会能力为自变量，企业家感知制度性壁垒和企业家感知经济性壁垒为中介变量，以企业进入决策为因变量，进行逻辑斯回归分析，模型 19 的研究结果表明，在控制了企业家感知制度性壁垒对企业进入行为的影响后，企业家发现机会能力对企业进入决策影响在水平上显著，并且企业家发现机会能力的回归系数显著变小（由 1.989 变为 1.438），表明企业家感知制度性壁垒对企业家发现机会能力与企业进入决策的关系起中介作用，假设 H4a-1 通过检验。模型 20 的研究结果表明，在控制了企业家感知经济性壁垒对企业进入决策影响后，虽然企业家发现机会能力的回归系数变小（由 1.989 变为 0.369），但是企业家发现机会能力对企业进入行为的影响不显著，表明企业家感知经济性壁垒对企业家发现机会能力与企业进入决策的关系没有起到中介作用，假设 H4a-2 未通过检验。

（二）感知进入壁垒对企业家关系能力与企业进入行为关系的中介效应

关于感知进入壁垒对企业家关系能力与企业进入行为关系的中介效应检验结果如表 6-24 和表 6-25 所示。

表 6 – 24　　　　　　　　　感知进入壁垒对企业家发现机会
能力与企业进入程度关系的中介效应检验

		第一步	第二步			第三步		
		因变量	中介变量			因变量		
		模型 21	模型 22	模型 23	模型 24	模型 25	模型 26	模型 27
		进入程度（原始数据 111 份）	企业家感知制度壁垒	企业家感知经济壁垒	企业家感知原有企业战略性壁垒	进入程度（原始数据 111 份）		
自变量企业家关系能力		3.287*** (0.479)	-0.720*** (0.047)	-0.723*** (0.047)	-0.616*** (0.054)			
中介变量	企业家感知制度壁垒					2.412*** (0.550)		
	企业家感知经济壁垒						2.505*** (0.528)	
	企业家感知原有企业战略性壁垒							3.261*** (0.483)
	R^2	0.645				0.795	0.726	0.646
极大对数似然比		71.286				83.146	87.394	77.980

注：***表示在 1% 水平下显著；括号内数字为标准差。

模型 21 结果表明，在 1% 显著性水平上，企业家关系能力对企业进入程度的回归系数显著，通过了中介效应检验的第一步。第二步，在模型 22、模型 23 和模型 24 中，分别以企业家关系能力为自变量，企业家感知制度性壁垒、企业家感知经济性壁垒和企业家感知原有企业战略性壁垒为因变量，进行线性回归分析，研究结果发现，企业家感知制度性壁垒、企业家感知经济性壁垒、企业家感知原有企业战略性壁垒在 1% 显著性水平上回归系数均显著。第三步，在模型 25、模

表6－25　　　　　　　　感知进入壁垒对企业家关系能力与
　　　　　　　　　　　　企业进入程度关系的中介效应检验

		第一步	第二步			第三步		
		因变量	中介变量			因变量		
		模型28	模型29	模型30	模型31	模型32	模型33	模型34
		进入与否	企业家感知制度壁垒	企业家感知经济壁垒	企业家感知原有企业战略性壁垒	进入与否		
自变量企业家关系能力		3.385*** (0.483)	−0.720*** (0.047)	−0.723*** (0.047)	−0.616*** (0.054)			
中介变量	企业家感知制度壁垒					2.369*** (0.444)		
	企业家感知经济壁垒						2.927*** (0.806)	
	企业家感知原有企业战略性壁垒							3.929*** (0.731)
	R²	0.660				0.747	0.905	0.871
	极大对数似然比	153.331				123.068	54.475	71.260

注：***表示在1%水平下显著；括号内数字为标准差。

型26和模型27中，分别以企业家关系能力为自变量，企业家感知制度性壁垒、企业家感知经济性壁垒和企业家感知原有企业战略性壁垒为中介变量，以企业进入程度为因变量，进行有序概率回归分析，模型25、模型26和模型27的研究结果表明，在控制企业家感知制度性壁垒、经济性壁垒和原有企业战略性壁垒对企业进入程度的影响后，企业家关系能力对企业进入程度的影响在 1% 显著性水平上显著，并且企业家发现机会能力的回归系数均显著变小（分别由 3.287 变为 2.412、2.505、3.261），表明企业家感知制度性壁垒、经济性壁垒和原有企业战略性壁垒对企业家关系能力与企业进入程度关系都起中介作用，假设 H4b-4、H4b-5 和 H4b-6 均通过检验。

模型 28 结果表明，在 1% 显著性水平上，企业家关系能力对企业进入决策的回归系数显著，通过了中介效应检验的第一步。第二步，在模型 29、模型 30 和模型 31 中，分别以企业家关系能力为自变量，企业家感知制度性壁垒、企业家感知经济性壁垒和企业家感知原有企业战略性壁垒为因变量，进行线性回归分析，研究结果发现，企业家感知制度性壁垒、企业家感知经济性壁垒、企业家感知原有企业战略性壁垒在 1% 显著性水平上回归系数均显著。第三步，在模型 32、模型 33 和模型 34 中，分别以企业家关系能力为自变量，企业家感知制度性壁垒、企业家感知经济性壁垒和企业家感知原有企业战略性壁垒为中介变量，以企业进入决策为因变量，进行逻辑斯回归分析，模型 32、模型 33 研究结果表明，在控制了企业家感知制度性壁垒、经济性壁垒对企业进入决策的影响后，企业家关系能力对企业进入决策的影响在 1% 显著性水平上显著，并且企业家发现机会能力的回归系数均显著变小（分别由 3.385 变为 2.369、2.927）。但是，模型 34 研究结果表明，在控制了企业家感知原有企业战略性壁垒对企业进入决策的影响后，企业家关系能力对企业进入决策的影响在 1% 显著性水平上显著，而企业家发现机会能力的回归系数变大（3.385 变为 3.929），表明企业家感知原有企业战略性壁垒对企业家关系能力与企业进入决策的关系不起中介作用，假设 H4a-4 和 H4a-5 通过检验，H4a-6 没有通过检验。

（三）进入壁垒对企业家风险承担能力与企业进入行为关系中介效应

关于感知进入壁垒对企业家风险承担能力与企业进入行为关系的中介效应检验结果如表 6-26 和表 6-27 所示。

表 6 - 26 感知进入壁垒对企业家风险承担能力与
企业进入程度关系的中介效应检验

	第一步	第二步			第三步		
	因变量	中介变量			因变量		
	模型35	模型36	模型37	模型38	模型39	模型40	模型41
	进入程度（原始数据111份）	企业家感知制度壁垒	企业家感知经济壁垒	企业家感知原有企业战略性壁垒	进入程度（原始数据111份）		
自变量企业家风险承担能力	3.741***(0.560)	-0.701***(0.049)	-0.690***(0.049)	-0.641***(0.052)			
中介变量 企业家感知制度壁垒					2.755***(0.640)		
企业家感知经济壁垒						2.804***(0.588)	
企业家感知原有企业战略性壁垒							3.722***(0.569)
R^2	0.636				0.792	0.731	0.640
极大对数似然比	28.790				47.316	47.858	39.521

注：＊＊＊表示在1%水平下显著；括号内数字为标准差。

　　模型35结果表明，在1%显著性水平上，企业家风险承担能力对企业进入程度的回归系数显著，通过了中介效应检验的第一步。第二步，在模型36、模型37和模型38中，分别以企业家风险承担能力为自变量，企业家感知制度性壁垒、企业家感知经济性壁垒和企业家感知原有企业战略性壁垒为因变量，进行线性回归分析，研究结果表明，

表6-27　　　感知进入壁垒对企业家风险承担能力与企业
进入程度关系的中介效应检验

		第一步	第二步			第三步		
		因变量	中介变量			因变量		
		模型42	模型43	模型44	模型45	模型46	模型47	模型48
		进入与否（原始数据218份）	企业家感知制度壁垒	企业家感知经济壁垒	企业家感知原有企业战略性壁垒	进入与否（原始数据218份）		
自变量企业家风险承担能力		3.194***（0.424）	-0.701***（0.049）	-0.690***（0.049）	-0.641***（0.052）			
中介变量	企业家感知制度壁垒					2.741***（0.485）		
	企业家感知经济壁垒						3.668***（0.944）	
	企业家感知原有企业战略性壁垒							6.058***（1.329）
R^2		0.688				0.795	0.917	0.897
极大对数似然比		143.910				104.462	48.535	58.521

注：***表示在1%水平下显著；括号内数字为标准差。

企业家感知制度性壁垒、企业家感知经济性壁垒、企业家感知原有企业战略性壁垒在1%显著性水平上回归系数均显著。第三步，在模型39、模型40和模型41中，分别以企业家风险承担能力为自变量，企业家感知制度性壁垒、企业家感知经济性壁垒和企业家感知原有企业战略性壁垒为中介变量，以企业进入程度为因变量，进行有序概率回归分析，模型39、模型40和模型41研究结果表明，在控制了企业家感知制度性壁垒、经济性壁垒和原有企业战略性壁垒对企业进入程度的影响后，企业家风险承担能力对企业进入程度的影响在1%显著性水平上显著，并且企业家风险承担能力的回归系数均显著变小（分别由3.741变为2.755、2.804、3.722），表明企业家感知制度性壁垒、经济性壁垒和原有企业战略性壁垒对企业家风险承担能力与企业进入程度的关系都起中介作用，假设 H4b－7、H4b－8、H4b－9 均通过检验。

　　模型42结果表明，在1%显著性水平上，企业家风险承担能力对企业进入决策的回归系数显著，通过中介效应检验的第一步。第二步，在模型43、模型44、模型45中，分别以企业家风险承担能力为自变量，企业家感知制度性壁垒、企业家感知经济性壁垒和企业家感知原有企业战略性壁垒为因变量，进行线性回归分析研究结果表明，企业家感知制度性壁垒、企业家感知经济性壁垒、企业家感知原有企业战略性壁垒在1%显著性水平上回归系数均显著。第三步，在模型46、模型47和模型48中，分别以企业家风险承担能力为自变量，企业家感知制度性壁垒、企业家感知经济性壁垒和企业家感知原有企业战略性壁垒为中介变量，以企业进入决策为因变量，进行逻辑斯回归分析，模型46研究结果表明，在控制了企业家感知制度性壁垒对企业进入决策的影响后，企业家风险承担能力对企业进入决策的影响在1%显著性水平上显著，并且企业家发现机会能力的回归系数显著变小（由3.194变为2.741）。但是，模型47和模型48研究结果表明，在控制了企业家感知经济性壁垒和原有企业战略性壁垒对企业进入决策的影响后，企业家风险承担能力对企业进入决策的影响在1%显著性水平上显著，而企业家风险承担能力的回归系数变大（由3.194分别变为3.668、6.058），表明企业家感知经济性壁垒和原有企业战略性壁垒对企业家风险承担能力与企业进入决策的关系不起中介作用，假设 H4a－7 通过检验，H4a－8 和 H4a－9 没有通过检验。

　　三　进入时间对进入壁垒与企业进入行为关系的调节作用检验

　　企业进入时间对进入壁垒与企业进入行为关系的调节作用检验结果见表6－28。

表6-28 进入时间对企业家能力与企业进入行为的调节作用

	因变量：进入程度（111份原始数据）		
	模型49	模型50	模型51
控制变量			
企业规模	0.705** (0.283)	0.667*** (0.233)	0.977*** (0.532)
经营经验	-0.507 (0.518)	-0.588 (0.445)	-0.556 (0.412)
自变量			
进入壁垒			
感知制度性进入壁垒	0.559 (1.432)		
感知经济性进入壁垒		-0.435 (2.254)	
感知原有企业战略性壁垒			4.694*** (1.479)
进入时间			
交互项			
进入壁垒×进入时间			
感知制度性壁垒×进入时间	-0.352*** (0.126)		
感知经济性壁垒×进入时间		-0.168 (0.137)	
感知原有企业战略性壁垒×进入时间			-0.349*** (0.105)
R²	0.786	0.660	0.529
极大对数似然比	103.218	139.723	143.035
观察值	111	111	111

注：***表示在1%水平下显著；括号内数字为标准差。

在模型49、模型50、模型51中，将企业家感知进入壁垒作为自变量，企业进入行为作为因变量，并在控制了企业规模、经营经验的基础上，进行了有序概率模型的极大似然估计，分别检验了企业家感知制度性壁垒、企业家感知经济性壁垒和企业家感知原有企业战略性壁垒与进入时间的调节作用。从研究结果看，企业家感知制度性壁垒×进入时间交互项、企业家感知经济性壁垒×进入时间交互项不显著，因此假设 H5a、H5b 未通过检验。而企业家感知原有企业战略性壁垒×进入时间交互项在 1% 条件下显著，因此假设 H5c 通过检验。

第五节　假设检验结果总结

民营企业进入城市公用事业，不仅可以解决政府长期作为城市公用事业唯一投资主体的弊端，推进城市公用事业改革，促进经济发展，而且有助于拓展民营企业投资方向，促进民营企业转型升级。在中国长期计划经济体制下，城市公用事业对民营企业而言一直是一个高壁垒的行业。但是，仍然有一批民营企业进入城市公用事业。相关文献认为，民营企业要想进入政府管制行业如城市公用事业，首先就得突破"玻璃门"和"弹簧门"（马光远，2012），这里的"玻璃门"和"弹簧门"，事实上就是指民营企业在进入城市公用事业过程中遇到的各种壁垒。如何突破各种进入壁垒呢？由于民营企业决策机制相对简单，中国目前的民营企业大多属于企业家型企业。企业家作为决策者，支配着企业的行为，对企业战略制定与实施产生重要影响（许庆高、周鸿勇，2009；李明，2010）。而"进入"从本质上讲是企业家的一种行为（Lumpkin and Dess，1996）。所以企业家，尤其是民营企业家一定与企业的进入行为有关。企业家能力作为企业家最重要的隐性要素，也一定与企业的进入行为有关。事实上，已有研究表明，企业家政治活动能力对民营企业进入政府管制行业有积极影响（罗党论、刘晓龙，2009；周其仁，1997；汪伟、史晋川，2005；龚军姣、王俊豪，2011；谢琳、李孔岳、张景茹，2013）。因此从某种程度上讲，民营企业能否进入城市公用事业，关键取决于企业家通过政治活动能力而获取企业进入所需的资源。

但是，基于资源需求的企业家能力需求，民营企业在进入城市公用事业过程中除了需要政治活动能力外，还需要发现机会能力和风险承担能力。鉴于此，本书将企业家能力分为三个维度，即企业家发现机会能力、关系能力和风险承担能力。从企业家能力视角来研究企业进入行为成为一个值得深入研究的命题。

关于进入行为研究，秉承外因论的国际商务学派主要运用交易成本理论、折中理论等进行解释，研究企业的国际进入行为（Root，1987；Anderson and Gatignon，1986；Erramilli and Rao，1993；Dunning，1988；张一驰、欧怡，2001；陈炳宏，2006）。产业组织理论学派将市场进入理论归结为两大流派，即基于进入纠错的市场进入理论和基于进入替代的市场进入理论两大流派（黄健柏、陈伟刚、江飞涛，2006；吴三忙，2008）。而战略管理学派将影响企业进入行为的因素从企业外部转移到企业内部（Madhok，1997；Sharma and Erramilli，2004；Meyer and Peng，2005；罗珉，2006；柳燕，2007），主要应用资源基础理论、组织能力理论、战略行为理论和权变决策理论等进行解释。

总体而言，关于企业家能力与企业进入行为之间的互动作用机理，企业家能力是如何促进企业进入行为发生或企业进入程度差别的论述还不多见。并且，在"新36条"背景下以城市公用事业民营企业为研究对象探讨企业家能力、进入壁垒突破与企业进入行为的关系的研究更少，企业家能力对民营企业进入城市公用事业的影响机制有待具体分析和探讨。

基于上述缘由，本书主要以城市公用事业民营企业为研究对象，基于资源基础理论和战略选择理论，探讨企业家能力对民营企业进入城市公用事业的影响机制。为了揭示其内在影响机制，本书从企业家感知制度性壁垒、经济性壁垒和原有企业战略性壁垒三个维度来探讨企业家感知进入壁垒对于企业家能力与企业进入行为之间关系的中介作用，构建"企业家能力—进入壁垒突破—进入行为"的理论分析框架，在调查问卷的基础上，经过探索性因子分析、验证性因子分析、逻辑斯回归分析、有序概率回归分析、层次回归分析等方法对本书提出的3组共27个研究假设进行了实证检验，其中20个假设通过了检验，获得了显著支持，7个假设未通过检验，没有获得支持，实证检验结果汇总如表6-29所示。

表 6-29   本书研究假设的整理

	假设	假设内容	检验结果
企业家能力主效应	H1a	企业家发现机会能力与民营企业是否进入城市公用事业正相关	支持
	H1b	企业家发现机会能力与城市公用事业民营企业进入程度正相关	支持
	H2a	企业家关系能力与民营企业是否进入城市公用事业正相关	支持
	H2b	企业家关系能力与城市公用事业民营企业进入程度正相关	支持
	H3a	企业家风险承担能力与民营企业是否进入城市公用事业正相关	支持
	H3b	企业家风险承担能力与城市公用事业民营企业进入程度正相关	支持
企业家感知进入壁垒中介效应	H4a-1	企业家感知制度性壁垒是企业家发现机会能力与城市公用事业民营企业进入决策的中介变量	支持
	H4a-2	企业家感知经济性壁垒是企业家发现机会能力与城市公用事业民营企业进入决策的中介变量	不支持
	H4a-3	企业家感知原有企业战略性壁垒是企业家发现机会能力与城市公用事业民营企业进入决策的中介变量	不支持
	H4a-4	企业家感知制度性壁垒是关系能力与城市公用事业民营企业进入决策的中介变量	支持
	H4a-5	企业家感知经济性壁垒是关系能力与城市公用事业民营企业进入决策的中介变量	支持
	H4a-6	企业家感知原有企业战略性壁垒是关系能力与城市公用事业民营企业进入决策的中介变量	不支持
	H4a-7	企业家感知制度性壁垒是风险承担能力与城市公用事业民营企业进入决策的中介变量	支持
	H4a-8	企业家感知经济性壁垒是风险承担能力与城市公用事业民营企业进入决策的中介变量	不支持
	H4a-9	原有企业战略性壁垒是风险承担能力与城市公用事业民营企业进入决策的中介变量	不支持

	假设	假设内容	检验结果
企业家感知进入壁垒中介效应	H4b-1	企业家感知制度性壁垒是企业家发现机会能力与城市公用事业民营企业进入程度的中介变量	支持
	H4b-2	企业家感知经济性壁垒是企业家发现机会能力与城市公用事业民营企业进入程度的中介变量	支持
	H4b-3	企业家感知原有企业战略性壁垒是企业家发现机会能力与城市公用事业民营企业进入程度的中介变量	不支持
	H4b-4	企业家感知制度性壁垒是关系能力与城市公用事业民营企业进入程度的中介变量	支持
	H4b-5	企业家感知经济性壁垒是关系能力与城市公用事业民营企业进入程度的中介变量	支持
	H4b-6	企业家感知原有企业战略性壁垒是关系能力与城市公用事业民营企业进入程度的中介变量	支持
	H4b-7	企业家感知制度性壁垒是风险承担能力与城市公用事业民营企业进入程度的中介变量	支持
	H4b-8	企业家感知经济性壁垒是风险承担能力与城市公用事业民营企业进入程度的中介变量	支持
	H4b-9	企业家感知原有企业战略性壁垒是风险承担能力与城市公用事业民营企业进入程度的中介变量	支持
进入时间的调节作用	H5a	相对晚进入的民营企业而言，早进入的民营企业，企业家感知制度性壁垒对企业进入程度的影响更小一些	支持
	H5b	相对晚进入的民营企业而言，早进入的民营企业，企业家感知经济性壁垒对企业进入程度的影响更小一些	不支持
	H5c	相对晚进入的民营企业而言，早进入的民营企业，企业家感知原有企业战略性壁垒对企业进入程度的影响更小一些	支持

第六节　研究结果分析与讨论

一　企业家能力与企业进入行为之间关系

实证研究结果表明，企业家能力的三个维度都对企业进入行为产生影响，但是不同维度对企业进入行为的影响程度存在差别。

(一) 企业家发现机会能力的影响

柯兹纳 (Kirzner, 1979) 认为，企业家所具备的敏感和知识是与众不同的，从非均衡市场发现潜在的、有价值的机会是企业家的基本特性之一。沙恩 (2001) 认为，企业家发现机会的能力并非人人均等地享有。彭罗斯 (1959)、钱德勒和沙恩 (2001) 认为，企业家发现机会的能力差异是形成企业绩效或成长差异的根源之一。所以企业家发现机会的能力是一种稀缺资源，是可以直接给企业带来投资机会或者收益的 (李明, 2010; 朱吉庆, 2008)。而企业绩效除包括财务绩效之外，当然也包括合法性绩效，如民营企业进入政府管制型行业，获得进入合法性等。通过假设 H1a 和 H1b 实证分析发现，企业家发现机会能力与民营企业是否进入城市公用事业正相关，与城市公用事业民营企业进入程度正相关。此结论与彭罗斯 (1956)、钱德勒和沙恩 (2001) 等研究观点趋于一致，即企业家发现机会能力可以给企业带来进入合法性绩效。因此，本书结论将企业家发现机会能力拓展到了企业进入行为层面，丰富了企业家能力和企业进入行为整合研究。

更进一步地，产生这种结果的原因可能有以下两个方面：一方面，尽管有新 36 条背景，但是，由于我国城市公用事业原先主要由政府或国有企业经营，在我国法律制度还不健全，政府又拥有较大自由裁量权的情境下，进入城市公用事业对民营企业来说，存在一定经营风险，是一个非均衡市场。而在非均衡市场里面发现机会和价值并不是人人都具备的能力，所以只有那些拥有发现机会能力的民营企业家才有可能进入政府管制的城市公用事业，当这种能力越强时，其以更高程度进入的倾向就越明显。正如第三章探索性案例研究中所阐述的，案例企业家都具有开拓精神，擅长发现机会并抓住机会，有很强的进入意愿和信心。另一方面，由于本书的调研问卷集中在浙江省，浙江省民营经济发达，市场化程度高，民营企业进入城市公用事业主要以企业为主导，而不是政府为主导，在这种情形下，民营企业进入城市公用事业是不是一个新的发展机会，是否值得，主要由企业家自己判断，因此，企业家自身发现机会能力的大小就直接影响企业进入行为。

（二）企业家关系能力影响

孙早、刘庆岩（2006）等认为，企业家的关系能力对企业成长有积极影响。更多的学者强调企业家政治关系对企业进入行为的影响。胡旭阳（2006），罗党论、刘晓龙（2009），李明（2010），谢琳、李孔岳、张景茹（2013）均认为，企业家与政府的政治政治关系政治关系越好，其进入高壁垒行业的可能性和进入程度也越大。费希曼（Fishman，2001）和吴宝（2012）认为，企业家的政治关系是一种特殊的企业管理资源，能够为企业的发展带来很多好处。尤其是在转型经济国家里，正式规则和法律体系尚不健全（Redding，2005；Peng and Heath，1996）、产权不明晰（Boisot and Child，1996）、政策环境缺乏稳定性（Park and Luo，2001；Xin and Pearce，1996）、非正式制度在维系社会经济秩序中发挥着重要作用（高向飞、王相敏，2009）。在这种情况下，为了减少干预和对制度和市场的不确定性，民营企业转向一些非正式关系网络这一替代机制来寻求企业的发展。由此，企业家政治关系的功效得以凸显（Bai，Lu and Tao，2006；Charumilind，Kali and Wiwattanakantang，2006）。少量关于企业家与金融机构、行业协会、同行等的关系能力对于企业进入行为存在正效应的研究表明，与金融机构建立良好关系的企业，可以直接提高企业的融资数量和降低融资成本两个方面，从而获得进入城市公用事业的必要资金，促进民营企业进入城市公用事业（龚军姣、王俊豪，2011）。另外，与行业协会、同行以及公众建立良好的关系，也可以促进民营企业进入城市公用事业。通过假设 H2a 和 H2b 实证分析发现，企业家关系能力与民营企业是否进入城市公用事业正相关，与城市公用事业民营企业进入程度正相关。此结论与已有研究观点趋于一致。

更进一步，产生这种结果的原因可能是，对于处在转型期的中国民营企业而言，许多企业家为了获得进入政府管制行业的机会，往往积极构建与政府官员、金融机构、行业协会和同行的各种联系，通过这样的联系来获取关键性资源，由此，优先获得了进入机会。正如第三章探索性案例研究中所阐述的，企业家在遇到进入城市公交的制度性壁垒时，企业家通过和国有企业合资，给企业戴上"红帽子"后进入，同时，在机会均等情形下，企业家还可以利用自身与政府官员的关系优先获得政府在金融、信息、技术和优惠政策等方面的支持。

（三）企业家风险承担能力的影响

企业家能力的关键之处在于，他们不仅有创新的想法，更有将这些想法付诸实践的行动力和胆量（Zimmerer and Scarborough，2006）。识别低成本地进入机会，发现可以利用的资源还不能最后决定是否进入城市公用事业，进入风险是必须要考虑的因素。因为，一般来说，企业经营风险会随着进入程度的提高而逐步增加。如果一个经营者只看到这些潜在的风险，就很可能会放弃进入决策。真正的企业家在面对风险时不仅注意到有风险的一面，更关注其带来的机会。机会虽然有偶然性，但也具有客观性，是一种具有价值的资源，机会更是易逝而不可储存（张福辉、郭玉芹，1997），因此一旦放弃，也许就被竞争对手获得。企业家能力会推动企业家在做出进入城市公用事业的决策过程中，在理性分析潜在风险的基础上有胆量、有勇气放手一搏。企业家积极竞争和敢于承担风险的能力使他们必然要抓住所发现的市场机会。因此，企业家的风险承担特征会影响民营企业进入城市公用事业以及企业的进入程度。

与 Zimmerer 和 Scarborough（2006）、（张福辉、郭玉芹，1997）等研究相似，本书证明了假设 H3a 和 H3b，即企业家风险承担能力与民营企业是否进入城市公用事业正相关，与城市公用事业民营企业进入程度正相关，其主要原因在于：对于民营企业的决策者来说，进入政府管制的行业（如城市公用事业）与进入非政府管制的行业之间存在较大的差异，在中国，总体上讲，政府自由裁量权还比较高，法治还不是很健全，进入政府管制行业意味着很大的不确定性。另外，城市公用事业具有投资大、资产专用性强等特征，对民营企业而言，进入时可能遭遇各种进入壁垒，进入后产品或服务是不是真正能满足消费者的需要等诸多要素，使得经营更是充满着风险。这就使得进入城市公用事业的民营企业的管理更加复杂、风险评估更加不确定及收益更加不稳定。因此，企业家的风险承担能力成了企业进入行为发生的必要条件。

综上所述，我们的研究结论是，企业家发现机会能力、关系能力和风险承担能力是影响企业进入行为的重要因素，它们都对企业进入决策和进入程度有积极正向影响。即企业家发现机会能力、关系能力和风险承担能力越强，民营企业进入城市公用事业的可能性越大，且进入程度越高。

二 企业家感知进入壁垒的中介作用

民营企业需要通过企业家能力突破制度性壁垒、经济性壁垒和原有企业战略性壁垒，从而实现民营企业进入城市公用事业。在此过程中，企业的进入行为需要通过进入壁垒的突破得以实现。

（一）企业家发现机会能力通过突破进入壁垒影响企业进入行为

首先，H4a - 1、H4b - 1 和 H4b - 2 实证结论的可能性解释是：根据战略选择理论，管理者具有很强的主观能动性，他们可以对组织的"运营领域"做出某些决策，进而创造或选择环境并推动了组织及其运作模式的演进。也就是说，管理者可以通过积极的"战略选择"改变组织的环境、结构及其运作模式（Child，1972；罗岷，2006）。可见，企业家对企业进入行为会产生重要影响。而根据资源基础理论，企业稀缺的、有价值的、难以模仿的、不可替代的资源是获取竞争优势的源泉（Barney，1991）。资源基础理论还假定独有产权是进入模式的默认选择；它被证明是一种更优的、理想的进入模式（Stopford and Wells，1972）。如前所述，企业家发现机会能力很显然符合稀缺、有价值、难以模仿和不可替代的特征，因而企业家发现机会能力是企业进入行为的重要因素。那么，企业家发现机会能力到底是如何影响企业的进入行为的呢？企业家发现机会能力表现为企业家在非均衡市场中发现机会和价值，这种价值的发现成为企业家突破制度性壁垒的动力。所以企业家发现机会能力越强，其越有可能在非均衡市场中发现价值，为了最终获取这些价值，必须首先突破制度性壁垒和经济性壁垒，如花费注册时间、接受价格管制、应对政府承诺缺失、必要资本量准备、与国有企业相比获得政府更少的扶持等，从而更有可能产生进入决策和倾向于以更高控制程度的方式进入。

其次，根据模型 18 的假设检验结果发现，企业家发现机会能力对原有企业的战略性壁垒有负向影响，系数为 -0.632，但是并不显著。表明企业家发现机会能力与原有企业战略性壁垒没有显著影响，所以 H4a - 3 和 H4b - 3 未通过假设检验。其可能的原因有以下两个方面：一是企业家发现机会能力虽然可以突破制度性壁垒和经济性壁垒，这与汪伟和史晋川（2005）、项国鹏（2006）等的研究结论是一致的，但是并不一定能突破原有企业战略性壁垒。本书虽然在已有研究和探索性案例研究的基础上，将进入壁垒分为制度性壁垒、经济性壁垒和原有企业的战略性壁垒，但是因为原有企业战略性壁垒选择单项目测量方式，可能并不能全面反映原有企业战略性壁垒的内涵，从而导致假设检验未通过。二是原有企业战略性壁垒的大小主要由原有企业决定，企业家发现机会能力着重体现于发现行业的潜在价值，无法影响原有企业的战略行为。另外，比较有意思的结论是，根据模型 20 企业家感知经济性壁垒在企业家发现机会能力与进入决策关系中并没有起到中介作用，而在企业家发现机会能力与企业进入程度的关系中起中介作用。这说明，企业家发现机会能力会直接影响民营企业是否进入城市公用事业，但是这种影响不是通过突破企业家感知的经济性壁垒来实现的。可能的解释是，第一，经济性壁垒不是影响企业是否进入城市公用事业的显著因素，这与杨国彪（1998）、亨纳特（1991）和杨蕙馨（2004）等的研究结论是一致的。可能与中国情境有关，在目前的中国，民营企业要想进入城市公用事业，最重要的是要获得政府的支持和帮助，只要能够获得制度上的支持，突破制度性壁垒，基本上就可以获得进入机会。但经济性壁垒会影响进入程度的高低，说明民营企业能否以更高程度的方式进入城市公用事业，仅仅只是依靠政府的力量还不够，还得依靠企业自身的经济实力。

（二）企业家关系能力通过突破进入壁垒影响企业进入行为

首先，H4a - 4、H4a - 5、H4b - 4、H4b - 5 和 H4b - 6 实证结论的可能性解释是：企业家通过构建与政府、金融机构、行业协会和同行等的良好关系，获取相关的信息、资金和优惠政策等资源，从而突破以政府为主导的制度性壁垒、经济性壁垒和以原有企业为主导的原有企业战略性壁垒。企业家与政府的关系越好，其越有可能优先获得进入信息，企业家与金融机构的关系越好，其越有可能优先获得低成本高数量的资金筹集，企业家与同行关系越好，其受到原有企业的排斥可能性就越小，所以更容易突破制度性壁垒、经济性壁垒和原有企业战略性壁垒，从而更有可能产生进入决策和倾向于以更高控制程度的方式进入。

其次，H4a - 6 没有通过假设检验。表明原有企业战略性壁垒对企业家关系能力与企业进入决策关系没有中介作用。即企业家关系能力对企业进入决策的影响不是通过原有企业战略性壁垒突破的。可能的解释主要有两个：一是原有企业战略性壁垒对企业进入行为影响不显著。原有企业的战略性行为可以通过两个指标来衡量：广告密度和研发密度。可见，本书结论与学者戈雷基（Gorecki，1976），杨天宇、张蕾（2009）得出原有企业广告密度对新企业进入行为没有显著影响的结论是一致的。戈雷基（1976）得出的研发密度与企业进入行为没有显著影响的结论也是一致的。二是城市公用事业提供产品和服务具有准公共用品的性质，在研发和广告投入方面的动力都不足，所以原有企业战略性壁垒还不能成为影响企业进入行为的主导因素。

（三）企业家风险承担能力通过突破进入壁垒影响企业进入行为

首先，H4a - 7、H4b - 7、H4b - 8 和 H4b - 9 实证结论的可能性解释是：企业家拥有承担风险和不确定性，并付诸行动，将发现机会转化为抓住机会的能力，可以帮助企业突破制度性、经济性和原有企业的战略性壁垒。企业家风险承担能力越好，越能获得政府的信任，越有可能优先获得进入信息；企业家风险承担能力越好，就越能获得金融机构的信任，其越有可能优先获得低成本高数量的资金筹集，企业家风险承担能力越好，其受到原有企业的排斥可能性就越小，所以更容易突破制度性壁垒、经济性壁垒和原有企业战略性壁垒，从而更有可能产生进入决策和倾向于以更高控制程度的方式进入。

其次，H4a - 8 和 H4a - 9 没有通过假设检验。表明经济性壁垒、原有企业战略性壁垒对企业家风险承担能力与企业进入决策的关系没有中介作用。即企业家风险承担能力对企业进入决策的影响不是通过经济性壁垒和原有企业战略性壁垒突破的。可能的解释与经济性壁垒对企业家发现机会能力与企业进入决策、原有企业战略性壁垒对企业家关系能力与企业进入决策的关系没有中介作用相同。即主要与研究情境有关、行业产品特征有关。

综上所述，我们的研究结论是企业家能力差异既影响民营企业进入行为，又会降低企业家对进入壁垒的感知，而这种不同的进入壁垒感知又将影响着企业家能力差异对企业进入行为的作用。本书的实证研究结果打开了企业家能力到企业进入行为的"黑箱"，从降低进入壁垒的视角探究了企业家能力、进入壁垒突破与企业进入行为的关系，建立了变量间的传导机制和影响路径。具体而言，企业家感知制度性壁垒对企业家能力与企业进入行为关系起部分中介作用；企业家感知经济性壁垒对企业家能力与企业进入程度的关系，对企业家关系能力与企业进入决策起部分中介作用，但是，对企业家发现机会能力、风险承担能力与企业进入决策不起中介作用；企业家感知原有企业战略性壁垒对企业家关系能力、风险承担能力与企业进入程度关系起部分中介作用，对企业家发现机会能力与企业进入程度的关系没有起到中介作用，企业家感知原有企业战略性壁垒对企业家能力与企业进入决策的关系均没有起到中介作用。

三　进入时间对企业家感知进入壁垒与企业进入行为的调节作用

模型 49 和模型 51 表明，进入时间对进入壁垒中制度性壁垒和原有企业战略性壁垒与进入程度关系调节作用显著，也就是说，相对晚进入的民营而言，早进入的民营企业制度性壁垒和原有企业战略性壁垒对企业进入程度的影响更小一些，即早进入企业进入程度高的可能性更大，而晚进入企业进入程度低的可能性更大。因此，进入时间能够在更大程度上影响制度性壁垒和原有企业战略性壁垒对企业进入程度的影响，它调节了制度性壁垒和原有企业战略性壁垒对企业进入程度的选择。结果对于解释进入壁垒对于企业进入行为影响的自相矛盾的研究现状具有重要意义。如 Duetsch（1975），Tatoglu、Glaister 和 Erdal（2003），杨天宇、张蕾（2009）等认为，进入壁垒的主要衡量指标产业集中度对企业进入行为有显著正向影响；Orr（1974）、Mayer 和 Chappell（1992）、Barbosa 和 Louri（2002）认为，产业集中度对企业进入行为有显著负向影响；杨国彪（1998）、亨纳特（1991）和杨惠馨（2004）则认为产业集中度对企业进入行为没有显著影响。再比如 Kessides（1986）、Fagre 和 Wells（1982）、Lecraw（1984）、Gatigonon 和 Anderson（1988）、Gomes－Cassers（1990）、亨纳特（1991）的研究结果显示，原有企业战略性壁垒的主要衡量指标广告密度会正向影响新企业进入行为，学者 Orr（1974）、Duetsch（1975）、Yamawaki（1994）则得出相反的结论，即原有企业的广告密度对新企业进入行为有负向影响，还有一些学者，如 Gorecki（1976），杨天宇、张蕾（2009）则得出原有企业广告密度对新企业进入行为没有显著影响的结论。关于原有企业战略性壁垒的另一衡量指标研发密度对企业进入行为的影响同样存在三种不同的结论，即显著正向影响（杨国彪，1998；李世英，2005；杨天宇、张蕾，2009），显著负向影响（Orr，1974；Acs and Audretsch，1989），没有显著影响（Gorecki，1976）。本书发现，进入壁垒对进入行为的影响还会受到进入时间的调节，比如说，较早进入城市公用事业的民营企业，数量本身少，因为大多数民营企业并没有发现这样的机会，加上政府鼓励民营企业进入城市公用事业的主要目的就是减轻财政负担，所以政府对于早进入的民营企业愿意提供更多的扶持，而在位企业基本上都是国有企业或主要由政府经营，它们最初不会感受到民营企业进入后带来的竞争威胁，所以民营企业感受到的制度性壁垒和原有企业的战略性壁垒都会小一些，从而进入壁垒对企业进入行为的影响程度也就低一些。

模型 50 表明，进入时间对经济壁垒与进入程度关系的调节作用不显著。造成这种结果的可能解释有以下两个方面：一是理论基础方面。本书对象所处的情景使得当前的理论基础不能很好地满足。根据已有的研究文献，战略管理、企业家和产业组织理论一致认为生命周期是一个重要的偶发变量，并和进入壁垒交互影响企业的绩效。波特（1980）、Decastro 和 Chrisman（1995）及 MacMillan 等（1985）均认为，一个行业的早进入者比晚进入者会面临更小的壁垒，从而进入壁垒对企业进入行为的影响程度更低，而 Carroll 和 Delacroix（1982）、Mitchell（1992）、Wernerfelt 和 Karnani（1987）则认为，早期进入者面临着更高的失败风险，进入壁垒对企业进入行为的影响程度更大一些。无论是哪种研究结论，至少都承认进入时间和进入壁垒会交互影响企业进入行为。本书假设之所以不显著，可能是因为城市公用事业作为主要由政府和国有企业经营的行业，国务院颁布的 36 条和"新36 条"都提出鼓励民营企业进入城市公用事业，但是经济政策变化并不明显，再加上城市燃气行业提供的产品或服务比较单一，产品或流程创新少，需求基本上属于刚性需求，顾客基本上对于产品或服务没有选择，也就不存在顾客忠诚对先后进入企业的影响了，所以整个行业的经济环境和生命周期阶段并没有随时间变化发生显著变化，导致进入时间与经济性壁垒的交互作用不显著。二是研究设计方面。本书选择了浙江省燃气行业民营企业作为调查对象，受限于数据的可得，我们的调查样本进入时间虽然有差异，根据我们的调查，进入时间最长的是 39 年，最短的只有 2 年，但是绝大多数都是 10—20 年，占总样本的 70.3%，可能正好集中在这段时间进入的企业没有明显感觉到经济壁垒的变化，所以导致交互作用不存在。

　　综上所述，我们的研究结论是进入时间对制度性壁垒、原有企业战略性壁垒与企业进入行为之间的关系起调节作用，对经济性壁垒与企业进入行为之间的关系调节作用不显著。

第七章　研究结论与展望

第一节　主要研究结论

对进入行为研究国际商务学派主要运用交易成本理论、折中理论等进行解释，研究企业的国际进入行为（Root，1987；Anderson and Gatignon，1986；Erramilli and Rao，1993；Dunning，1988；张一驰、欧怡，2001；陈炳宏，2006）。产业组织理论学派将市场进入理论归结为两大流派，即基于进入纠错的市场进入理论和基于进入替代的市场进入理论两大流派（黄健柏、陈伟刚、江飞涛，2006；吴三忙，2008）。而战略管理学派将影响企业进入行为因素从企业外部转移到企业内部（Madhok，1997；Sharma and Erramilli，2004；Meyer and Peng，2005；罗岷，2006；柳燕，2007），主要应用资源基础理论、组织能力理论、战略行为理论和权变决策理论等进行解释。由于企业进入行为从本质上讲是企业家的行为，我们将研究的焦点转移到企业家身上，而企业家能力是影响进入行为的隐性要素。在这里，对于决策机制相对简单的民营企业而言，其企业家能力本身就是一个不可模仿的资源、一项获得资源与信息的有效途径。企业家能力扮演着发现机会、承担风险和获取信息、资金等角色，并在企业进入城市公用事业的过程中起到关键作用。如何通过企业家能力来提高民营企业进入城市公用事业的可能性和进入程度，从而促进城市公用事业的发展和民营企业的转型升级，已成为学界亟待认真思考的问题。

围绕"企业家能力如何影响民营企业进入城市公用事业行为"这一基本命题，本书综合运用探索性案例研究、半结构式访谈、理论研究、大样本统计等一系列研究方法以及 SPSS 19.0、Lisrel 等数量统计工具，将定性与定量分析结合，循序渐进地解决了所要研究的各个子问题：基于资源需求的企业家能力维度构成有哪些？企业家能力如何影响民营企业进入城市公用事业的行为？企业家感知进入壁垒是否起到中介作用？进入时间早晚是否起到调节作用？通过全文分析论证，本书明晰了企业家能力、进入壁垒突破及企业进入行为三者之间的机理，并形成主要观点与结论：

一　基于民营企业进入城市公用事业的资源需求，企业家能力可以分为企业家发现机会能力、关系能力和风险承担能力三个维度

通过系统的文献分析与梳理，基于本书的研究问题和研究内容，我们将企业家能力界定为企业家通过对不确定环境的敏感性，挖掘具有市场价值的机会，并利用资源和获取企业所需资源的一组创业能力束。创业能力束强调企业家发现机会、获取信息、资金等资源以及可以承担一定的风险的能力，所以本书在已有研究的基础上，将企业家能力划分为企业家发现机会能力、关系能力和风险承担能力三个维度。

二　企业家能力对民营企业进入城市公用事业的影响

通过探索性案例研究，并结合文献梳理和理论推演以及半结构式访谈，本书探讨了企业家能力的三个维度对民营企业进入行为的影响。实证研究显示：

（1）企业家发现机会能力与民营企业是否进入城市公用事业正相关，与城市公用事业民营企业进入程度正相关。此结论说明，民营企业能否进入城市公用事业以及进入程度如何，与民营企业家是否认为进入城市公用事业是一个发展机会有关，而发现机会能力表现为对机会的识别和获取，发现机会能力越强的民营企业家，越有可能进入政府管制的城市公用事业，其进入程度也会越高。

（2）企业家关系能力与民营企业是否进入城市公用事业正相关，与城市公用事业民营企业进入程度正相关。此结论说明，民营企业要想进入城市公用事业，企业家必须具备构建与政府、同行、媒体等的良好关系的能力，以获取信息、资金等资源。

（3）企业家风险承担能力与民营企业是否进入城市公用事业正相关，与城市公用事业民营企业进入程度正相关。此结论说明，由于城市公用事业属于政府管制行业，在中国情境下，对于民营企业而言，这本身就存在一定的风险。另外，是城市公用事业具有投资大、资产专用性强的特征，对于民营企业而言，这又是另一种风险。因此，拥有更大的风险承担能力的企业家更有可能进入城市公用事业，而且进入程度会更大。

三 企业家感知进入壁垒对民营企业进入城市公用事业的影响作用

通过探索性案例研究，并结合文献梳理和理论推演以及半结构式访谈，本书将企业家感知进入壁垒分为感知制度性壁垒、感知经济性壁垒和感知原有企业战略性壁垒三个维度。剖析了企业家感知进入壁垒对民营企业进入行为的影响。实证结果表明，企业家感知制度性壁垒对企业进入行为具有显著负向影响作用，即企业家感知制度性壁垒与民营企业是否进入城市公用事业负相关，与城市公用事业民营企业进入程度负相关。企业家感知经济性壁垒、原有企业战略性壁垒与城市公用事业民营企业进入程度有时显著负相关，有时相关但不显著。这些结论说明，当企业家感知到进入城市公用事业的制度性壁垒越高时，进入成本会增加，进入利润就相应减少，他们越不可能进入城市公用事业，即使进入了，进入程度也不会高。而企业家感知经济性壁垒和原有企业战略性壁垒有时与进入行为并无显著关系。这可能是因为有些企业家可能认为经济性壁垒、原有企业战略性壁垒越高，进入风险越大，被原有企业排斥的可能更大，因而选择不进入或低程度进入，而有些企业家可能认为经济性壁垒和原有企业战略性进入壁垒越高，是因为行业本身具有较高的利润，这反过来会进一步激励民营企业进入行为的发生，所以无法明确企业家感知原有企业战略性壁垒与企业进入行为之间的关系。

四 企业家能力通过影响企业家感知进入壁垒进而影响企业进入行为

本书通过探索性案例研究，结合文献梳理和理论推演以及半结构式访谈，并且在分别实证检验企业家能力对企业进入行为、企业家感知进入壁垒基础上，探讨了企业家能力对民营企业进入城市公用事业的影响机制。为揭示内在影响机制，本书从企业家感知制度性壁垒、经济性壁垒和原有企业战略性壁垒三个维度来提出企业家感知进入壁垒对于企业家能力与企业进入行为关系的中介作用，构建起"企业家能力—企业家感知进入壁垒—企业进入行为"的分析框架。本书参照巴龙和肯尼（1986）的中介效应验证步骤观点，实证检验企业家感知制度性壁垒对"企业家能力—企业进入行为"具有中介作用，企业家感知经济性壁垒对企业家能力与企业进入程度的关系，对企业家关系能力与企业进入决策起部分中介作用，但是对企业家发现机会能力、风险承担能力与企业进入决策不起中介作用；企业家感知原有企业战略性壁垒对企业家关系能力、风险承担能力与企业进入程度的关系起部分中介作用，对企业家发现机会能力与企业进入程度的关系没有起到中介作用，企业家感知原有企业战略性壁垒对企业家能力与企业进入决策的关系均没有起到中介作用。部分验证了本书的假设。

五　进入时间对企业家感知进入壁垒与企业进入行为之间具有调节作用

本书通过探索性案例研究，结合文献梳理和理论推演以及半结构式访谈，并且在分别实证检验进入时间对企业家感知进入壁垒与企业进入行为关系调节作用基础上，探讨了企业家感知进入壁垒与企业进入行为之间的关系是否受进入时间早晚的调节。实证结果表明，进入时间对企业家感知制度性壁垒、原有企业战略性壁垒与企业进入行为之间的关系起调节作用，但是，对企业家感知经济性壁垒与企业进入行为之间的关系不起调节作用。由此可见，相对于晚进入的民营企业而言，早进入的民营企业的企业家感知制度性壁垒和原有企业战略性壁垒对企业进入行为的影响程度更小一些。

第二节　研究结果的理论贡献与管理启示

本书以城市公用事业民营企业为研究对象，以探索影响民营企业进入行为的企业家能力为出发点，引入企业家感知进入壁垒这一中介变量，逐层深入剖析了企业家能力、感知进入壁垒与企业进入行为之间的关系，具有一定理论贡献和管理启示。

一　理论贡献

（一）基于资源需求视角的企业家能力维度构成的提出，有助于克服企业家能力研究中概念宽泛，难以操作化测量等问题，提升了企业家能力研究的严谨性

国内外学者均承认对企业家能力进行实证研究具有重要意义（Man，2001；贺小刚，2006）。通过分析可知，国内外现有的企业家能力维度及其测量存在着差异，差异化虽然在一定程度上有助于企业家能力的理论发展和实践创新，但它们却受到自身研究情境的约束，存在着相应的局限。徐淑英等（2008）提出，情境化在管理研究中越来越重要，它是进行本土研究的关键要素。也就是说，如果使用在西方情境下已经发展良好的理论和测量，而忽略来自情境中的问题就容易犯错。然而，企业家能力需求本身具有情境依赖性，可能因不同国家、不同行业、不同企业类型而不同。情境化对于在新的情境中产生有效的知识是非常重要的。因此，本书基于 Elaine Mosakowski 和 Man（2001）、杨俊（2005）、贺小刚（2006）、张焕勇（2007）、王庆喜（2007）、许庆高和周鸿勇（2009）、段晓红（2010）等国内外学者的研究成果，并参照丘吉尔（1979）量表开发程序，运用探索性因子分析和验证性因子分析，找出适合中国民营企业进入城市公用事业过程中企业家家能力需求的维度及测量量表，并对其进行信度和效度检验。

由此，本书基于资源需求视角，明确提出基于资源需求视角的企业家能力概念界定以及在民营企业进入城市公用事业过程中，企业家能力的维度构成。通过将基于资源需求视角的企业家能力理解为企业家发现并获取企业进入行为发生所需的机会、信息、资金、优惠政策等资源，使得企业家能力概念更为明确，对象更为聚焦，企业家能力边界更为清晰，将企业家能力从各种泛化的经营管理能力转变为基于具体资源需求的可观测的行为过程，避免陷入企业家能力无边界化测量研究的问题，也促进了企业家能力与企业进入行为研究的进一步融合。加之本书揭示了基于资源需求视角的企业家能力测量量表，进一步为研究此类主题的学者们提供了一个具有较强代表性与可操作化的工具，使企业家能力研究不再局限于定性分析，从而对于企业家能力

实证研究的进一步深入，以及与其他变量之间科学关系的定量实证研究将产生积极的推动作用。

（二）基于企业层面的进入壁垒维度构成的提出，有助于克服进入壁垒概念难以操作化测量等问题，提升了进入壁垒研究的领域

国内外学者关于进入壁垒的研究，多从产业层面进行展开，而且关于进入壁垒的维度和测量都存在着差异，这种差异使进入壁垒定量研究受到局限。本书在借鉴已有研究的基础上，根据具体研究情境，将进入壁垒分为制度性壁垒、经济性壁垒和原有企业战略性壁垒，并利用企业家感知进入壁垒大小来测量企业层面的进入壁垒，促进了企业家能力与进入壁垒关系的实证研究，进一步为研究此类主题的学者们提供了一个具有较强代表性与可操作化的工具，使进入壁垒研究不再局限于产业层面或定性分析，从而对进入壁垒实证研究的进一步深入，以及它与其他变量之间关系的定量实证研究将产生积极的推动作用。

（三）剖析了企业家能力、进入壁垒及企业进入行为之间的影响关系，揭示了企业家能力通过突破进入壁垒作用于企业进入行为的机制，有助于企业家能力和企业进入行为研究的深入开展，丰富了进入壁垒突破的前置影响因素研究

本书基于资源基础理论和战略选择理论，通过探索性案例研究、理论推演和定量实证检验，从资源需求角度揭示了企业家能力对企业进入行为的影响，证实了企业家发现机会能力、关系能力和风险承担能力对企业家感知制度性壁垒、经济性壁垒和原有企业战略性壁垒具有显著影响。本书还深入探讨了企业家感知进入壁垒与企业进入行为之间的关系，证实了企业家感知进入壁垒对企业进入行为具有重要的负向影响，从而建立了"企业家能力—进入壁垒突破—企业进入行为"的理论框架，进一步打开了企业家能力影响机制的"黑箱"。同时，本书变量之间科学关系的选择是针对目前关于企业层面进入壁垒突破的前置因素定量研究显得比较薄弱的基础上来展开，此举有助于企业层面进入壁垒突破实证研究的深入开展。

尽管企业家能力对企业进入行为的重要性已经得到学界的普遍认同，但梳理相关研究发现，有关企业家能力对企业进入行为影响的实

证研究比较少见，而揭示其影响机制的研究更为缺乏。这可能是因为关于企业家能力的实证研究，更多的是企业经营管理方面的，而对于进入行为发生的企业家能力需求的研究比较少，从而增加了实证研究的复杂性。正是在这种理论背景之下，本书主要以进入城市公用事业的民营企业为样本，引入进入壁垒这一概念作为中介变量，考察了企业家能力不同维度，通过对进入壁垒的影响进而作用于企业进入行为的机制，某种程度有效地缓解了企业进入行为的企业家能力需求的实证研究，也由此推进了企业家能力与企业进入行为关系的研究。

二　管理启示：企业家与政府的行动

本书主要以进入城市公用事业的民营企业为研究对象，采用理论与实际紧密结合的研究方法，针对民营企业如何通过企业家能力来影响其进入行为的问题展开系统研究，在获取一些理论结论意义的同时，也得到了一些对拟进入城市公用事业的民营企业甚至是进入其他政府管制行业的民营企业成功进入的管理启示。

（一）对拟进入政府管制行业民营企业的管理启示

本书研究结果表明，企业家能力对企业进入行为具有重要影响。企业家能力所带来的机会、信息、资金等资源既是企业进入行为的必要条件，同时也通过降低企业感知的进入壁垒来影响企业进入行为。根据本书研究结论与讨论结果，为我国民营企业改变原有的过度依赖政府的进入行为，转变为依靠企业家自身能力提供了思路。具体如下：

1. 企业家要以恰当的方式来构建和发展其能力。

在全面深化改革的背景下，中国经济步入发展新常态。改革的加速推进激荡起了澎湃的市场动力，作为市场大潮中的"领头羊"，企业家是创新创富的活力之源。2014年，李克强总理曾五次邀请企业家做客中南海，在年底的中央经济工作会议中，首次提到要"更加注重发挥企业家才能"。可见，政府将会鼓励而不是抑制企业家能力的发挥，将会为企业家能力的发挥提供更加有效的平台。另外，从理论上讲，有关企业进入行为的研究，总是围绕着制度环境、产业环境和企业自身能力等方面展开（汪秀琼，2011）。而对于中国民营企业进入行为的研究，尤其对于民营企业进入政府管制行业行为的研究，更应该强调企业家个体在其中扮演的重要作用。这是由民营企业自身的特征所决定的。在中国，民营企业为了进入主要由国有企业或政府经营的某个行业，企业家往往动员一切可以动员的资源，运用自身各种能力来达到进入的目的。所以企业家能力在民营企业进入行为中所发挥的作用就成为民营企业进入行为研究中的一个重要的研究议题。对于民营企业进入城市公用事业而言，企业家的作用更是不容忽视。因此，本书研究结果证明了企业家角色的重要性。在管理实践中，如何让企业家具备相应能力以及较好地发挥其能力已经成为民营企业进入城市公用事业的关键。这就要求企业家通过学习（包括理论学习和经验积累）来构建和提高自身能力，并能合理运用这些能力获取信息、资金等资源，获得进入政府管制行业的机会。

首先，从关系能力维度考虑，企业家要特别关注并正确处理与各级各类政府部门、金融机构、行业协会、媒体以及同行之间的关系。关系这一非正式的经济手段在转型经济中所起到的作用是极其重要的。关系无论对个人还是对企业等组织而言都具有便利资源配置和获取资源的功能（张军，1995；刘少杰，2004）。此外，关系还能降低信息不对称程度，经济主体可以利用关系从掌权者那里获得影响（Bian and Soon，1997），获取等级体制内稀缺资源或者是各种支持与庇护。中国正处于经济转型和政治体制改革的关键时期，每个企业都处于以人际互惠为基础的关系网络中，政府官员和管制机构人员往往扮演着重要的资源提供者与促进者等角色，而且"政府依然是企业外部宏观环境的重要构成，企业家与政府管制机构人员关系产生了不同于正式命令经济关系，它们是控制着不对称资源的行动者之间的委托代理人的关系，并促进了相互获益的联盟，这些联盟是根植于相互信任的企业家和官员之间的人际关系之中的"（孙俊华，2008）。另外，金融机构、媒体和同行也构成民营企业外在环境的重要组成部分，对企业的战略行为起着重要作用。如何应对这些环境、处理与环境的关系构成了民营企业战略决策的重要方面。因此，从民营企业进入城市公用事业来看，一方面，企业家要通过政治联系渠道增加与政府官员和政府管制工作人员联系的频率和数量，以便摄取到等级体制内的稀缺资源如进入信息，或者寻求各种支持与庇护，降低企业进入的诸多

不确定性因素，突破制度性壁垒。正如企业家鲁冠球（2012）所说
的，企业家进行政治联系是有必要的，因为企业的行为往往与政府存
在牵连关系，企业家要加强对政府政策的敏感性。进一步地，企业家
在进行政治联系的时候，必须结合企业自身情况，如企业拥有的资
源、企业特征、企业提供的产品可能存在的一些制度性障碍等来决
策。企业的进入行为，往往是在企业家解读外部宏观层面上经济制
度、政治制度、社会制度以及法律制度等外部制约性因素的基础上，
再结合企业内部制约性因素后而做出的决策。

另一方面，企业家通过维护和强化与金融机构、媒体以及同行的
关系，从而获得进入政府管制行业所需要的资金、技术等生产要素，
突破经济性壁垒。此外，有一点必须指出，本书所提及的企业家关系
能力并非指"官商勾结"，这里有一个明确的界限，企业家与政府官
员和政府管制机构人员、金融机构、媒体和同行等构建的关系是合法
的，而"官商勾结"行为是非法的，即行为的法律定性是两者间差异
的明确标准。

其次，从发现机会维度考虑，本书证实企业家发现机会能力对企
业家感知制度性壁垒、经济性壁垒和原有企业战略性壁垒均有负向作
用，即企业家发现机会能力越强，突破企业进入政府管制行业的可能
性越大，从而对企业进入行为有积极影响。企业家理论告诉我们，能
够从非均衡市场发现潜在的、有价值的机会是企业家的基本特性之
一。企业家的这种发现机会的能力并非人人均等地享有，事实上，仅
有极少人能够正确地预计到一项投资的事后价值与事前获取资源的成
本之间存在差异，并利用这种差异来创造理查德租金，除非他足够的
幸运，否则那些对机会判断失误的经济活动者往往只能为企业带来亏
损。所以，企业家发现机会的能力是一种稀缺资源，是可以直接给企
业带来投资机会或者收益的。发现机会能力虽然带有"先天"色彩，
但仍然可以通过后天学习获得，正所谓见多识广。比如根据我们的访
谈和调查，很多民营企业家并没有认为，进入城市公用事业对于企业
发展是一个好的机会。而只有少数企业家有这种意识，比如首家民营
公交企业家 ZZR，再比如较早进入燃气行业的新奥燃气老总 WYS 等，
对进入城市公用事业的各种机会非常敏感，并且能够把握这些机会，

他们主动寻求政府、金融机构和联盟伙伴的帮助，从而获取了信息、资金、优惠政策等方面的资源，获得了优先进入的机会。而他们之所以认为进入城市公用事业对民营企业来讲是一个机会，是因为他们先前都有过相关工作经验。

最后，对于本书中风险承担能力对企业进入行为的影响结论，我们知道，民营企业进入城市公用事业所面临的风险很高。只有既有创新的想法，又有将这些想法付诸实践行动和胆量的企业家，才有可能进入城市公用事业。在新常态背景下，中国经济环境复杂、竞争加剧，管理者面临的是与以往可预见复杂环境特征完全不同的新形势，这要求管理者用创新性眼光审视环境、用创造性方式解决企业的生存问题，强调理性的冒险而不是如何规避风险（张玉利、杨俊，2004）。美国有个经济学家说过，风险承担是企业家对社会的重大贡献。真正企业家应当正确对待自己的功过、得失、利弊、长短。勇于承担风险，防止和排遣自我同环境之间的冲突，使自我与企业、企业与社会环境之间保持良好的适应，使资源得到最佳配置，发挥出整体效益，在风险中寻求生机和出路。因此，对于进入政府管制行业的民营企业而言，还要加强企业家风险承担能力的培养，由于企业家能力有很强的主观性，如果对他的激励不够，就可能影响其能力的发挥，从而影响企业的进入行为。所以，通过股权激励方式是切实可行的方法之一，这是因为股权激励意味着敢于承担风险的企业家往往也更有可能获得高收益，而对高收益的追求会给企业家带来突破制度性壁垒的勇气、信心和决心，选择进入大多数民营企业没有机会进入的政府管制行业。另外，重视企业家精神教育也是行之有效的方法。与一般管理教育相比，企业家精神教育强调对识别把握机会能力与应对不确定性能力的教授，欧美一些大公司的高级管理人员，如西门子、光技术公司（Lucent Technologies）和康柏（Compaq）等，都有接受百森商学院（Babson College）为其讲授企业家精神，取得了突出的效果。

2. 企业要综合考虑企业家能力与进入壁垒对企业进入行为的共同影响

尽管本书是讨论企业家能力、进入壁垒对企业进入行为影响，但是在实践中并不能把二者分开，事实上，这两个因素是"此消彼长"

的。比如说，企业进入行为会受到企业家能力的影响，但这种影响是通过突破进入壁垒而实现的。企业家感知制度性壁垒和经济性壁垒在企业家能力与企业进入行为的关系中起中介作用，而原有企业战略性壁垒的中介作用却并不显著。本书研究结论表明，实践中的民营企业要进入城市公用事业，必须突破制度性壁垒和经济性壁垒来实现。企业在评估进入行为时，除了将企业家能力考虑其中，还要根据企业面临的进入壁垒不同，决定哪个企业家能力维度扮演着比其他维度更为重要的作用。因此，民营企业在进入城市公用事业过程中，不同决策所需要的主要企业家能力维度是不同的。根据本书的研究，对于进入决策而言，虽然发现机会能力很重要，但是关系能力比发现机会能力所起的作用更大一些；而对进入程度而言，风险承担能力比发现机会能力所起的作用更大一些。

（二）对政府的管理启示

本书研究结论表明，企业家自身关系能力、发现机会能力和风险承担能力均对民营企业进入城市公用事业具有积极的影响。由于城市公用事业提供的产品属于准公共产品，具有较强的外部性，所以政府一直是城市公用事业主要投资主体，但是，这不仅增加了政府的财政负担，也使得我国城市公用事业的管理水平相对落后，制约了城市公用事业的发展动力。在"新36条"背景下，政府鼓励民间资本进入城市公用事业，一批民营城市公用企业如雨后春笋般成长。然而，在总体放松管制背景下，由于放松程度不一样，企业的进入行为之间存在显著差异。早期进入的企业比晚期进入的企业的进入程度普遍更大一些，早期进入的企业家能力也比晚期进入的企业家能力更强一些，这就需要政府的正确引导，在做到有效管制的同时，进一步吸引高能力的企业家进入城市公用事业。

2015年，李克强总理在政府工作报告中提到，要继续增加公共产品投资，政府不唱"独角戏"，可见，进入城市公用事业的民营企业是受政府保护的，打算进入城市公用事业的民营企业也是受政府欢迎的。然而，城市公用事业的网络性、准公共性等特征，其提供的产品或服务没有需求弹性，基本属于刚性需求，为了维护社会公共利益，使社会利益最大化，城市公用事业更需要政府监管，需要政府制定科学有效的管制政策，以提高管理效率和资源配置的最优化。本书将从以下几个方面为政府更好地进行公共管理提供决策参考。

1. 各级政府管制机构的工作人员必须重视企业家政治性诉求，建立畅通的信息沟通机制

目前，我国政策服务体系还不完善，使得基于普遍信任和社会网络的规范性社会资源较为稀缺，这直接削弱了民营企业外部金融、信息、优惠政策等资源的获取机会和可持续发展能力。因此，民营企业家比其他性质企业的企业家更关注社会关系能力建设。各级政府机构中的负责人必须认识到企业家关系能力的构建与民营企业进入城市公用事业的行为之间有着密切关系。

因此，政府需要做以下几件事：一是要特别关注企业家作用，理解与宽容地看待民营企业家关系能力构建行动，积极营造企业家精神的社会氛围，增强企业家的社会关系能力。二是建立民营企业家与政府对话制度，关键是反馈民营企业家对政府的诉求，加强政府与民营企家的沟通，2014 年李克强总理五次会见企业家，可见，政府正在积极构建政府与企业家的沟通平台，重视企业家的价值。三是政府需要扫除各种制度与文化观念的束缚，构建与完善有利于企业家转型与成长的制度环境（刘志成、吴能全，2012）。四是鼓励民营企业家积极参与政府制订涉及公共服务的地方法规、规章、公共政策、行政措施、行业发展规划等，代表本行业参与行业性集体谈判，让企业家参与有关的行业技术标准的制定、重大行业技术改造项目的论证和行业市场秩序整顿工作。五是鼓励民营企业家参与制订行规行约、规范行业内部有序竞争。各级管制机构工作人员应进一步鼓励企业家创新精神发挥，转变政府工作职能，创建服务型政府，这其中就包括为企业家服务，并为其开展活动提供必要的便利。

2. 提高认识，搭建公共服务平台，优化投资环境，让企业家能力可以得到充分发挥

在我国，城市公用事业对于大多数民营企业家来讲，还是一个相对陌生的行业，无论是对行业的认知程度还是管理内涵，都有待探讨和摸索。这就要求政府管理部门首先应加强学习，提升自己的管理能力。深入了解民营企业家的需求，认真思考每一个环节，罗列每一项

可以为民营企业提供服务的内容，服务项目可具体到审批内容、审批程序、项目简介、业务咨询、基础数据提供等，努力把工作做到最好。其次，政府及时出台各种优惠政策，主要包括人才优惠政策、税收优惠政策、用地优惠政策、资金扶持政策等。以最大的诚意吸引最好的企业。最后，各级政府应从"软硬"环境角度思考政府公共服务平台的建设。通过调研我们发现，政府应先搭建各种公益性平台，在行业发展过程中再逐步搭建服务性平台、商业性平台，通过引导、服务、项目推介，让更多民营企业进入城市公用事业。总之，政府管制机构人员必须清醒地意识到，政府的主要作用在于提供更好的投资环境，政府与企业的关系应由直接分配资源转向完全的服务和间接的指导，让企业家能力得到充分的发挥。

3. 制定城市公用事业结构重组政策

城市公用事业既有自然垄断性业务，又有竞争性业务。由于在竞争性业务领域，民营企业通常比国有企业具有较高的生产效率（王俊豪，2004）。因此，政府要制定城市公用事业结构重组政策，把具有竞争性的业务推向市场，并对具有自然垄断性的业务进行分割重组。促进民营企业有序进入，逐渐使之成为城市公用事业竞争性业务领域的经营主体，形成有效竞争的基本格局。对于原有在位企业采取交叉补贴的方式构筑战略性壁垒，有意增加新进入民营企业的进入成本。这是由原有在位企业的垂直一体化市场结构造成的。为了降低原有在位企业的战略性壁垒，政府可以采取分割原有企业垂直一体化市场结构，通过将原有企业的自然垄断性业务和竞争性业务的分离，由不同的企业来承担，政府设计模拟竞争机制的管制机制，重点管制自然垄断性业务。如我国的城市自来水产业和管道燃气产业都采取了这种市场结构重组政策。自来水产业将管网输送业务由一家企业经营，自来水设备生产、基础设施建设和销售业务等则允许民营企业进入，形成若干家企业竞争性经营格局。而管道燃气产业是一种需要固定网络来传输服务的公用事业，分为上游、中游、下游三条产业链，上游产业是燃气勘探开发，随着越来越多的天然气田勘探开采成功，垄断逐渐被打破，允许民营企业进入。中游产业是建设长输管道，投资额度较大，资产专用性强，具有明显的规模效应，由国家垄断经营。而下游产业是将气输送到城市用户，包括燃气输配企业和末端销售企业，是可竞争性业务，允许民营企业进入，促进有效竞争，提高效率。当然，在实践中，即使在某些自然垄断业务领域，也不是要求完全由国有企业经营，在国有企业掌握控制力的前提下，可允许民营企业适度进入。

4. 制定城市公用事业不对称管制政策

由于城市公用事业需要巨额投资，资产专用性强，消费人多面广，其基本业务具有网络性（如管道燃气和自来水管网），因此，一种具有普遍意义的经济现象是：新企业进入城市公用事业之初，需要筹措大量资本，逐渐建立和扩展其业务网络；通常缺乏经济规模和生产经营管理经验等。而行业内原有企业经过多年经营，已经建立了庞大的基本业务网络，拥有相当大的经济规模，在生产经营管理方面积累了丰富的经验，具有相当的市场垄断力量。因此，新企业与原有企业之间竞争是一种竞争能力"不对称竞争"。而且，为了吸引顾客，新企业必须在生产经营的某一方面或某些方面优于原有企业，以创造特色满足其目标市场的需要，这无疑进一步增加了新企业进入市场和占领市场的难度。因此，为培育市场竞争机制，与不对称竞争相适应，政府应该对原有企业与新企业实行不对称管制。首先，对新企业给予一定的政策优惠，比如融资优惠政策，政府提供专门的城市公用事业融资渠道，民营企业可以享受较优惠的银行贷款。必要资本量可以采取分期付款方式，享受税费减免时间延长，这会大大降低民营企业的投资成本，促进民营企业进入城市公用事业。其次，对于网络型公用事业的原有企业的战略性壁垒，如限制上网等。政府要强化接入价格管制，接入方式的选择，扶植民营企业尽快成长，与原有企业实行势均力敌的对称竞争，以实现公平、有效的竞争。当然，不对称管制只是一种短期现象，当新企业经过一个发展时期，具有一定竞争实力后，政府就应该逐渐取消这种不对称管制，实行对称管制，以实现公平竞争。

5. 制定城市公用事业投资管制可信性政策

民营企业进入城市公用事业，会面临管制机构的一系列投资管制，如价格管制等。民营企业进入城市公用事业的最终目的是获得投资报酬。政府主要通过价格承诺来对民营企业进行管制，但是，在政府承诺缺失的情境下，民营企业就存在一种投资管制风险。民营企业为了得到进入城市公用事业的机会，往往采取激励的方式来得到政府的认可，这就导致激励成本的增加。为了降低激励成本，政府要加强和完善立法，通过法律手段要求管制者对企业的承诺在将来应该兑现。但是为了维护管制者对将来意外情况反应的灵活性，对管制者承诺的法律约束应该是有一定弹性的。同时，要积极落实政府信息公开和听证制度，实现政府管制程序的法治化。只要管制者承诺的可信度没有达到百分之百的水平，企业就存在一种投资管制风险，以利润最大化为目标的企业在制定投资决策时必然会考虑这一因素。因此，政府管制者需要向被管制企业提供一种比较可信的保障机制，降低交易成本，促进民营企业进入。

6. 制定城市公用事业公平竞争政策

民营企业进入城市公用事业的各种壁垒，其实是民营企业与原有在位企业不公平竞争的表现形式。这种不公平有些是由城市公用事业的特点决定的，有些则是由制度不完善造成的。如何营造一个公平的竞争环境便成为城市公用事业监管的一个新课题。要营造一个公平竞争的市场环境，首先，要简化行政审批程序，削弱政府的"行政租金"，降低交易成本。其次，加强公用事业产权制度改革和公用事业行政管理体制改革，实行政企分开，对城市公用事业实行管理制度创新，用政府监管替代原来国有企业直接经营城市公用事业，减少可能出现的寻租成本。最后，平等对待民营企业和国有企业。通过立法的形式明确民营企业的法律地位，进一步拓展民营企业发展的领域，鼓励资源向优秀民营企业家集中。同时，加强政府监管法律制度建设，建立全社会的、多层次的监督机制是城市公用事业有效监管的保障。

第三节　研究局限与未来展望

本书虽然力求完整、严谨与客观，有一定理论贡献和管理启示，但由于笔者的能力、时间和财力有限，而本书研究的问题又比较复杂，导致本书还存在一定局限性，有待以后研究中改进。主要表现在以下四个方面：

（一）回忆式填答问卷的偏差

本书潜在的研究局限是要求被试者通过回忆来提供企业进入城市公用事业时的信息，因此被试者回答难免存在一些偏误，如答卷人如果不是企业家本人，可能无法准确记得企业在进入时的主要情形。但是，由于无法收集到符合本书要求的大量项目的时间序列数据，涉及回忆的调查是收集和分析大样本数据的唯一可行的办法。为了尽量减少这些偏误，我们基本上都是选择对企业进入行为比较清楚的企业家本人或是企业高层管理人员作为被试，希望得到更为真实的信息。另外，有些信息可以通过其他途径获得，如注册资金和年份等，我们都通过网络进行核对，以验证信息的真实性。

（二）样本容量较小且缺乏时间序列分析

尽管笔者花费了大量的精力进行问卷调查，获得的有效问卷数量基本满足了样本量的要求，但是，由于问卷调查对象的特殊性，本书所获得的样本在代表性上仍显不足，例如不同城市的企业家样本数量上分布不均。未来的研究可以将样本调查扩大到更大范围，使研究结论更具有普适性。其次，为了使研究更为完整，本书对进入企业和没有进入企业的企业家能力进行了比较分析，但是，很难找到跟进入者一起竞争而进入失败的企业。所以，本书对于未进入的民营企业采取随机抽取的原则，这本身会存在偏差，因为被试有可能根本没有意愿进入城市公用事业，而跟企业家自身能力无关。最后，尽管本书使用横截面式的问卷调查采集数据，来探索各种因果关系，但这种做法忽略了时间因素对各变量的影响。未来的研究方向是进一步选用上市公司等二手面板数据对相关问题进行分析和拓展。

（三）变量测度方法有待改善

由于研究者对企业家能力概念没有统一界定，从而使得企业家能力在测度方面存在着较大的分歧与困难，同时，这也可能是企业家能力的定量研究并不多见的原因之一。本书对企业家能力的测量主要通过整合相关文献后进行设计的。但是，基于本书情境，基于资源需求视角来衡量企业家能力可能并非十分合适。与此同时，对于中介变量进入壁垒的衡量，因为客观数据很难对之进行度量，本书探索性地采取主观感知方法进行评价，尽管这种方法在管理学研究中广泛使用，有很强的可靠性和理论依据，而且本书也证实了数据的信度和效度，但是，不可否认，限于被试的自身主观因素，这种主观判断方法存在或多或少的偏差。未来的研究应该根据我国企业的实际情况不同着重完善中介变量的各个项目设计。

（四）多重中介效应检验问题

本书中的进入壁垒是由制度性壁垒、经济性壁垒和原有企业战略性壁垒三个维度构成，并检验了这三种壁垒对企业家关系能力、发现机会能力和风险承担能力与企业进入行为的中介效应，是一个典型多重中介效应检验问题。本书选用的方法是最常用最传统的，由巴龙和肯尼（1986）提出的检验中介变量的方法。近年来，学者们对该方法提出了一些批判（Judd and Kenny，2010；张莉等，2011），认为巴龙和肯尼（1986）的检验方法容易影响人们对中介效应的研究，当研究者发现自变量对因变量的总效应不显著时，就会放弃对中介效应的研究，甚至放弃整个项目（Zhao，Lynch and Chen，2010）。此外，巴龙和肯尼（1986）检验方法，对于检验多重中介作用时，其检验功效较低，为了克服此问题，张莉等（2011）建议使用 Preacher 和 Hayes（2008）提供的 Bootstrapping 方法，这也是笔者未来研究的一个重要方向。

参考文献

［1］边燕杰、丘海雄：《企业的社会资本及其功效》，《中国社会科学》2000 年第 2 期。

［2］陈炳宏：《台湾媒体企业之中国大陆市场进入模式及其决策影响因素研究》，《新闻学研究》2006 年第 10 期。

［3］陈明：《中国城市公用事业民营化研究》，中国经济出版社 2009年版。

［4］陈晓萍、徐淑英、樊景立：《组织与管理研究的实证方法》，北京大学出版社 2008 年版。

［5］仇保兴、王俊豪：《市政公用事业监管体制与激励性监管政策研究》，中国社会科学出版社 2009 年版。

［6］崔国清：《当前我国发行市政债券融资的策略选择及实施路径》，《财贸经济》2009 年第 6 期。

［7］丹尼尔·F. 史普博：《管制与市场》，格致出版社 2008 年版。

［8］范钧：《促进中小企业发展对策研究：社会资本视角》，浙江大学出版社 2011 年版。

［9］冯天丽、井润田：《制度环境与私营企业家政治联系意愿的实证研究》，《管理世界》2009 年第 8 期。

［10］高建设、王岩：《企业进入战略分析》，《技术与市场》2005 年第 11 期。

［11］耿新：《企业家社会资本对新创企业绩效影响研究》，博士学位论文，山东大学，2008 年。

［12］龚军姣、王俊豪：《企业家能力与城市公用事业进入壁垒研究》，《经济学家》2011 年第 11 期。

［13］龚军姣：《政治关联与民营企业成长——基于首家公交民营企业

案例研究》,《经济理论与经济管理》2013 年第 3 期。

[14] 勾丽:《产业集群背景下企业关键资源、战略能力与成长绩效的关系研究》,博士学位论文,浙江大学,2010 年。

[15] 郭毅、朱熹:《企业家的社会资本——对企业家研究的深化》,《外国经济与管理》2002 年第 1 期。

[16] 贺慈浩、贺嫘敏:《我国中小企业国际化路径选择》,《商业经济与管理》2002 年第 6 期。

[17] 贺小刚:《企业家能力、组织能力与企业绩效》,上海财经大学出版社 2006 年版。

[18] 贺小刚:《企业家社会关系与高科技企业成长》,《经济管理》2006 年第 15 期。

[19] 贺远琼、田志龙、陈昀:《环境不确定性、企业高层管理者社会资本与企业绩效关系的实证研究》,《管理学报》2008 年第 3 期。

[20] 胡秀珠:《我国民营经济进入燃气行业的制度性壁垒》,《福州大学学报》(哲学社会科学版)2009 年第 2 期。

[21] 胡旭阳:《民营企业家的政治身份与民营企业的融资便利》,《管理世界》2006 年第 5 期。

[22] 黄亮:《社会网络对企业家战略执行能力影响的实证分析》,《商业研究与管理》2011 年第 4 期。

[23] 黄宇驰:《区域市场进入模式选择研究:基于浙江制造企业的考察》,浙江大学出版社 2010 年版。

[24] 黄振辉:《多案例与单案例研究的差异与进路安排》,《管理案例研究与评论》2010 年第 2 期。

[25] 蒋中一:《动态最优化基础》,商务印书馆 1999 年版。

[26] 蓝海林、汪秀琼、吴小节、宋铁波:《基于制度基础观的市场进入模式影响因素:理论模型构建与相关研究命题的提出》,《南开管理评论》2010 年第 6 期。

[27] 李德志、闫冰:《中国工业企业进入与退出 Orr 模型的实证分析》,《西北大学学报》2004 年第 6 期。

[28] 李怀祖:《管理研究方法》,西安交通大学出版社 2004 年版。

[29] 李剑力:《创新方式选择与企业绩效关系实证研究——基于探索与开发理论视角》,博士学位论文,南开大学,2008 年,第122 页。

[30] 李孔岳:《关系格局、关系运作与私营企业组织演变》,《中山大学学报》(社会科学版)2007 年第 1 期。

[31] 李世英:《市场进入壁垒与产业的市场绩效研究——对中国制造业的实证分析》,《经济体制改革》2005 年第 4 期。

[32] 李文瑞、曹为忠、陈旭铭:《台商赴大陆投资进入模式影响因素之研究》,《中山管理评论》2001 年第 1 期。

[33] 李志、郎福臣、张光富:《对我国"企业家能力"研究文献的内容分析》,《重庆大学学报》(社会科学版)2003 年第 3 期。

[34] 李志赟:《银行结构与中小企业融资》,《经济研究》2002 年第 6 期。

[35] 林南:《社会资本——关于社会结构与行动的理论》,张磊译,上海人民出版社 2005 年版。

[36] 刘建丽:《中国制造业企业海外市场进入模式选择》,经济管理出版社 2009 年版。

[37] 刘戒骄:《公用事业:竞争、民营与监管》,经济管理出版社 2007 年版。

[38] 刘进、揭筱纹:《企业家战略领导能力解构研究进展》,《科技进步与决策》2011 年第 17 期。

[39] 刘小玄:《成功的民营化:选择企业家和实现利益均衡》,《上海国资》2004 年第 5 期。

[40] 刘迎秋:《中国经济"民营化"的必要性和现实性分析》,《经济研究》1994 年第 6 期。

[41] 刘志成、吴能全:《中国企业家行为过程研究——来自近代中国企业家的考察》,《管理世界》2012 年第 6 期。

[42] 柳燕:《创业环境、创业战略与创业绩效关系的实证研究——基于汽车行业大型跨国企业的创业经验》,博士学位论文,吉林大学,2007 年。

[43] 罗党论、刘晓龙:《政治关系、进入壁垒与企业绩效——来自中

国民营上市公司的经验证据》,《管理世界》2009 年第 5 期。

[44] 罗党论、唐清泉:《政治关系、社会资本与政策资源获取:来自中国民营上市公司的经验证据》,《世界经济》2009 年第 7 期。

[45] 吕源:《以制度理论为基础的企业战略管理实证研究方法简述》,《战略管理》2009 年第 1 期。

[46] 马庆国:《管理科学研究方法》,高等教育出版社 2008 年版。

[47] 钱德勒:《看得见的手——美国企业的管理革命》,商务印书馆 1987 年版。

[48] 乔立、金占明:《关系对企业国际化进入模式战略选择的影响》,《科学学与科学技术管理》2009 年第 9 期。

[49] 秦海霞:《关系网络的建构:私营企业主的行动逻辑》,博士学位论文,上海大学,2005 年。

[50] 邱立成、于李娜:《中国对外直接投资:理论分析与实证检验》,《南开大学学报》2005 年第 2 期。

[51] 石秀印:《中国企业家成功的社会网络基础》,《管理世界》1998 年第 6 期。

[52] 孙早、刘庆岩:《市场环境、企业家能力与企业的绩效表现》,《南开经济研究》2006 年第 2 期。

[53] 田莉:《新技术企业市场进入战略决策机制研究》,博士学位论文,南开大学,2010 年。

[54] 田志龙、高勇强、卫武:《中国企业政治策略与行为研究》,《管理世界》2003 年第 12 期。

[55] 汪伟、史晋川:《进入壁垒与民营企业成长的成长——吉利集团的案例研究》,《管理世界》2005 年第 4 期。

[56] 汪秀琼:《制度环境对企业跨区域市场进入模式影响机制研究》,博士学位论文,华南理工大学,2011 年。

[57] 王凤彬、李奇会:《组织背景下的嵌入性研究》,《经济理论与经济管理》2007 年第 3 期。

[58] 王国川:《图解 SAS 窗口在回归分析上的应用》,五南图书出版公司 2004 年版。

［59］王俊豪：《产业经济学》，高等教育出版社 2008 年版。

［60］王俊豪：《深化中国垄断行业改革研究》，中国社会科学出版社 2010 年版。

［61］王庆喜：《民营企业家能力内在结构探析》，《科学学研究》 2007 年第 1 期。

［62］王重鸣：《心理学研究方法》，人民教育出版社 1990 年版。

［63］卫武：《企业政治策略与企业政治绩效的关联性研究》，浙江大学出版社 2007 年版。

［64］魏江：《基于核心能力的企业购并模式框架研究》，《管理科学学报》 2002 年第 2 期。

［65］温忠麟、侯杰泰、张雷：《调节效应与中介效应的比较和应用》，《心理学报》 2005 年第 2 期。

［66］邬爱其：《集群企业网络化成长机制研究——对浙江三个产业集群的实证研究》，博士学位论文，浙江大学，2004 年。

［67］吴静芳：《中国企业 FDI 的产权结构及经营绩效的实证分析》，《世界经济研究》 2005 年第 3 期。

［68］吴俊杰：《企业家社会网络、双元性创新与技术创新绩效》，博士学位论文，浙江工商大学，2013 年。

［69］吴明隆：《结构方程模型：AMOS 的操作与应用》，重庆大学出版社 2009 年版。

［70］吴明隆：《问卷统计分析实务：SPSS 操作与应用》，重庆大学出版社 2010 年版。

［71］吴三忙：《西方市场进入理论研究评述及其政策启示》，《经济评论》 2008 年第 3 期。

［72］项国鹏：《转型经济中的企业家制度、战略能力和企业绩效》，浙江大学出版社 2009 年版。

［73］徐登峰：《中国企业对外直接投资进入模式研究》，经济管理出版社 2010 年版。

［74］许峰：《对我国基础领域和公用事业"非禁即入"的经济学分析》，《江汉论坛》 2004 年第 10 期。

［75］许晖：《中国企业跨国经营的障碍探析与策略研究》，《经济问

题探索》2003 年第 9 期。

［76］许庆高、周鸿勇：《资源需求、企业家能力与民营企业成长研究》，《经济理论与经济管理》2009 年第 12 期。

［77］薛求知、韩冰洁：《东道国腐败对跨国公司进入模式的影响研究》，《经济研究》2008 年第 4 期。

［78］杨俊：《基于创业行为的企业家能力研究》，《外国经济与管理》2004 年第 4 期。

［79］杨鹏鹏、袁治平：《企业家社会资本影响企业动态能力的机理分析——以民营科技小企业为例》，《情报杂志》2008 年第 9 期。

［80］杨天宇、张蕾：《中国制造业企业进入和退出行为的影响因素分析》，《管理世界》2009 年第 6 期。

［81］尹盛焕：《企业所有权优势与进入模式：中国企业在韩投资研究》，《国际贸易问题》2004 年第 11 期。

［82］于良春、余东华：《中国地区性行政垄断程度的测度研究》，《经济研究》2009 年第 2 期。

［83］余明桂、潘红波：《政治关系、制度环境与民营企业银行贷款》，《管理世界》2008 年第 4 期。

［84］张焕勇：《企业家能力与企业成长的关系研究》，博士学位论文，复旦大学，2007 年。

［85］张建君、张志学：《中国民营企业家的政治战略》，《管理世界》2005 年第 7 期。

［86］张莉、林与川：《实验研究中的调节变量和中介变量》，《管理科学》2011 年第 1 期。

［87］张完定、李垣：《企业家职能、角色及条件的探讨》，《经济研究》1998 年第 8 期。

［88］张维迎、粟树和：《地区间竞争与中国国有企业的民营化》，《经济研究》1998 年第 12 期。

［89］张霞、毛基业：《国内企业管理案例研究的进展回顾与改进步骤》，《管理世界》2012 年第 2 期。

［90］张一驰、欧怡：《企业国际化的市场进入模式研究述评》，《经

济科学》2001 年第 4 期。

［91］张玉利：《企业家型企业的创业与快速成长》，南开大学出版社 2003 年版。

［92］赵勇、白永秀：《知识溢出：一个文献综述》，《经济研究》2009 年第 1 期。

［93］周小梅：《我国城市管道燃气价格改革研究——基于民营化发展 的思考》，《价格理论与实践》2012 年第 5 期。

［94］周雪光：《组织社会学十讲》，社会科学文献出版社 2003 年版。

［95］周耀东、余晖：《政府承诺缺失下的城市水务特许经营——成 都、沈阳、上海等城市水务市场化案例研究》，《管理世界》 2005 年第 8 期。

［96］朱虹：《国家制度和企业战略》，《战略管理》2009 年第 1 期。

［97］祖强、曹慧：《独资和控股：跨国公司在华投资倾向面面观》，《国际经济合作》2005 年第 2 期。

［98］Aaker, D. A. , "Managing Assets and Skills: The Key to a Sustain-able Competitive Advantage". *California Management Review*, Vol. 31, No. 12, 1989, pp. 91 – 106.

［99］Achrol, R. S. and Stern, L. W. , "Environmental determinants of decision making uncertainty in marketing channels". *Journal of Marketing Research*, Vol. 25, No. 2, 1988, pp. 35 – 50.

［100］Acs, Zoltan J. , Audretsch, David B. , "Small – firm Entry in US Manufacturing". *Economica*, Vol. 56, 1989, pp. 255 – 265.

［101］Agarwal, S. , Ramaswami, S. N. , "Choice of foreign market entry mode: Impact of ownership, location and internalization factors". *Journal of International Business Studies*, Vol. 23, No. 1, 1992, pp. 1 – 27.

［102］Ali, S. , Mirza, H. , *Entry Mode and Performance in Hungary and Poland: The Case of British Firms*. New York: St. Martin's Press, Inc. , 1998.

［103］Amit, R. and Schoemaker, P. J. H. , "Strategic assets and organi-zationalrent". *Strategic Management Journal*, Vol. 14, 1993, pp. 33 – 46.

[104] Amit, R. and Zott, C., "Value Creation in e – Business". *Strategic Management Journal*, Vol. 22, 2001, pp. 493 – 520.

[105] Anderson, A. R. and C. J. Miller, "Class matters: human and social capital in the entrepreneurial process". *Journal of Socio – Economics*, Vol. 32, No. 1, 2003, pp. 17 – 36.

[106] Anderson, E. and Gatignon, H., "Modes of entry: a transaction cost analysis and Propositions" *Journal of International Business Studies*, Vol. 17, No. 9, 1986, pp. 1 – 26.

[107] Anderson, T., Svensson, R., "Entry Modes for Direct Investment Determined by the Composition of Firm – Specific Skills". *Scandinavian Journal of Economics*, Vol. 96, No. 4, 1994, pp. 551 – 560.

[108] Anderson, A. R., J. – H. Li, R. T. Harrison and P. J. A. Robson, "The increasing role of small business in the Chinese economy". *Journal of Small Business Management*, Vol. 41, 2003, pp. 310 – 316.

[109] Bain, J. S., *Barriers to New Competition*, Cambridge, MA: Harvard University Press, Boston, 1956.

[110] Ball, C. A. and Tschoegl, A. E., "The decision to establish a foreign bank branch orsubsidiary: an application of binary classification procedures". *Journal of Financial and Quantitative Analysis*, Vol. 17, No. 9, 1982, pp. 411 – 424.

[111] Barbosaa, N., Louri, N., "On the Determinants of Multinationals' Ownership Preferences: Evidence from Greece and Portugal". *International Journal of Industrial Organization*, Vol. 20, No. 4, 2002, pp. 493 – 515.

[112] Barkema, H. G., Vermeulen, F., "International Expansion through Start – up or through Acquisition: A Learning Perspective" *Academy of Management Journal*, Vol. 41, 1998, pp. 7 – 26.

[113] Barney, J. B., "Firms resources and sustained competitive advan-

tage". *Journal of Management*, Vol. 17, No. 1, 1991, pp. 99 – 120.

[114] Baron, R. M., Kenny, D. A., "The Moderator – Mediator Variable Distinction in Social Psychological Research: Conceptual, Strategic, and Statistical Considerations". *Journal of Personality and Social Psychology*, Vol. 51, 1986, pp. 1173 – 1182

[115] Bartlett, C. and Ghosal, S., "Global strategic management: impact on the new frontiers of strategy research". *Strategic Management Journal*, Vol. 12, 1991, pp. 5 – 16.

[116] Bartol, K. M. and Martin, D. C., *Management.* New York: McGraw Hill, 3rd ed., 1998.

[117] Bennett, R., *International Marketing: Strategy, Planning, Market Entry and Implementation.* London: Kogan Page Limited, 1998.

[118] Bonardi, J. P., "Market and non – market strategies of a former monopoly during deregulation: the British Telecom case". *Business and Politics*, Vol. 1, No. 2, 1999, pp. 203 – 232.

[119] Bradley, F., Gannon, M., "Does the Firm's Technology and Marketing Profile Affect Foreign Market Entry?". *Journal of International Marketing*, Vol. 8, No. 4, 2000, pp. 12 – 36.

[120] Brouthers, K. D., Brouthers, L. E., "Acquisition or Greenfeild Start – up? Institutional, Cultural, and Transaction Cost Influences". *Strategic Management Journal*, Vol. 21, No. 1, 2000, pp. 89 – 97.

[121] Buckley, J., Casson, M., *The Future of the Multinational Enterprise.* Macmillan: London, 1976.

[122] Buckley, J. and Pearce, R. D., "Overseas production and exporting by the world's largest enterprise: A study in sourcing policy". *Journal of International Business Studies*, Vol. 10, No. 4, 1979, pp. 9 – 20.

[123] Burke, M. C., "Strategic choice and marketing managers: An examination of business – level marketing objectives". *Journal of*

Marketing Research, Vol. 21, No. 11, 1984, pp. 345 – 359.

[124] Bursoyne, J., *Competency Approaches to Management Development, Centre for the Study of Management Learning.* Lancaster: University of Lancaster, 1988.

[125] Caves, R. E. and Mehra, S. K., *Entry of foreign multinationals into US manufacturing Industries.* Boston: Harvard Business School Press, 1986.

[126] Chan, Isobe, Makino, "Which Country Matters? Institutional Development and Foreign International Performance". *Journal of International Business Studies*, Vol. 25, No. 2, 1994, pp. 253 – 273.

[127] Charles E. Hyde, Jeffrey M. Perloff, "Can Market Power Be Estimated?, "*Review of Industrial Organization*, No. 10, 1995, pp. 465 – 485.

[128] Chen, H., Hu, M. Y., "An Analysis of Determinants of Entry Mode and Its Impact on Affiliate Performance". *Strategic Management Journal*, Vol. 29, No. 2, 2008, pp. 1179 – 1205.

[129] Cho, K. R., Padmanabhan, P., "Methodological Issues in International Business Studies: The Case of Foreign Establishment Mode Decisions by Multinational Firms". *International Business Review*, Vol. 4, No. 1, 1995, pp. 55 – 73.

[130] Coase, R. H., "The nature of the firm". *Economica*, No. 4, 1937, pp. 386 – 405.

[131] Cohen, J., Cohen, P., *Applied Multiple Regression/Correlation Analysis for the Behavioral Sciences* (2nd ed.). New Jersey: Hillsdale, 1983.

[132] Coleman, J. S., "The Rational Reconstruction of Society", *American Sociological Review*, Vol. 58, No. 1, 1993, pp. 1 – 15.

[133] Coleman, J., "Social Capital in the Creation of human Capital". *American journal of Sociology*, Vol. 94, 1994, pp. 95 – 120.

[134] Conner, K. R., "A historical comparison of resource – based theory and five schools of thought within industrial organization econom-

ics: Do we have a new theory of the firm?". *Journal of Management*, *Vol. 17*, *No. 1*, *1991*, *pp. 121 – 154.*

[135] Covin, J. G. , Slevin, D. P. and Covin, T. J. , "Content and performance of growth – seeking strategies: A comparison of small firms in high – and low – technology industries". *Journal of Business Venturing*, No. 5, 1990, pp. 391 – 412.

[136] Cox, D. R. , *Analysis of Binary Data.* London: Methuen & Co. , 1970.

[137] Coyne, K. P. , "Sustainable competitive advantage – what it is and what it isn't". *Business Horizons*, Vol. 29, No. 1, 1986, pp. 54 – 61.

[138] Crawford, J. , Seller concentration, "Entry barriers, and profit margins: A comment". *Industrial Organization Review*, Vol. 3, No. 3, 1975, pp. 176 – 184.

[139] Cross, J. C. and Walker, B. J. , "Service marketing and franchising: A practical business Marriage". *Business Horizons*, Vol. 30, No. 6, 1987, pp. 50 – 58.

[140] Curhan, J. P. , Davidson, W. H. , Suri, R. , *Tracing the Multinationals: A Sourcebook on US – based Enterprises.* Cambridge: Ballinger Publishing, 1977.

[141] Cyert, R. M. and March, J. G. , *A Behavioral Theory of the Firm.* NJ: Prentice – Hall, Englewood Cliffs, 1963.

[142] Davidson, W. H. , *Global Strategic Management.* New York: John Wiley & Sons, 1982.

[143] Day, G. S. and Wensley, R. , "Assessing advantage: a framework for diagnosing competitive superiority". *Journal of Marketing*, Vol. 52, No. 4, 1988, pp. 1 – 20.

[144] Day, G. S. , "The capabilities of market – driven organizations" *Journal of Marketing*, Vol. 58, No. 10, 1994, pp. 37 – 52.

[145] Delmas, M. and Tokat, Y. , "Deregulation, governance structures, and efficiency: The US electric utility sector". *Strategic*

Management Journal, Vol. 26, No. 5, 2005, pp. 441 – 460.

[146] Denekamp, J. G. , "Intangible assets, internalization and foreign direct investment in Manufacturing". *Journal of International Business Studies*, Vol. 26, No. 3rd quarter, 1995, pp. 493 – 504.

[147] Deresky, H. , *International Management Managing Across Borders and Culture.* New York: Wiley and Sons, 1994.

[148] DiMaggio, J. , Powell, W. W. , "The Iron Cage Revisited: Institutional Isomorphism and Collective Rationality in Organizational Field". *American Sociological Review*, Vol. 48, No. 8, 1983, pp. 147 – 160.

[149] Dixit, A. and Kyle, A. S. , "The use of protection and subsidies for entry promotion and Deterrence". *American Economic Review*, Vol. 75, 1985, pp. 139 – 152.

[150] Dollinger, M. J. , Golden, A. and Saxton, T. , "The effect of reputation on the decision to joint venture". *Strategic Management Journal*, Vol. 18, No. 2, 1997, pp. 127 – 140.

[151] Douglas, S. P. and Craig, C. S. , *Global Marketing Strategy.* New York: McGraw – Hill, 1995.

[152] Duetsch, H. , Larry L. , "Structure, Performance and The Net Rate of Entry Into Manufacturing Industries ". *Southern Economic Journal*, Vol. 41, No. 3, 1975, pp. 450 – 457.

[153] Dunning, J. H. , "Toward an eclectic theory of international production: Some empirical Tests". *Journal of International Business Studies*, Vol. 11, No. 4, 1980, pp. 9 – 31.

[154] Eaton, C. B. and Lipsey, R. G. , "Exit barriers and entry barriers: the durability of capital as a barrier to entry". *Bell Journal of Economics*, Vol. 11, No. 2, 1980, pp. 721 – 730.

[155] Eden, L. , Miller, S. , "Liability of Foreignness, Institutional Distance and Ownership Strategy". *Advances in International Management*, No. 16, 2004, pp. 187 – 221.

[156] Eisenhardt, K. M. , Graebner, M. E. , "Theroy building from ca-

ses: Opportunities and challenges". *Academy of Management Journal*, Vol. 50, No. 1, 2007, pp. 25 – 32.

[157] Eisenhardt, K. M. , "Building theories from case study research". *The Academy of Management Review*, Vol. 14, No. 4, 1989, pp. 532 – 550.

[158] Ekeledo, I. and Sivakumar, K. , "Foreign market entry mode choice of service firms: A contingency perspective". *Journal of the Academy of Marketing Science*, Vol. 26, No. 4, 1998, pp. 274 – 292.

[159] Eren Ozgen, Entrepreneurial Opportunity Recognition: Information Flow, Social and Cognitive Perspectives, Ph. D. dissertation, Rensselaer Rolytechnic Institute, 2003.

[160] Erramilli, M. K. , Agarwal, S. , Kim, S. S. , "Are Firm – specific Advantages Location – specific too?" . *Journal of International Business Studies*, Vol. 28, No. 4, 1997, pp. 735 – 757.

[161] Erramilli, M. K. and D'souza, D. E. , "Uncertainty and foreign direct investment: the role of Moderators". *International Marketing Review*, Vol. 12, No. 3, 1995, pp. 47 – 60.

[162] Erramilli, M. K. and Rao, C. P. , "Choice of foreign market entry modes by service firms: role of market knowledge". *Management International Review*, Vol. 30, No. 2, 1990, pp. 135 – 150.

[163] Erramilli, M. K. , "Entry Mode Choice in Service Industries". *International Marketing Review*, Vol. 7, No. 5, 1990, pp. 50 – 62.

[164] Erramilli, M. K. , "The experience factor in foreign market entry behavior of service firms". *Journal of International Business Studies*, Vol. 22, No. 3rd quarter, 1991, pp. 479 – 501.

[165] Erramilli, Rao, "Service Firms International Entry – mode Choice: A Modified Transaction Cost Approach". *Journal of Marketing*, Vol. 57, No. 3, 1991, pp. 19 – 43.

[166] Faccio, M. and L. H. P. Lang, "The Ultimate Ownership of Western European Corporations". *Journal of Financial Economics*,

Vol. 65, 2002, pp. 365 – 395.

[167] Fan, J. P. , J. Wong and T. Zhang, "Politically – connected CEOs, Corporate Governance and Post – IPO Performance of China's Partially Privatized Firms". *Journal of Financial Economics*, Vol. 84, No. 2, 2007, pp. 330 – 357.

[168] Fowler, F. J. , *Survey Research Methods*. US: Sage Publications, Inc, 2009.

[169] Gaglio, Katz, "The psychological basis of opportunity – identification: Entrepreneurial alertness". *Small Business Economics*, No. 16, 2001, pp. 95 – 111.

[170] Gatignon, H. and Anderson, E. , "The multinational corporation's degree of control over foreign subsidiaries: An empirical test of a transaction cost explanation". *Journal of Law Economics and Organization*, Vol. 4, No. 9, 1988, pp. 305 – 336.

[171] Gomes – Casseres, B. , "Firm Ownership Preferences and Host Government Restrictions: An Integrated Approach". *Journal of International Business Studies*, Vol. 21, No. 1, 1990, pp. 1 – 27.

[172] Gorecki, Paul K. , "The Determinants of Entry by Domestic and Foreign Enterprises in Canadian Manufacturing Industries: Some Comments and Empirical Results". *Review of Economics and Statistics*, Vol. 58, No. 4, 1976, pp. 485 – 488.

[173] Grabowski, H. and Vernon, J. , Longer patents for lower imitation barriers: The 1984 Drug Act". *American Economic Review*, Vol. 76, 1986, pp. 195 – 203.

[174] Grant, R. M. , "The resource – based theory of competitive advantage: implications for strategy formulation". *California Management Review*, Vol. 33, No. 3, 1991, pp. 114 – 135.

[175] Grosse, R. , "International technology transfer in services". *Journal of International Business Studies*, Vol. 27, No. 4th quarter, 1996, pp. 781 – 800.

[176] Gruca, T. and Sudharshan, D. , "A framework for entry deter-

rence strategy: The competitive environment, choices, and consequences". *Journal of Marketing*, Vol. 59, 1995, pp. 44 – 55.

[177] Guthrie, D., "The declining significance of guanxi in China's economic transition". *China Quarterly*, Vol. 15, No. 4, 1998, pp. 254 – 282.

[178] Hair, J. F., Anderson, R. E., Tatham, R. L. and Black, W. C., *Multivariate Data Analysis*. NJ: Prentice – Hall, Upper Saddle River, 5th ed., 1998.

[179] Hall, R., "The strategic analysis of intangible resources". *Strategic Management Journal*, Vol. 13, 1992, pp. 135 – 179.

[180] Hambrick, D. C., MacMillan, I. C., Day, D. L., "Strategic attributes and performance in the BCG matrix: A PIMS – based analysis of industrial product businesses". *Academy of Management Journal*, Vol. 25, 1982, pp. 510 – 531.

[181] Hambrick, D., "High profit strategies in mature capital goods industries: A contingency Approach", *Academy of Management Journal*, Vol. 26, No. 4, 1983, pp. 687 – 707.

[182] Hamel, G., "Competition for competence and interpartner learning within international strategic alliances". *Strategic Management Journal*, Vol. 12, No. Winter special issue, 1991, pp. 83 – 103.

[183] Han, J. K., Kim, N. and Kim, H. B., "Entry barriers: A dull –, one –, or two – edged sword for incumbents? Unraveling the paradox from a contingency perspective". *Journal of Marketing*, Vol. 65, 2001, pp. 1 – 14.

[184] Harold Demsetz, "Block's Erroneous Interpretations". *The Review of Austrian Economics*, No. 10, 1997, pp. 101 – 109.

[185] Harrigan, K. R., "Barriers to entry and competitive strategies". *Strategic Management Journal*, Vol. 2, No. 4, 1981, pp. 395 – 412.

[186] Harry G. Broadman, "Global Economic Integration: Prospects for WTO Accessionand Continued Russian Reforms". *The Washington Quarterly*, 2004, pp. 207 – 209.

[187] Hennart, J. F. , "The Transaction Costs Theory of Joint Ventures: An Empirical Study of Japanese Subsidiaries in the United States". *Management Science*, Vol. 37, 1991, pp. 483 – 497.

[188] Hennart, J. F. , Park, Y. R. , "Greenfield vs. Acquisition: the Strategy of Japanese Investors in the United States". *Management Science*, Vol. 39, 1993, pp. 1054 – 1070.

[189] Hennart, J. F. , Park, Y. R. , "Location, Governance, and Strategic Determinants of Japanese Manufacturing Investment in the United States". *Strategic Management Journal*, Vol. 15, 1994, pp. 419 – 436.

[190] Hill, C. W. , Hwang, Kim, W. C. , "An Eclectic Theory of the Choice of International Entry Mode". *Strategic Management Journal*, Vol. 11, No. 2, 1990, pp. 117 – 128.

[191] Hoffman, A. W. , *From Heresy to Dogma: An Institutional History of Corporate Environmentalism*. San Francisco: New Lexington Press, 1997.

[192] Hoskisson, R. E. and Hitt, M. A. , "Antecedents and performance outcomes of diversification: A review and critique of theoretical perspectives". *Journal of Management*, Vol. 16, 1990, pp. 461 – 509.

[193] Hunt, S. D. and Morgan, R. M. , "The comparative advantage theory of competition". *Journal of Marketing*, Vol. 59, No. 4, 1995, pp. 1 – 15.

[194] Ikechi Ekeledo and K. Sivakumar, "International market entry mode strategies of manufacturing firms and service firms – A resource – based perspective". *International Marketing Review*, Vol. 21, No. 1, 2004, pp. 68 – 101.

[195] Johanson, J. and Vahlne, J. E. , "The internationalization process of the firm – a model of knowledge development and increasing foreign market commitments". *Journal of International Business Studies*, Vol. 8, No. 4, 1977, pp. 23 – 32.

[196] Johansson, U. and Elg, U. , "Relationships as entry barriers: A network perspective". *Scandinavian Journal of Management*,

Vol. 18, 2002, pp. 393 – 419.

[197] Jonathan Levie and Erkko Autio, "Regulatory Burden, Rule of Law, and Entry of Strategic Entrepreneurs: An International Panel Study". *Journal of Management Studies*, Vol. 48, No. 9, 2011, pp. 1392 – 1419.

[198] Judd, C. M., Kenny, D. A., *Data Analysis in Social Psychology: Recent and Recurring Issues* (5th ed.), New York: Wiley, 2010.

[199] Karakaya, F. and Kerin, R., "Impact of product life cycle stages on barriers to entry". *Journal of Strategic Marketing*, Vol. 15, No. 4, 2007, pp. 269 – 280.

[200] Karakaya, F. and Stahl, M., "Barriers to entry and market entry decisions in consumer and industrial goods markets". *Journal of Marketing*, Vol. 53, 1989, pp. 80 – 91.

[201] Karakaya, F., "Barriers to entry in industrial markets". *Journal of Business & Industrial Marketing*, Vol. 17, No. 5, 2002, pp. 379 – 388.

[202] Kellermanns, F. W., Eddleston, K. A., Barnett, T. and Pearson, A., "An exploratory study of family member characteristics and involvement effects on entrepreneurial behavior in the family firm". *Family BusinessReview*, Vol. 21, 2008, pp. 1 – 14.

[203] Kenneth C. Robinson and Patricia Phillips mcdougall, "Entry barriers and new venture performance: A comparison of universal and contingency approaches". *Strategic Management Journal*, Vol. 22, 2001, pp. 659 – 685.

[204] Kessides, Ioannis N., "Advertising, Sunk Costs, and Barriers to Entry". *The Review of Economics and Statistics*, Vol. 68, No. 1, 1986, pp. 84 – 95.

[205] Kim, W. C. and Hwang, P., "Global strategy and multinationals' entry mode choice". *Journal of International Business Studies*, Vol. 23, No. 1, 1992, pp. 29 – 54.

［206］Kimura, Y. , "Firm specific strategic advantages and foreign direct investment behavior of firms: the case of Japanese semi – conductor firms". *Journal of International Business Studies*, Vol. 20, No. 8, 1989, pp. 296 – 314.

［207］King, R. H. and Thompson, A. A. , "Entry and market share success of new brands in concentrated markets". *Journal of Business Research*, Vol. 10, No. 3, 1982, pp. 371 – 383.

［208］Kirzner, I. M. , *Perception, opportunity and profit: Studies in the theory of entrepreneurship.* Chicago: University of Chicago Press, 1979.

［209］Kogut, B. , "Joint ventures: theoretical and empirical perspectives". *Strategic Management Journal*, Vol. 9, 1988, pp. 319 – 332.

［210］Kogut, B. , Singh, H. , "The Effect of National Culture on the Choice of Entry Mode". *Journal of International Business Studies*, Vol. 19, No. 3, 1988, pp. 411 – 432.

［211］Kotler, Ang S. H. , Leong, S. W. , Tan, C. T. , *Marketing Management: An Asian Perspective.* NZ: Pearson Prentice Hall, 2003.

［212］Krouse, C. G. , "Brand name as a barrier to entry: the Realemon case ". *Southern Economics Journal*, Vol. 51, 1984, pp. 495 – 502.

［213］Kumar, V. Subramaniam, V. , "A Contingency Framework for the Mode of Entry Decision". *Journal of World Business*, Vol. 32, No. 1, 1997, pp. 53 – 72.

［214］LaLazear, E. P. , "Entrepreneurship". *Journal of Labor Economics*, Vol. 23, 2005, pp. 649 – 680.

［215］Lecraw, D. J. , "Bargaining Power, Ownership, and Profitability of Transnational Corporations in Developing Countries". *Journal of International Business Studies*, Vol. 15, No. 1, 1984, pp. 27 – 43.

［216］Levesque, M. , Shepherd, D. A. , "EntrePreneurs' Choice of Entry Strategy in Emerging and Developed Markets". *Jounal of Business Venturing*, Vol. 19, No. 1, 2004, pp. 29 – 54.

[217] Lumpkin, G. T. and Dess, G. G., "Clarifying the entrepreneurship orientation construct and linking it to performance". *Academy of Management Review*, Vol. 21, 1996, pp. 135 – 172.

[218] Luo, Y., "Determinants of Entry in an Emerging Economy: A Multilevel Approach". *Journal of Management Studies*, Vol. 38, 2001, pp. 443 – 472.

[219] MacMillan, I. C., Day, D. L., "Corporate ventures into industrial markets: Dynamics of aggressive entry". *Journal of Business Venturing*, No. 2, 1987, pp. 29 – 40.

[220] Madhok, A., "The Nature of Multinational Firm Boundaries: Transaction Costs, Firm Capabilities and Foreign Market Entry Mode". *International Business Review*, Vol. 7, No. 3, 1998, pp. 259 – 290.

[221] Madhok, A., "Cost, value and foreign market entry mode: The transaction and the firm". *Strategic Management Journal*, Vol. 18, 1997, pp. 39 – 61.

[222] Mahoney, J. T. and Pandian, R., "The resource – based view within the conversation of strategic management". *Strategic Management Journal*, Vol. 13, No. 6, 1992, pp. 363 – 380.

[223] Makadok, R., "Can first – mover and early – mover advantages be sustained in an industry with low barriers to entry/imitation?". *Strategic Management Journal*, Vol. 19, 1998, pp. 683 – 696.

[224] Makino, S., Neupert, K. E., "National Culture, Transaction Costs and the Choice between Joint Venture and Wholly – owned Subsidiary". *Journal of International Business Studies*, Vol. 31, No. 4, 2000, pp. 705 – 713.

[225] Man, T. W. Y., Lau, T., Chan, K. F., "The Competitiveness of small and Medium Enterprises: A Conceptualization with Focus on Entrepreneurial Competencies". *Journal of Business Venturing*, Vol. 17, 2002.

[226] Man, T. W. Y., Entrepreneurial Competencies and the Performance

of Small and medium Enterprises in the Hong Kong Services Sector, Ph. D. dissertation, the Hong Kong Polytechnic University, 2001.

[227] Mann, H. , "Seller concentration, barriers to entry and rates of return in thirty industries, 1950 – 1960". *Review of Economics and Statistics*, Vol. 48, 1966, pp. 296 – 308.

[228] Marsh, S. , "Creating barriers for foreign competitors: A study of the impact of anti – dumping actions on the performance of US firms". *Strategic Management Journal*, Vol. 19, 1998, pp. 25 – 37.

[229] Marshall, A. , *Principles of Economics.* 3rd edition, London: Macmillan, 1895.

[230] Mattew Bishop, John Kay and Colin Mayer, *Introduction: Privatization in Performance*, in their edited, *Privatization and Economic Performance.* Boston: Oxford University Press, 1994.

[231] Mayer, Walter J. , Chappell, William F. , "Determinants of Entry and Exit: An Application of the Compounded Bivariate Poisson Distribution to U. S. Industries, 1972 – 1997". *Southern Economic Journal*, Vol. 58, No. 3, 1992, pp. 770 – 778.

[232] Meyer, A. , Tsui, A. and Hinings, C. , "Configurational approaches to organizational Analysis". *Academy of Management Journal*, Vol. 36, No. 6, 1993, pp. 1175 – 1195.

[233] Meyer, K. E. , Estrin, S. , Bhaumik, S. , Peng, M. W. , "Institutions, Resources, and Entry Strategies in emerging economies". *Strategic Management Journal*, Vol. 30, No. 1, 2009, pp. 61 – 80.

[234] Miller, D. , "The structural and environmental correlates of business strategy". *Strategic Management Journal*, Vol. 8, 1987, pp. 55 – 76.

[235] Minniti, M. , "Entrepreneurship and network externalities". *Journal of Economic Behavior and Organization*, Vol. 57, No. 1, 2005, pp. 1 – 27.

[236] Moren Lévesque, Maria Minniti, Dean Shepherd, "Entrepreneurs' Decisions on Timing of Entry: Learning From Participation

and From the Experiences of Others entrepreneurship". *theory and practice*, Vol. 3, 2009, pp. 547 – 570.

[237] Morschett, D., Schramm – Klein, H., Swoboda, B., "Decades of Research on Market Entry Modes: What Do We Really Know about External Antecedents of Entry Mode Choice?". *Journal of International Management*, Vol. 16, No. 1, 2010, pp. 60 – 77.

[238] Mutinelli, M., Piscitello, L., "The Entry Mode Choice of MNEs: An Evolutionary Approach". *Research Policy*, Vol. 27, 1998, pp. 491 – 506.

[239] Needham, D., "Entry barriers and non – price aspects of firms' behavior". *The Journal of Industrial Economics*, Vol. 25, 1976, pp. 29 – 43.

[240] Netter, J. M., "Political competition and advertising as a barrier to entry". *Southern Economic Journal*, Vol. 50, 1983, pp. 510 – 520.

[241] North, D. C., *Institutions, Institutional Change and Economic Performance*. Cambridge, UK: Cambridge University Press, 1990.

[242] Orr, Dale, "The Determinants of Entry: A Study of the Canadian Manufacturing Industries". *Review of Economics and Statistics*, Vol. 56, No. 1, 1974, pp. 58 – 66.

[243] Ozgen, E. and Baron, R. A., "Social sources of information in opportunity recognition: Effects of mentors, industry networks, and professional forums". *Journal of Business Venturing*, Vol. 22, No. 2, 2007, pp. 174 – 192.

[244] Padmanabhan, P., Cho, K. R., "Decision Specific Experience in Foreign Ownership and Establishment Strategies: Evidence from Japanese Firms". *Journal of International Business Studies*, Vol. 30, No. 1, 1999, pp. 25 – 42.

[245] Palenzuela, V. A., Bobillo, A. M., "Transaction Costs and Bargaining Power: Entry Mode Choice in Foreign Markets". *Multinational Business Review*, Vol. 7, No. 1, 1999, pp. 62 – 75.

[246] Parry, S. B. , "Just What is a Competency And Why Should You Care?". *Training*, No. 6, 1998, pp. 58 – 64.

[247] Pehrsson, A. , "Strategy competence: a successful approach to international market entry". *Management Decision*, Vol. 42, No. 6, 2004, pp. 758 – 768.

[248] Peng, M. W. and Luo, P. , "Managerial Ties and Firm Performance Transition Economy: The Nature of a Micro – Macro Link". *Academy of Management Journal*, Vol. 43, No. 3, 2000, pp. 486 – 501.

[249] Peng, M. W. and Heath, P. S. , "The Growth of the Firm in Planned Economies in Transition: Institutions, Organizations, and Strategic Choice". *Academy of Management Review*, Vol. 21, 1996, pp. 492 – 528.

[250] Peng, M. and Y. Luo, "Managerial ties and firm performance in a transition economy: The nature of a micro – macro link". *Academy of Management Journal*, Vol. 43, 2000, pp. 486 – 501.

[251] Penrose, E. T. , *The theory of Growth of the Firm.* Oxford: Basil Blackwell Publisher, 1959.

[252] Peteraf, M. and Reed, R. , "Managerial discretion and internal alignment under regulatory constraints and change". *Strategic Management Journal*, Vol. 28, No. 11, 2007, pp. 1089 – 1112.

[253] Peteraf, M. A. , "The cornerstones of competitive advantage: A resource – based view". *Strategic Management Journal*, Vol. 14, No. 3, 1993, pp. 179 – 191.

[254] Porter, M. E. , *Competitive Strategy: Techniques for Analyzing Industries and Competitors.* New York: Free Press, 1980.

[255] Porter, M. E. , *The Competitive Advantage of Nations.* New York: Free Press, 1990.

[256] Powell, T. C. , "How much does industry matter? An alternative empirical test". *Strategic Management Journal*, Vol. 17, No. 4, 1996, pp. 323 – 334.

[257] Putnam, R. D. , "Bowling alone: Americas Declining Social Capital". *Journal of Democracy* , Vol. 6, No. 1, 1995, pp. 65 – 78.

[258] Raff, H. , Ryan, M. , "Firm – specific Characteristics and the Timing of Foreign Direct Investment Projects". *Review of World Economics*, Vol. 144, 2008, pp. 1 – 31.

[259] Reekie, D. W. and Bhoyrub, P. , "Profitability and intangible assets: Another look at advertising and entry barriers". *Applied Economics*, Vol. 13, No. 4, 1981, pp. 99 – 107.

[260] Richard Hemming and Ali M. Mansoor, *Privatization and Public Enterprises.* Washington D. C. : International Monetary Fund, 1988.

[261] Robinson, K. C. and McDougall, P. P. , "Entry barriers and new venture performance: A comparison of universal and contingency approaches". *Strategic Management Journal*, Vol. 22, 2001, pp. 659 – 685.

[262] Root, F. R. , *Entry Strategies for International Markets.* Lexington, MA: D. C. Heath, 1994.

[263] Russo, M. V. , "Institutions, exchange relations, and the emergence of new fields: Regulatory policies and independent power producing in America, 1978 – 1992". *Administrative Science Quarterly*, Vol. 46, No. 1, 2001, pp. 57 – 86.

[264] Sabi, M. , "An Application of the Theory of Foreign Direct Investment to Multinational Banking in LDCS". *Journal of International Business Studies*, Vol. 19, No. 3, 1988, pp. 433 – 447.

[265] Salop, S. C. , "Monopolistic Competition with Outside Goods". *Bell Journal of Economics* (S0741 – 6261), Vol. 10, No. spring, 1979, pp. 141 – 156.

[266] Savas, E. S. , *Privatization and public – private partnerships.* New York and London: Chatham House Publishers and Seven Bridges Press, 2000.

[267] Schmalensee, R. , "Advertising and entry deterrence: an exploratory model". *Journal of Political Economics*, Vol. 90, 1983, pp.

636 – 653.

[268] Schwalbach, Joachim, "Entry by Diversified Firms into German Industries". *International Journal of International Organization*, Vol. 5, No. 1, 1987, pp. 43 – 49.

[269] Scott, W. R. , *Institutions and Organizations*. Thousand Oaks, CA: Sage, 1995.

[270] Shapiro, D. , Khemani, R. S. , "The Determinants of Entry and Exit Reconsidered". *International Journal of Industrial Organization*, Vol. 5, No. 1, 1987, pp. 15 – 26.

[271] Siegfried, J. J. and Evans, L. B. , "Empirical studies of entry and exit: A survey of the Evidence". *Review of Industrial Organization*, Vol. 2, 1994, pp. 121 – 155.

[272] Simon, D. , "Incumbent pricing response to entry". *Strategic Management Journal*, Vol. 26, 2005, pp. 1229 – 1248.

[273] Spence, M. J. , "Notes on advertising, economies of scale, and entry barriers". *Quarterly Journal of Economics*, Vol. 95, 1986, pp. 493 – 507.

[274] Spicer, J. , *Making sense of multivariate data analysis*. London: Sage, 2005.

[275] Stephen J. Bailey, *Public Sector Economics: Theory, Policy and Practice*. CA: Macmillan Press LTD. , 1995.

[276] Stigler, G. and Becker, J. , "Degustibus nonest distputandum". *The American Economic Review*, Vol. 67, No. 2, 1977, pp. 76 – 88.

[277] Stigler, G. J. , *The Organization of Industry*. Homewood, IL: Irwin, 1968.

[278] Stinchcombe, A. L. , *Social structure and organizations*. In March, J. G. eds. , Handbook of Organizations. Chicago: Rand McNally, 1965.

[279] Stuart, R. , Lindsa, Y. P. , "Beyond the frame of management competence: Towards a contextually embedded framework of man-

agerial competence in organizations". *Jounal of European Industrial Training*, Vol. 21, No. 1, 1997, pp. 26 – 33.

[280] Tallman, S. B. , "Strategic management models and resource – based strategies among MNEs in a host market". *Strategic Management Journal*, Vol. 12, 1991, pp. 69 – 82.

[281] Tatoglu, E. , Glaister, K. W. , Erdal, F. , "Determinants of Foreign Ownership in Turkish Manufacturing". *Eastern European Economics*, Vol. 41, No. 2, 2003, pp. 5 – 41.

[282] Teece, D. J. , "Explicating Dynamic Capabilities: The nature and micro foundations of (sustainable) enterprise performance". *Strategic Management Journal*, Vol. 28, No. 13, 2007, pp. 1319 – 1350.

[283] Teece, D. J. , "Capturing value from technological innovation: integration, strategic partnering, and licensing decisions". *Interfaces*, Vol. 18, No. 5, 1988, pp. 46 – 61.

[284] Teece, D. J. , "The market for know – how and the efficient international transfer of Technology". *Annals of the American Academy of Political and Social Science*, Vol. 458, No. 11, 1981, pp. 81 – 96.

[285] Teece, D. J. , Pisano, G. and Shuen, A. , "Dynamic capabilities and strategic management". *Strategic Management Journal*, Vol. 18, No. 7, 1997, pp. 509 – 533.

[286] Terpstra, V. , Yu, M. , "Determinants of Foreign Investment of U. S. Advertising Agencies". *Journal of International Business Studies*, Vol. 19, No. 1, 1988, pp. 33 – 46.

[287] Thompson, J. E. , Stuart, R. , Lindsay, P. , "The competence of top team members: A framework for successful Performance". *Journal of Managerial Psychology*, Vol. 11, No. 3, 1996, pp. 48 – 66.

[288] Tsang Ericwk, "Can Guanxi be a Source of Sustained Competitive Advantage for Doing Business in China". *Academy of Management Executive*, Vol. 12, No. 2, 1998, pp. 64 – 73.

[289] Wei, Y. , Liu, B. , Liu, X. , "Entry Modes of Foreign Direct Investment in China: A Multinomial Logit Approach". *Journal of Business Research*, Vol. 58, No. 11, 2005, pp. 1495 – 1505.

[290] Wernerfelt, B. , "A resource – based view of the firm". *Strategic Management Journal*, Vol. 5, No. 2, 1984, pp. 171 – 180.

[291] Wernerfelt, B. , "From critical resources to corporate strategy". *Journal of General Management*, Vol. 14, No. 3, 1989, pp. 4 – 12.

[292] William G. Shepherd, "Market Structure and Profits, Market Power and Cournot". *A Comment Review of Industrial Organization*, Vol. 16, 2000, pp. 247 – 250.

[293] Williams, J. R. ,"How sustainable is your competitive advantage". *California Management Review*, Vol. 34, No. 3, 1992, pp. 29 – 51.

[294] Williamson, O. E. , "Selling expense as a barrier to entry". *Quarterly Journal of Economics*, Vol. 77, 1963, pp. 112 – 128.

[295] Williamson, O. E. , "Strategy Research: Governance and Competence Perspectives". *Strategic Management Journal*, Vol. 20, 1999, pp. 1087 – 1108.

[296] Winier, S. G. ,"The satisfying Principle incapability learning". *Strategic Management Journal*, Vol. 21, 2000, pp. 981 – 966.

[297] Xin, K. R. and Pearce, J. L. , "Guanxi: Connections as Substitutes for Formal Institutional Support". *Academy of Management Journal*, Vol. 39, No. 6, 1996, pp. 1641 – 1658.

[298] Xu, D. , Shenkar, O. , "Institutional Distance and the Multinational Enterprise". *Academy of Management Review*, Vol. 27, No. 3, 2002, pp. 608 – 618.

[299] Yamawaki, H. , *Entry Patterns of Japanese Multinationals in U. S. and European Manufacturing. In Does Ownership Matter? Japanese Multinationals in Europe*, edited by Mark Mason and Dennis Encarnation. Oxford: Clarendon, 1994.

[300] Yang, Guo Biao, "Barriers to Entry and Industrial Performance in China". *International Review of Applied Economics*, Vol. 12, No. 1, 1998, pp. 39 – 51.

[301] Yin, R. K., *Case Study Research: Design and Methods.* Thousands Oaks: Sage Publication, 1994.

[302] Yin, R. K., *Case study research: Design and methods* (3rd ed.). Thousand Oaks, California: Sage, 2003.

[303] Yip, G. S., "Diversification Entry: Internal Development versus Acquisition". *Strategic Management Journal*, Vol. 3, No. 4, 1982, pp. 331 – 345.

[304] Yu, C., Ito, K., "Oligopolistic Reaction and Foreign Direct Investment: The Case of the U. S. Tire and Textiles Industries". *Journal of International Business Studies*, Vol. 19, No. 3, 1988, pp. 449 – 460.

[305] Zacharakis, A. L., "Entrepreneurial entry into foreign markets: A transaction cost Perspective". *Entrepreneurship Theory and Practice*, Vol. 21, No. 3, 1997, pp. 23 – 39.

[306] Zhao, X. S., Lynch, J. G., Chen, Q. M., "Reconsidering Baron and Kenny: Myths and Truths about Mediation Analysis". *Journal of Consumer Research*, Vol. 37, No. 2, 2010, pp. 197 – 206.

[307] Zott, C., Amit, R., "Business Model Design and the Performance of EntrePreneurial Firms". *Organization Science*, Vol. 18, No. 2, 2007, pp. 181 – 199.

后　记

　　本书是笔者承担的浙江省哲学社会科学重点研究基地一般项目（省规划）"民营企业进入城市公用事业的壁垒、行为与管制政策研究：基于企业家能力视角及浙江实证"（2012JDGZO1YB）的结题成果。

　　对这一课题的最初研究来自本人参与王俊豪教授主持的国家社会科学基金项目"我国城市公用事业民营化与管制政策研究"（10BGL101）和我的博士学位论文。在课题研究过程中，深感民营企业进入城市公用事业的行为存在较大差异，大量调研和专家访谈不断引发我思考为什么会产生这种差异，制约和影响城市公用事业民营企业进入行为差异的深层次原因到底是什么？在放松管制背景下，民营企业进入城市公用事业，既是减轻政府财政负担和提高城市公用事业管理水平的客观需求，也是促使民营企业转型的一个重要途径，从企业家能力视角来研究企业进入行为，无论对政府还是对企业都可以提供理论上的指导。

　　在课题研究过程中，温州大学校领导和商学院江华教授给予诸多思想和理论上的指导，温州市发改委姜洪新主任对民营企业进入城市公用事业行为的深刻认识也给予我极大的启发。我要衷心感谢导师王俊豪教授，他指导我构建整个研究框架，对研究过程中出现的一系列问题给予最及时的指导，并对数据的收集给予了极大的帮助。浙江财经大学唐要家教授、李云雁副教授、田家欣副教授和温州大学夏怡然副教授对本书的理论创新提供了重要的思想启发和评论。我的学生蔡群和高志强等也参与了本书部分章节的数据整理和分析工作，为本书的实证分析做了大量的基础性工作。

　　本书出版得到了浙江财经大学中国政府管制研究院和浙江省政府

管制与公共政策研究中心的资助，研究院丰富的图书与数据资料、良好的学术氛围以及各种学术活动为本书的写作提供了重要支撑。

本书出版得到中国社会科学出版社的大力支持，在此一并表示感谢。

龚军姣

2015 年 7 月